天皇の歴史 2

聖武天皇と仏都平城京

吉川真司

講談社学術文庫

目次

地図・図版作成
さくら工芸社

天皇の歴史　2

聖武天皇と仏都平城京

序章　天皇の都・仏の都

1　二月堂の夕景

春を呼ぶ法会

お水取りが終わると春が来る——いつのころからか、奈良ではそのように言い慣わしている。お水取りとは、東大寺二月堂で行なわれる修二会《しゅにえ》という法会《ほうえ》のことである。旧暦の二月一日（現在では三月一日）から二週間にわたって勤修《ごんしゅ》されるため、正式には修二会と称するのだが、その結願《けちがん》も近づいた十二日の深夜、閼伽井《あかい》という聖なる井戸から本尊十一面観音に供える「香水《こうずい》」を汲む秘儀があるため、お水取りとも呼ばれるのである。確かに修二会が終わるころになると厳しい寒さもやわらぎ、日の光はすっかり春めいてくる。奈良の人々にとって、一年の生活リズムは寺社の伝統行事とわかちがたく結びついており、修二会はまさしく春を呼ぶ法会と言ってよい。

修二会では「六時行法《ろくじぎょうほう》」と言って、一日に六度の法要が行なわれる。そのうち四度は夜間の行事となり、練行衆《れんぎょうしゅう》と呼ばれる一一人の参籠《さんろう》僧たちは、夕闇の石段を登って二月堂に赴かねばならない。暗くて危ないというので、これもいつのころからか、大きなたいまつが先

二月堂の舞台を走るたいまつの炎　共同通信社提供

導して、練行衆一人一人の足元を照らすようになった。たいまつはやがて二月堂の舞台に姿を現わし、滝のように火の粉を降らせる。修二会で「おたいまつ」が最もよく知られているのは、その印象があまりに強烈なためであろう。めらめらと燃え上がる炎を見つめ、檜木と杉葉が焼け焦げる香りをかぐとき、太古の記憶を思い出したかのような深い感情が身をつつむ。この美しい炎が春を呼ぶのだろうと、何の不思議もなく思ってしまう。

今年もまた、修二会を聴聞するため東大寺を訪れた。いつもは石段を登り切った北手水のあたりでたいまつを見送り、それから二月堂の局《つぼね》に入ることにしているが、今回は趣向を変えて、舞台の上でたいまつを見ることにした。そのためにはかなり早い時刻から待ち受ける必要がある。混み合う舞台の上ですることもなく、のんびりと夕日を眺めていた。彼岸に近いころなので、太陽は真西を指して沈んでいく。その方向に大仏殿の屋根がシルエットとなって浮かび上がり、さらに後方には平城宮跡が霞んでいる。考えてみれば、それも当然のことではある。東大寺は「東の大寺」の名にふさわしく、平城宮の真東に創建された古代官大寺《かんだいじ》だったからである。当時の平城宮はまことに壮麗なる王宮であり、それを取りまく平城京には仏塔が林立していたから、東大寺から眺める景色はさぞかし今と異なっていたことであろう。しかしそれでも、二月堂の夕景は古代都市平城京を偲ばせるに十分であり、生駒山《いこまやま》に日が没するまで飽きることはなかった。

平城京・平城宮と東大寺

平城京は、和銅《わどう》三年（七一〇）から延暦《えんりやく》三年（七八四）まで日本の首都であった。「ならのみやこ」を漢字で表記すれば「平城京」となり、平城京の時代がすなわち奈良時代である。奈良盆地の北を画する平城山《ならやま》、そのなだらかな南斜面に建設された東西約五・九キロ、南北約四・八キロの古代都城は、八代七人の天皇が全国を統治した「王都」であるとともに、国家安穏をもたらす仏教思想の根拠地、すなわち「仏都」でもあった。平城宮と東大寺の密接な関係は、平城京のこのような両面性を象徴するものと言ってよい。そののち平城宮が一面の水田と化したのに対し、東大寺は一二〇〇年の法灯を守り続けた。平城京の仏都としての側面だけを残存させたのが、平安時代以降の奈良だったのである。

二月堂から眺める夕日が生駒山に沈んでいく。そのとき、ふと思った。いま生駒山から眺めれば、難波《なにわ》の海に日は落ちつつあるはずだ。そこからさらに夕日に向かって進めば、いったいどこにたどりつくのだろうか。

試みにインターネット上で地図をスクロールしてみよう。東大寺・平城宮から真西に向かうラインを伸ばして行くと、難波を経て瀬戸内海に入り、中国山地を越えて日本海に出る。さらに対馬北端・朝鮮半島南端をよぎり、黄海を横断し、連雲港《れんうんこう》付近で中国大陸に上陸する。そしてその果てにおいて、唐の東都洛陽城《らくよう》を通過し、ついには西京長安城《ちょうあん》の北郊に至るのである。つまり長安・洛陽は、平城京の真西にあったことになる。とりわけ面白いのは、平城宮から真西に進めばぴたり洛陽宮に到達する――日唐の王宮が全く同緯度に位置する――ことである。この恐るべき偶然に気付いた人も多いと思うが、二月堂で見た落日のはるか彼方に、まさか武則天《ぶそくてん》の常居した洛陽宮があろうとは思わなかった。

しかし、平城京の天皇や貴族は、そうしたことをぼんやりと感じていたかもしれない。日が暮れていく先にはクレ（呉）の国、つまり中国がある。何百・何千という人々が遣唐使として「日没する処」に渡り、長安・洛陽の地を踏み、最新の文物・知識・思想をたずさえて「日出ずる処」に帰ってきた。平城京・平城宮そのものが唐の長安城・大明宮《だいめいきゅう》を模倣したものであったことは、近年ますます明らかになりつつある。それは日本の律令体制が、唐の国家体制の圧倒的な影響のもとに形成されたことの証左にほかならない。天皇という君主制システムも唐の皇帝制度に学んだところが多く、王都としての平城京と長安城、王宮としての平城宮と大明宮を比べることは、古代の天皇がいかなる存在であったかを知る手がかりになるであろう。

ただ、ここで忘れてはならないことが一つある。それは唐の長安もまた「仏都」であったという簡明な事実である。長安城には一〇〇をこえる寺院が建ち並び、いたるところに仏塔がそびえていた。唐王朝滅亡時の破壊により、その多くは地上から姿を消し、今は慈恩寺《じおんじ》の大雁塔《だいがんとう》と薦福寺《せんぷく》の小雁塔が残るにすぎない。しかし、隋《ずい》の文帝《ぶんてい》に始まる仏教重視政策によって、長安が壮大な仏都として栄えていたことは疑いなく、古代日本の支配者たちもそれを模倣したのである。それでは、仏都平城京のユニークさはどこにあったのだろうか。また、王都と仏都をつなぐ論理は日唐でどのように異なっていたのか。これらもまた古代天皇を考える上で、重要な問題となるであろう。

夕闇が濃くなってきた。奈良の灯がまたたきはじめ、平城宮跡は大きな暗闇となってその彼方に沈んだ。東大寺の大鐘が重々しく時を告げ、二月堂の舞台を巨大な炎が走り抜けるのはもうすぐである。

2　大伽藍本願聖武皇帝

古代寺院の祈り

東大寺修二会《しゆにえ》が始まったのは天平勝宝《てんぴょうしょうほう》四年（七五二）のことである。草創期東大寺を領導した僧侶としては良弁《ろうべん》が著名であるが、彼には実忠《じっちゅう》という弟子僧がいた。この実忠が晩年、みずからの生涯を振り返って記した「実忠二十九箇条」によれば、天平勝宝四年から大同《だいどう》四年（八〇九）まで毎年、彼は二月一日より二七日間の「十一面悔過《けか》」を奉仕してきたという。悔過とは、過ちを懺悔すること。十一面観音を本尊として行なう悔過が十一面悔過であり、東大寺修二会はまさしく十一面悔過を中心として、その年の除災招福《じょさいしょうふく》を祈る法要なのである。当初から二月堂で勤修《ごんしゅ》されたかどうかはわからないが、修二会が実忠の十一面悔過に起源をもつことだけは疑いようがない。

八世紀半ば以降、薬師《やくし》悔過・阿弥陀《あみだ》悔過・吉祥《きっしょう》悔過など、さまざまな本尊による悔過会が盛んになり、その一部は天皇が主催する国家的行事として行なわれた。近畿地方を中心とする諸寺では今でも悔過会が続けられているが、東大寺修二会はその中で最も規模が大きく、かつ複雑な法会である。修二会を構成する諸行事・諸作法は、平安後期にはほぼ出揃っていた。すべてが奈良時代まで遡《さかのぼ》るわけではないが、古代寺院における祈りのかたちが現在まで保存されているのは、きわめて貴重なことと言うべきであろう。それを五感で感じ取りたくて、私たちは二月堂の闇の底に端座し、練行《れんぎょうしゅう》衆の所作と声明《しょうみょう》の流れに身をゆだねるのである。

過去帳

修二会の中核をなすのは一日六時の「悔過作法」であるが、初夜・後夜の二度、天下の泰平安穏を祈願する「大導師作法《だいどうし》」と、堂内守護・法会成就を目的とした「呪師《しゅし》作法」が行なわれる。さらに第五日・第十二日には、初夜の大導師作法に際して、過去帳の奉読がなされる。創建以来、東大寺や修二会にゆかりの深い人物の名を読み上げる作法である。それは「大伽藍《がらん》本願聖武《しょうむ》皇帝」に始まり、「聖母皇大后宮《しょうもこうたいごうぐう》」「光明《こうみょう》皇后」「行基《ぎょうき》菩薩」「本願孝謙《こうけん》天皇」「(藤原)不比等《ふひと》右大臣」「(橘《たちばなの》)諸兄《もろえ》左大臣」「根本《こんぽん》良弁僧正」「当院本願実忠和尚」へと続き、中世・近世を経て現代に至る。低くしめやかな口調で読み上げられる人名を耳にするとき、文字史料を目で追うのとは全く違った印象を受ける。確かな手触りをもって、古代が感じ取れるような気さえする。

過去帳は過去の人名を時間順に配列した帳簿であり、東大寺の歴史そのものでもある。その主系列をなすのは、古代においては歴代天皇と東大寺僧である。試みに平安末期までの天皇名を抜き出せば、聖武（大伽藍本願）・孝謙（本願）・淳仁《じゅんにん》・光仁《こうにん》・桓武《かんむ》・嵯峨《さが》・淳和《じゅんな》・仁《にん》明《みょう》・文徳《もんとく》・清和《せいわ》（本願）・陽成《ようぜい》・光孝《こうこう》・宇多《うだ》・醍醐《だいご》（本願）・朱雀《すざく》・村上《むらかみ》・冷泉《れいぜい》・円融《えんゆう》・一《いち》条《じょう》・三条《さんじょう》・後《ご》一条《いちじょう》・後《ご》朱雀《すざく》・後《ご》冷泉《れいぜい》・後《ご》三条《さんじょう》・白河《しらかわ》・堀河《ほりかわ》・鳥羽《とば》・近衛《このえ》・後《ご》白河《しらかわ》の二九人に上る。東大寺と関係が深かった崇道《すどう》天皇（早良《さわら》親王の追号）も、歴代天皇の一人として登場する。つまり聖武以後の天皇ほぼ全員なのであるが、なぜ数人の天皇だけが抜けているのか、また「本願」と特記される天皇の共通点は何か、といった点に興味がひかれる。それはともかく、ほとんど歴代全天皇の名が見えるところに、古代東大寺の特殊な立場がよく示されている。「大伽藍本願聖武皇帝」が国力を傾けて大仏を造営してから、東大寺は一貫して天皇家の深い帰依《きえ》を受け、国家護持の役割を果たしてきたのである。聖武天皇の願いのままに、東大寺は仏都平城京の象徴であり続けた。

古代天皇と仏教

実忠が十一面悔過《けか》を始修した天平勝宝四年（七五二）は、ちょうど大仏開眼が行なわれた年でもあった。盛大な開眼供養会は四月九日に開催されたが、その二ヵ月前、現在二月堂が建つ東大寺上院地区のどこかで、実忠が十一面観音に祈りを捧げ始めたことになる。そしてまた、七五二年は日本古代仏教にとって記念すべき年、すなわち「公伝二〇〇周年」でもあった。『日本書紀』によれば、欽明《きんめい》十三年（五五二）十月、百済《くだら》の聖明王《せいめいおう》は倭国《わこく》に使者を派遣し、金銅製の釈迦仏像とともに仏具・経典をもたらした。これがいわゆる仏教公伝であるが、そののち仏教受容をめぐる争いを経て、六世紀末には蘇我馬子《そがのうまこ》が飛鳥《あすか》寺を創建した。飛鳥寺はその建設を百済・高句麗《こうくり》が手厚く支援し、倭国の支配層が仏教を受け入れるセンターの機能を果たした。そして六四五年の宮廷クーデタ（乙巳《いっし》の変）で蘇我本宗家が滅亡すると、仏教宣揚の主導権は天皇に移るのである。以上の経緯を見れば明らかなように、倭・日本の仏教受容はアジアの国際関係と密接不可分のかたちで行なわれ、仏教は当初から国家・王権と深く結びついていた。天皇と仏教、平城宮と東大寺の関係は、はるか欽明朝の昔に胚胎したと言ってもよい。

　律令体制の形成とともに、こうした関係はいっそう深まることになった。乙巳の変直後に孝徳《こうとく》天皇の詔《みことのり》が出され（六四五年八月）、天皇が仏教を広めること、貴族・豪族層の造寺活動を援助することが宣言された。改新政府は儒教思想を重んずる理想主義的な政策をとったが、同時に仏教思想を国家イデオロギーの根本に据えたのである。そして孝徳天皇が建設した難波《なにわ》長柄《ながら》豊碕宮《とよさきのみや》では、王宮における史上初めての仏教法会が行なわれ、「天下僧尼」が呼び集められた。このとき仏教は王宮内部に入り込んだのであるが、難波長柄豊碕宮の完成は白雉《はくち》三年（六五二）九月、すなわち仏教公伝からぴたり一〇〇年目の出来事であった。孝徳朝を起点として、儒教・仏教を思想的基盤とする中央集権的な国家体制が形づくられていくと、都には王宮とともに官大寺が甍《いらか》を輝かせ、全国各地には評家《ひょうけ》（地方行政組織）と白鳳《はくほう》寺院があたかも双生児のように建設された。このように古代天皇や古代律令体制は仏教ときわめて緊密な関係を有していたのであり、律令や儒教思想ばかりを見ていると、大切なものを取り逃がすことになりかねない。

仏教色の濃厚な巨大王宮、難波長柄豊碕宮。その竣工からさらに一〇〇年を隔てた七五二年、難波宮のほぼ真東にあたる奈良春日山麓の地において、盧舎那《るしゃな》大仏の開眼供養がなされた。実忠による十一面悔過も始まった。公伝から一〇〇年ごとの周期を刻んで、天皇と仏教の関係はいよいよ深まっていく。仏都平城京において、そうした関わりを体現する人物こそ、ほかならぬ「大伽藍本願聖武皇帝」であった。

3　仏と神と御霊

修二会を遡る

二月堂は不思議な仏堂である。西向きの舞台造りであることに目が引かれるが、もっと面白いのは内部空間である。簡単に言えば、①内陣《ないじん》、②外陣《げじん》・礼堂、③局《つぼね》という三重構造になっており、このうち内陣は練行衆《れんぎょうしゅう》が籠もり、悔過《けか》を修する空間で、床は板敷き、四方を板壁や扉で囲まれている。内陣の外側、北・東・南の三方には石敷きをもつ空間があり、これを外陣と称している。内陣の西側は礼堂で、ここでも各種の作法が行なわれる。そして外陣・礼堂のまわりには格子窓が連なり、その外側に聴聞空間である局が設けられている。二月堂はこのような構造をもつ大建築なのであるが、よく観察すると、内陣は一つの独立した仏堂の体をなしている。石敷き基壇の上に建つ、板壁と扉をもった小さな仏堂——これに礼堂が取り付き、局がめぐっているわけである。換言すれば、二月堂の核心部分は十一面観音を本尊とする小仏堂であり、外から見えるのはそれを大きく包み込んだ建物（鞘堂《さやどう》）なのである。おそらく創建期の二月堂はこの小仏堂部分だけであり、のちに礼堂や局が付加されていったのであろう。

局や礼堂で修二会を聴聞していると、これはどう考えても実忠の時代に遡らない、という要素がいくつも見うけられる。始修から平安後期までの三〇〇〜四〇〇年の間に、新しい思想や要請に基づく行事・作法が加えられていき、今に続く大がかりな法要が形成されたのである。それは二月堂が拡大していったのと同根の現象と言ってよい。私たちは、二月堂の核心に原初の小仏堂を見出したのと同じように、修二会の作法に奈良時代の十一面悔過のかたちを看取し、同じ「古代」のものとは言え、のちに付加された要素を腑分けしていく必要がある。例えば、初夜・後夜の呪師作法は明らかに真言密教の呪禁《じゅごん》であり、実忠の時代に存在しなかったものである。走り・達陀《だったん》・香水汲みなども、冷静にそれぞれの起源と意義を探らねばならない。それが仏教行事を歴史的に考えるということである。

前節でふれた過去帳奉読も、古代のいつまで遡るのか、なかなか判断が難しい。聖武天皇を「聖武皇帝」と称している点に、彼の尊号「勝宝感神聖武皇帝《しょうほうかんじん》」の遺香を感じるが、それとて過去帳の起源を決める手がかりにはならない。これと同じように難しく、かつ興味深いのが、毎日初夜に読み上げられる「神名帳《じんみょうちょう》」である。

神名帳

初夜の悔過作法が終わり大導師作法に移ると、その冒頭にあたって法螺《ほら》貝が吹き鳴らされ、神名帳が奉読される。日本全国から一万三千七百余柱の神々を勧請し、加護を祈るための儀である。読み上げは九段にわたり、独特のリズミカルな調子を用いて、まずは「金峰《きんぷ》大菩薩」「八幡三所大菩薩」といった大菩薩号をもつ神々が勧請され、さらに「廿五所大明神」「飯道《いいみち》大明神」などの大明神がこれに続く。それぞれ大和各地の神々に始まり、全国に及んでいくのであるが、ある程度の地理的知識をもって聴聞していると、神々のいます日本国土の広がりがパノラマのように展開していく。過去帳が過去から現在に向かう時間軸に沿って読み上げられるのに対し、神名帳は東大寺を中心とする仏国土の空間秩序を表現していると言ってもよいであろう。

神名帳奉読は大治《だいじ》三年（一一二八）には行なわれており、そのころまでに神と仏の関係が整理され、有力な神々が「護法善神」として位置づけられていた。しかし、神々に対する信仰は、むろん仏教公伝以前からのものである。古くより倭国の各地には有力な神々がいて、その祭祀・信仰は豪族の支配権と不可分のものであった。やがて倭王権の伸長とともに、各地の神祭りも統合されていき、ついには律令体制の神祇《じんぎ》祭祀システムとして秩序づけられるに至った。天皇と直接的関係をもつ有力な神もいれば、さほど重視されない小さな地方神もいる。古墳時代から続いてきた王権と祭祀、あるいは王権と地方豪族の関係の最終的表現が、律令神祇制度であった。

しかし、おおむね奈良時代を通じて、神々は大きく変貌をとげていく。伝統的な支配体制に根を下ろしてきた神祇祭祀が、新たな国家イデオロギーである仏教とぶつかり合い、仏教の思想と言説を前にして、みずからを変化させていったのである。神は仏教によって救済される存在、仏教を信仰し護持すべき存在へと姿を変えていった。こうした動向を「神仏習《しんぶつしゅう》合《ごう》」と呼ぶが、その一つの画期となったのは、宇佐八幡《うさはちまん》神が大仏建立を援けるため上京した事件であろう。神仏習合はこのころから全国に広まっていき、やがて神名帳のような護法善神の体系が成立するのである。

ことは神と仏だけの問題ではない。基底をなすのは神祇・仏教の思想的役割の変化であり、それは神々と天皇の関係、仏教と天皇の関係の変容とも連動していた。こうした一連の変化は奈良時代に始まり、神仏習合という前近代日本の基本的な信仰形態を作り上げたのである。仏都平城京はそのような変容を生み出す、思想的な坩堝《るつぼ》であった。

御霊への畏怖

神名帳がいよいよ最終段に入ると、奉読にあたる練行衆は急に声をひそめ、重々しい声で

「御霊《ごりょう》」の名を唱え始める。「八島《やしま》御霊、霊安寺《りょうあんじ》御霊、西寺《さいじ》御霊、普光寺《ふこうじ》御霊、天満天神、先《せん》生《じょう》御霊、氷室《ひむろ》御霊、木辻《きつじ》御霊、大道《おおみち》御霊、塚上《つかのうえ》御霊、葛下郡《かつげぐん》御霊」。この一二柱の御霊（「天満天神先生御霊」と続けて読めば一〇柱の御霊）については、八島御霊が早良《さわら》親王（崇道《すどう》天皇）、霊安寺御霊が井上《いのえ》内親王、天満天神が菅原道真《すがわらのみちざね》であることは明瞭だが、あとはよくわからない。霊威を恐れ、後世の者には理解しにくい象徴的な名で呼んでいるのである。しかしいずれにせよ、彼ら・彼女らは政争に敗れて怨霊となり、現世に災厄をもたらしたとされる人々であろう。貞観《じょうがん》五年（八六三）の神泉苑《しんせんえん》御霊会《ごりょうえ》では、早良親王・伊予《いよ》親王・藤原吉《よし》子《こ》・藤原仲成《なかなり》・橘 逸勢《たちばなのはやなり》・文室宮田麻呂《ふんやのみやたまろ》の六人が疫病をもたらす御霊として祀られた。さらに「八所御霊」と称する場合には、吉備真備《きびのまきび》・菅原道真が加わり、伊予・仲成に代えて井上内親王・他戸《おさべ》親王が入れられることもあるが、これらが修二会神名帳の御霊とほとんど重複している可能性は高い。

　ともあれ、修二会には御霊信仰が含みこまれていた。敗残・憤懣のなかに死んだ王族や貴族が祟りをなす、それゆえ彼ら・彼女らを祀り慰撫《いぶ》しようとする信仰。その起源もまた平城京の時代にあった。史料上最初の「亡魂」信仰は、天平勝宝九歳（七五七）の橘奈良麻呂《ならまろ》の変において見ることができるが、近年では神亀《じんき》六年（七二九）に謀殺された左大臣長屋王《ながやおう》も、その怨霊が深く恐れられたと推定されている。いずれも皇位継承をめぐる政争、もっと具体的に言えば、聖武天皇の後継者争いにおける敗北者が、怨霊として畏怖されたことになる。奈良時代政治史の暗黒面の象徴と言ってよかろうが、こうした信仰もまた平安時代に受けつがれ、発達していくことになる。仏都平城京は御霊信仰の揺籃《ようらん》の地でもあり、それには聖武天皇の存在が大きく関与していたのである。神仏習合と御霊信仰の発生は奈良時代の天皇に関わる問題として、深く追究される必要があるだろう。

修二会は深夜におよぶ行法であるが、さまざまな勤行《ごんぎょう》・作法を聴聞していると、時を忘れてしまう。扉のすきまから流れ込む外気にうながされ、局の外に出てみた。たいまつの炎が走った舞台には人気もなく、はるか平城京は闇のなかに静まりかえっている。凍えるような夜空に、ふと早春の気配が感じられる。極東の王都が仏都として栄えていた時代からずっと、修二会の悔過《けか》声明《しょうみょう》は春を招いてきたのかもしれない。

第一章　飛鳥から平城へ

1　天智天皇と天武天皇

神にしませば

天平勝宝《てんぴょうしょうほう》四年（七五二）二月、大伴家持《おおとものやかもち》は「壬申《じんしん》年の乱、平定以後の歌」を聞いて、これを書きとめておいた。のちに『万葉集』に収められ、広く知られることになる二首の歌である。

大君は　神にしませば　赤駒《あかごま》の　腹ばふ田居《たい》を　都と成しつ　（大伴御行）
大君は　神にしませば　水鳥の　すだく水沼《みぬま》を　都と成しつ　（作者未詳）

大君は神でいらっしゃるから、赤駒が腹ばう田んぼを（水鳥が集まる沼を）都となさるのだ、といった意味である。大君は天武《てんむ》天皇のこと、都とは倭京（飛鳥《あすか》の都）を拡張して造営された藤原京を指すものであろう。飛鳥北方に広がる田や沼を、またたく間に都城に変えていった天武の力、それを「神にしませば」と讃えた歌なのである。

この二首については、天武天皇が壬申の乱に勝利し、神格化されるほどの専制権力を獲得した、といった文脈で語られることがある。近江《おうみ》朝廷を攻め滅ぼし、自力で天皇位についた天武の事績を思えば、なるほどと納得できなくもない。『万葉集』において「神にしませば」という表現が、天武とその皇子だけに用いられているのも事実である。

しかし、壬申の乱によって専制権力が樹立された、という理解は果たして正しいのだろうか。また、専制権力と神格化はストレートに結びつくものなのであろうか。このように言う理由はほかでもない。天武以前の天皇権力、とりわけ天智《てんじ》天皇の権力をどう評価するかが大きな問題だと考えるからである。天武の兄であり、先帝でもあった天智。彼はまごうかたなき専制君主であった、と私は考える。天智に「神にしませば」という歌が捧げられた確証はないが、彼が神格化されていなかったと断定する根拠もまた存在しない。

ことは天智・天武の権力論にとどまるものではない。律令体制がいつ、どのように形成され、それとともに天皇の権力・権威がいかに構築されたかという、日本古代史における重要問題に関わってくるのである。万葉歌が創り出すイメージは強力であるが、その呪縛を解き放つためにも、二人の古代天皇の実像をしっかり見きわめたいと思う。

壬申の乱への道

天智天皇は名を中大兄皇子《なかのおおえのみこ》といい、推古《すいこ》三十四年（六二六）、田村皇子と宝皇女《たからのひめみこ》の間に生まれた。父母とも即位して舒明《じょめい》天皇・皇極《こうぎょく》（斉明《さいめい》）天皇になったため、中大兄はその嫡子として、若いころより将来を嘱望されていた。一方、天武天皇は天智天皇と両親を同じくする弟であるが、年齢差ははっきりしない。名を大海人《おおあま》皇子《のみこ》といった。

中大兄は皇極四年（六四五）の宮中クーデタ「乙巳《いっし》の変」に勝利したのち、孝徳《こうとく》朝・斉明朝を通じて倭王朝の中枢にあり、新しい国家体制の建設を推し進めた。天智二年（六六三）、白村江《はくそんこう》の戦いで唐・新羅《しらぎ》連合軍に大敗すると、倭国《わこく》は国家存亡の危機に立たされるが、中大兄は皇太子のまま国政をとり、天智七年になって近江大津宮で即位した。この年に大海人が「東宮《とうぐう》」（皇太子）になったと『日本書紀』は記すが、真偽のほどはわからない。ただいずれにせよ、朝廷政治のさまざまな局面において、大海人が「大皇弟」として天智天皇を輔弼《ほひつ》したことは事実らしく、天智三年の「甲子《かっし》の宣《せん》」、同十年の「冠位《かんい》法度《はっと》之《の》事《こと》」（近江《おうみ》令《りょう》）といった重要な国制改革には必ず関与したようである。

しかし、天智天皇は晩年に至り、伊賀《いが》采女《のうねめ》宅子《やかこ》との間にもうけた大友《おおとも》皇子を寵愛し、天智十年正月には太政大臣《だいじょうだいじん》に任命した。同年冬、死を悟った天智は大海人を呼び出し、皇位を譲ろうとしたが、陰謀と疑った大海人はこれを固辞した。そして大后《おおきさき》倭姫王《やまとひめのおおきみ》を皇位につけ、大友皇子に国政を執らせることを進言し、みずからは僧形となって吉野に隠遁したのである。大友を首班とする政権の発足を見届け、天智は同年暮れに死去した。

大海人皇子が挙兵したのはその半年後、六七二年六月のことである。近江朝廷が戦いを準備し、吉野への食料輸送を妨害しているという情報を得て、やむを得ず挙兵したのだと『日本書紀』は記すが、たやすく信用できるものではない。さらに『日本書紀』は大海人の苦難の行軍、智謀と勇気にみちた戦闘、近江朝廷の崩壊を活写し、読者に強い感動を与えるのだが、それは天武朝に編纂が始まった歴史書であれば当然のことであろう。現時点にして確かに言えることは、大海人の軍事行動が倭王朝の正当な継承者への反逆であり、天武天皇は「皇位簒奪《さんだつ》者」として即位したということ、この一点だけである。

聖君天智天皇

『日本書紀』天智天皇紀は、天智のことを別に悪く書いているわけではない。大皇弟大海人を排斥し、大友皇子と凡庸な重臣たちに後事を託したため、大乱が起きたようには記すが、治世の得失をあからさまに述べることはしない。

しかし、奈良時代の天智天皇観は違う。きわめて評価が高いのである。特にそれが顕著なのは八世紀半ばすぎ、藤原仲麻呂《ふじわらのなかまろ》政権下においてであった。天智は「天の縦《ゆる》せる聖君、聡明の睿主《えいしゅ》」と称され、「制度を考正し、章程を創立」した——国家制度を体系的に整えた——ことが賞賛された。これは仲麻呂が藤原氏の始祖鎌足《かまたり》を顕彰したため、君主である天智に賛美が及んだものとも取れるが、決してそれだけではない。仲麻呂は藤原不比等《ふひと》に「淡海公」の号を贈り、近江国保良《ほら》への遷都《せんと》を進めるなど、近江を強く指向しており、天智朝を理想視していたことが窺われる。また、同じころに書かれた『懐風藻《かいふうそう》』(現存最古の漢詩集)序文も、天智末裔の淡海三船《おうみのみふね》が撰したとの説があることに注意は必要だが、礼式備わり文華栄えた聖代として天智朝を讃え、優れた詩や書が壬申の乱で焼失してしまったと嘆いている。

天智朝への高い評価は、奈良時代前期にはすでに見出すことができる。養老《ようろう》三年（七一九）の詔《みことのり》によれば、法典編纂の歴史において「近江の世」は特記すべき時代であり、このとき法制がすべて完備し、やがて大宝令に受けつがれ「恒法」になったという。さらに慶雲《けいうん》四年（七〇七）の元明《げんめい》天皇以来、歴代天皇の即位宣命《せんみょう》には天智が立てた「不改常典《ふかいのじょうてん》」なる法が持ち出され、皇位継承の正当性を裏付けるものとされた。「不改常典」についてはさまざまな学説があるが、その内実がいかなるものであったにせよ、天智朝に何らかの法令が出され、奈良時代以後の天皇即位にあたって尊重されたことだけは疑いない。

奈良時代の天皇は、実は多かれ少なかれ天智の血を受けていた。しかし、天智が讃えられた理由はこれとは別次元にあり、国家制度の整備こそが重視されていたのである。奈良時代の人々にとって、天智天皇はそうした治績ゆえに聖君なのであった。

天智朝の実像

それでは、天智朝は実際にはどのような時代だったのであろうか。

中大兄皇子が大化改新《たいかのかいしん》以来、新しい国家体制づくりに邁進したことはすでに述べたが、それを一言で言うなら、ウヂと部民《べみん》制からなる伝統的国制を解体し、官僚制・公民制を基軸とする中央集権国家を打ち立てることであった。その大枠は孝徳天皇の時代に定まった。中央では新冠位制と官司組織が未熟ながらも動き始め、全国には〈国―評―五十戸〉という公民支配システムが張りめぐらされた。こうして公民の租税と労働力を徴発・運用することが可能となり、倭国の経済力・軍事力は大幅に強化されたと考えられる。

やがて百済戦役のさなか、斉明天皇が筑紫《つくし》朝倉宮《あさくらのみや》で没すると、天智は即位しないまま朝廷の全権を握ったが、白村江において壊滅的敗北を喫する。大唐帝国の脅威にさらされ、天智は臨戦体制を構築せざるを得なくなった。朝鮮式山城などの防衛施設を築くとともに、国家支配そのものの格段の強化を図ったのである。

まず天智三年(六六四)に「甲子の宣」を発令し、天皇権力のもとに中央豪族を強力に組織化した。ついで体系的法典である近江令《おうみりょう》の編纂に入り、同十年に施行をみた。近江令については、その編纂・施行を疑問視する意見が根強いが、先述した養老三年詔は天智朝の法典編纂を特筆大書しており、やはり画期的事業があったと見たほうが自然である。近江令の存在を示すもう一つの根拠は次節で紹介するが、かつて青木和夫氏が提唱した近江令否定論に確たる論拠があるようには思えない。なおこの間、天智九年には庚午年籍《こうごねんじゃく》が全国的に作成され、公民一人一人を徹底的に支配することが可能になった。

かくして天智朝には対外的緊張により、きわめて強圧的な国家体制が形作られた。律令体制の形成史において、天智朝こそが最大の画期であったと評しても決して過言ではない。天智天皇が前例のない専制君主であったことも、たやすく想像できるところであろう。

天武朝への連続性

大海人皇子が打倒しなければならなかったのは、近江令官制によって組織化された近江朝

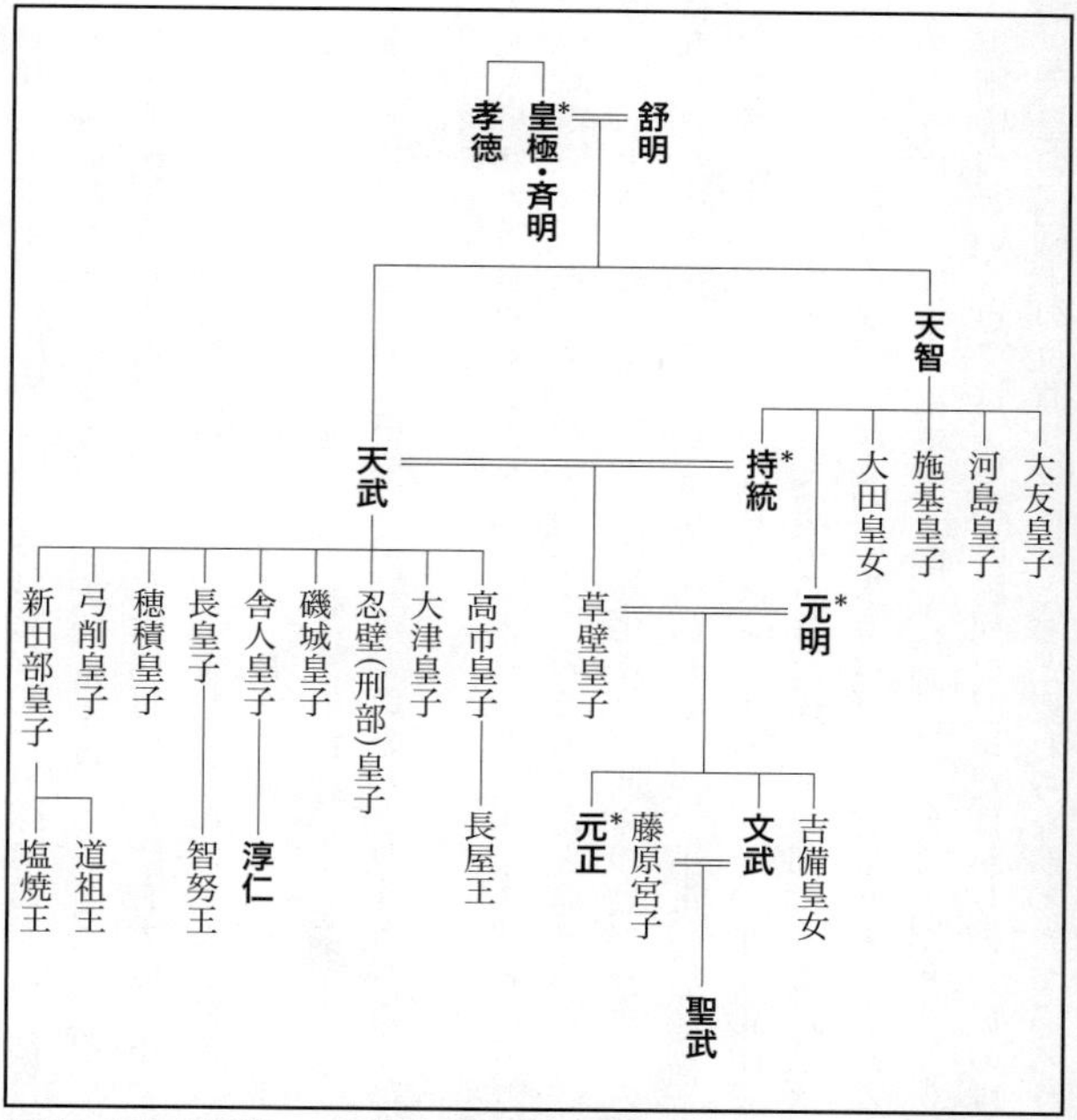

天智と天武の系譜　＊は女性天皇。親王は皇子、内親王は皇女に統一した

廷であり、庚午年籍を用いて動員された公民の軍隊であった。彼は東国の兵士を指揮下に組み入れ、将軍たちにこれを委ねて、大津宮を攻撃させた。吉野出発からちょうど一月を経て、近江朝廷はついに瓦解し、大友皇子は自尽した。右大臣中臣金《なかとみのかね》は斬首、左大臣蘇我赤兄《そがのあかえ》と大納言《だいなごん》巨勢比等《こせのひと》は流罪に処されたが、それ以外のほとんどの者は罪を赦された。こうして大海人は王権を簒奪し、朝廷を構成する官僚機構をそっくりそのまま手に入れたのである。飛鳥に戻った大海人は、斉明・天智の後飛鳥岡本宮《のちのあすかおかもとのみや》を襲用し、これに東南郭《かく》（エビノコ郭）を付加して、そこで天皇位についた。このとき改作された王宮全体が、後に飛鳥浄御原宮《あすかきよみはらのみや》と呼ばれる。

天武天皇は大臣を置くことがなかったが、〈天皇―太政官《だいじょうかん》―大弁官《だいべんかん》―六官〉を中核とする中央行政組織は、近江令官制に基づくものであったと考えられる。官人たちは天智三年（六六四）の二十六階冠位制によって序列化され、彼らの勤務評定も天智朝の制度をベースとして行なわれた。天武が天智から受けついだものは、中央官僚機構だけではない。〈国―評―五十戸〉制と庚午年籍による公民支配システムも、そのまま継承されたのである。天武四年（六七五）には、「甲子の宣」で定められた民部《かきべ》・家部《やかべ》（ともに豪族支配下の人民）について制度改革がなされたが、公民支配の根幹はほとんど変わることがなかった。

このように天智天皇が構築した国家体制は、ほぼそのままの形で天武朝に連続していった。専制権力という点では、軍事的勝利を収めたばかりの天武のほうが上だったかもしれないが、天皇の国制上の位置づけはほとんど変わらなかったであろう。

思えば、それも当然ではあった。天智朝の強力な国家体制・天皇権力は、当時の国際情勢に起因するものであるが、天武初年の倭国も同じような緊張状態にあったからである。つまり天智朝と天武朝は地続きの時代であり、壬申の乱によって国家体制が転換するようなことはなかったのである。この面では、天武天皇は天智天皇の忠実な継承者であった。

二つの国忌

壬申の乱に勝利することによって天武が得たものは、何よりも天皇の地位であった。それは天智朝に専制君主権として整えられたものであり、天武も天皇位についてこそ強大な権力を発動できたのである。しかし、先帝の遺志を踏みにじって近江朝廷を滅ぼした天武には、地位継承と権力行使において正当性を欠くところがあった。しばらく後、近江朝廷を哀惜する心情が広く共有されることになるが、それは天武政権への批判と果たして無関係であったろうか。

いにしへの　人に我あれや　楽浪《ささなみ》の　古き京を　見れば悲しき　（高市古人）
近江の海　夕波千鳥　汝《な》が鳴けば　心もしのに　いにしへ思ほゆ　（柿本人麻呂）

大君は神にしませば、といった言辞が天智朝に存在したかどうかはわからない。存在したとしても不自然ではないが、仮にそうでなく、天武朝になって一般化したとすれば、それは天武の地位・権力を正当化するため、ことさらに言い立てられたものではなかったろうか。少なくとも「天智朝国制の継承者」「王権の簒奪者」という天武の二面性を念頭におくとき、〈軍事的勝利→専制権力→神格化〉といった単純な論理に従うことには、強いためらいを覚えるのである。神業のごとき藤原京の造営が、天智の構築した官僚制・公民制のシステムによって行なわれたことも、このさい忘れてはならないであろう。

時は移って大宝二年（七〇二）、天武の忌日（九月九日）と天智の忌日（十二月三日）が国忌《こき》と定められた。国忌とは大寺で行なう国家的追善仏事、またはその日をいう。天武国忌は持統《じとう》二年（六八八）に始められたが、これに天智国忌が加えられたわけである。天武尊崇ばかりが目立つこの時期、天智がそれと並んで特別の「先帝」とされたことに、深く思いを致さねばならない。「天命開別《あめみことひらかすわけ》天皇」という天智の諡号《しごう》も、彼の治績をよく象徴するものであろう。天武天皇の治世は、それを継承することから始まったのである。

2　天武朝の転換点

草壁皇子

天武天皇が草壁皇子《くさかべのみこ》を皇太子に立てたのは、天武十年（六八一）二月のことである。草壁は天智元年（六六二）、大海人皇子と鸕野《うのの》皇女《ひめみこ》の子として筑紫の大津宮に生まれた。二〇歳になったのを機に正式の皇位継承者とし、「万機を摂せしむ」（国政を執らせる）ことにしたのである。当時は二〇歳をもって成人とする慣習があったようで、『日本書紀』によれば厩《うまや》戸《ど》皇子（聖徳太子）も二〇歳で立太子し、摂政として万機を委ねられたし、一九歳の有間《ありま》皇子は「未成人」だとして自重をうながされたという。

　天武には一〇人の皇子がいた。出生順では、高市《たけち》皇子が第一、草壁皇子が第二、大津皇子が第三、忍壁《おさかべ》（刑部）皇子が第四となり、筆頭の高市皇子は壬申《じんしん》の乱において父の信頼を得て、華々しく活躍した人物である。しかし、彼の母は筑紫の豪族・胸形《むなかた》氏の出身で、皇位継承においてきわめて不利な立場にあった。これに比べて、草壁皇子は鸕野皇女、大津皇子は大田皇女《おおたのひめみこ》を母にもち、鸕野と大田は天智天皇と蘇我遠智娘《そがのおちのいらつめ》の間に生まれた同母姉妹であった。大田皇女が早く死去したのに対し、妹の鸕野皇女は壬申の乱でも大海人に随行し、天武即位後は皇后として国政を補佐したとされ、キサキの中で傑出した存在であった。草壁は生母の尊貴性と政治力により、天武の第一皇子として立太子したのである。

　その二年前の天武八年五月、すでに草壁の地位は確立していた。吉野宮において天武は六人の皇子、すなわち草壁・大津・高市・河島・忍壁・施基《しき》に一致団結を盟約させ、全員を慈しむことを皇后鸕野とともに誓ったのである。このうち河島・施基は天智の皇子であるが、かくして皇子たちの序列と協和が確認され、草壁の特権的地位も定まった。それは大臣を置かなかった天武にとって、みずからの権力基盤を固めることでもあった。「皇親政治」と呼ばれる天武朝の政権構成がよく示されていると言えよう。

浄御原令

草壁が立太子した日、天武天皇は皇后鸕野とともに浄御原宮《きよみはらのみや》大極殿《だいごくでん》に御し、王族・官人を呼び集めて、次のような詔を発した。

> 朕、今より更に律令を定め、法式を改めんと欲す。故に、ともにこの事を修めよ。然るに、頓《とみ》にこの務めに就かば、公事欠くことあらむ。人を分けて行なうべし。

今よりあらためて律令（法式）の改定事業を行なうので、朝廷構成員は役割分担しながら参加せよ、と命じている。これが浄御原令《きよみはらりよう》の編纂命令であることについては、諸説一致して異論を見ない。そして詔文を子細に読むなら、「今より更に」の一句に重要な意味があり、「律令」「法式」と呼ばれるような体系的法典がすでに存在していたことを看取できるであろう。その法典こそが、天智朝に編纂・施行された近江令にほかならない。前節で触れた養老三年詔とともに、近江令の存在を示す貴重な史料なのである。

近年、中国で新史料（天聖令《てんせいれい》）が発見されたことにより、律令編纂史に関する研究が進んだ。そのなかで、唐律令を全面的に継受するのは大宝律令《たいほうりつりよう》（七〇一年）からであろう、という考え方が有力化しつつある。近江令や浄御原令は単行法令の集まりではなかったかと言うのである。確かに、逐条的に唐律令を模倣するのは大宝律令に始まるようであり、近江令やその改訂版である浄御原令は、法典として未熟な段階にあった。しかし、だからといって、唐の永徽《えいき》律令を参考にしながら大化以来の単行法を整理し、体系的法典にまとめ上げたことの意義が減じるわけではない。大宝律令の画期性を認めつつも、近江令・浄御原令が果たした歴史的役割を正しく評価する必要がある。

それでは、天武はなぜ近江令の改定に着手したのであろうか。根本的理由はのちに述べるが、ここでは直接的な契機として、草壁の立太子を挙げたいと思う。政権委譲を見すえて制度を整え、即位にあわせて新法典を施行するべく、準備を始めたと考えるわけであるが、同様のことは大宝・養老律令についても言えるであろう。近江令施行から一〇年、この間の経験と制度変更が「造法令殿《ぞうほうれいでん》」でまとめられ、浄御原令に結実していった。

国制整備

天武十年代には浄御原令の編纂と並行し、令条の一部を先行施行するかたちで国制の整備が進められていった。

まず、中央官僚機構が強化された。朝廷に仕える官人たちはバラバラの個人ではなく、彼らの出身母体として「氏」という親族集団があった。大化前代のウヂの自律性を弱め、王権が強くコントロールするためにさまざまな方策がとられてきたが、天武十年代には新たな「氏上《うじのかみ》」制が始まるとともに、徹底的な族姓改革が行なわれ、「八色《やくさ》の姓《かばね》」として整序されるに至った。この族姓は律令官人の身分を決定し、彼らの勤務評定の基準にも用いられた。さらに天武十四年（六八五）には冠位制が改定され、四十八階もの冠位によって、官人たちは綿密に序列化されることになったのである。

次に、服制・礼儀の整備が挙げられる。天武十年四月、「禁式九十二条」によって服飾材料が規制されたのを皮切りに、服制や髪型に関する指令が次々に出されていった。また、「礼儀・言語の状」について詔が発され、王宮で「難波朝廷の立礼」を改めて採用するなど、礼儀を整えることにも意が払われた。こうした施策は中央官僚機構の整備と深く関わっていた。天皇のもとに官人たちを序列化し、地位・身分にふさわしい服装とふるまいを強制することにより、朝廷の秩序を保つことが意図されたのである。天武十一年には藤原京の造営が始められるが、これも王権の儀容整備と無関係ではなかった。

地方行政制度にも手が入れられた。孝徳朝以来の〈国―評―五十戸〉制度は、天武十年〜十二年に〈国―評―里〉という唐制に近い呼称に改められた。この事実は、飛鳥地域で七世紀木簡《もつかん》が多数出土して明らかになったものであるが、五十戸から里への変化は内実をともなわず、単なる呼称変化だったようである。一方、天武十二年から十四年にかけて使者が全国に派遣され、諸国の境界を定めたことも見のがせない。吉備《きび》国が備前《びぜん》・備中《びっちゅう》・備後《びんご》の三国になったように、国の分割がなされたのもこの時のことかと思われる。

史書の編纂

浄御原令編纂を命じてから一ヵ月後の天武十年三月、天武天皇はふたたび大極殿において重要な詔を出した。河島皇子・忍壁皇子以下一二名の王族・官人に命じて、「帝紀《ていき》」と「上古諸事」を記し定めさせたのである。これは『古事記』の材料となった「帝紀」「旧辞《きゅうじ》」と同じものらしく、「帝紀」は歴代天皇の系譜・事績を、また「旧辞」は神代に始まる倭国の物語・説話を記した書物であった。ともに六世紀頃に筆録されたが、このころまでに異説が生じていたため、天武はそれらを整理し、史実を確定・記録させたものと見られる。『古事記』もこれと同じような作業によって筆録されたが、天武十年に命じられたのはずっと大規模なものであって、まさしく国家的な歴史編纂事業と評することができる。この詔を起点として修史作業は長く続けられ、養老四年（七二〇）に『日本書紀』として完成をみた。

プロセスの並行性を考えるならば、体系的法典の改定、国制・礼儀の整備、歴史書の編纂は、ひとつながりの事業であったと言ってよい。前二者が法と礼を成文化し、国家支配を現実に基礎付けるものとすれば、後者は史という形式で倭国、そして天皇の成り立ちを明らかにし、その支配の正当性を裏付けるものにほかならなかった。神話にもさまざまな筆削が加えられ、王権や神祇祭祀にイデオロギー的基盤を提供したことであろう。

私は以上のような点をふまえ、天武十年代を「法と礼と史の時代」と呼んでいる。天武天皇はその治世の後半に至って、法と礼と史の修訂に全力を注ぎ、国家・天皇の支配を深化させようとした。その意味で、天智朝の国制をそのまま受けついでいた天武ゼロ年代とは、ずいぶん大きな懸隔がある。私たちはつい天武朝を「ひとつの時代」と見て物事を考えてしまいがちであるが、実のところ、それはかなり危ういことなのである。

律令体制の確立

天武朝の方向性が転換したのは、いかなる要因に基づくものだったのであろうか。浄御原令編纂の直接の契機として、草壁皇子の立太子を想定できることについては先に述べた。もう一点、かなり表面的な理由であるが、一〇年という節目が意識されたことを考えてもよい。即位または改元から一〇年が一区切りとされた事例は少なくない。例えば天智十年（六七一）には近江令が施行され、天平《てんぴょう》十年（七三八）には阿倍《あべ》内親王が立太子した。『続日本紀《しょくにほんぎ》』は延暦《えんりゃく》十年（七九一）までの歴史を記し、「弘仁格《こうにんきゃく》」は弘仁十年（八一九）、「貞観格《じょうがんきゃく》」は貞観十年（八六八）までの法令を収録している。それらしい類例はほかにもあり、天武天皇も同じように即位一〇年を一つの転機とみた可能性は否定できない。草壁の成人が同じ年であったことは、全くの偶然だとしても。

しかし、もっと根本的な理由があった。アジアの広域にわたる情勢変化である。六三〇年代以来、アジアの動向を規定していたのは唐の膨張政策であった。大化改新も、白村江の戦いも、唐の東方経略が原因となって起きた事件であり、その後も倭国は厳しい圧力にさらされてきた。ところが、六七〇年代末に唐の膨張は終わる。チベット高原から中央アジアにかけて吐蕃《とばん》が、またモンゴル高原では突厥《とっけつ》がそれぞれ急速に勢力を増したため、唐王朝はそれらへの軍事的対応に終始せざるを得なくなり、東方諸国に侵攻する余力を失ってしまったのである。こうして朝鮮半島以東に緊張緩和の時代が訪れた。新羅も倭も国内体制の充実に力を注げるようになり、倭ではそれが天武十年の転換として現われたのである。言わば、臨戦体制から平時体制への移行であった。

日本の律令体制が、天智朝に臨戦体制として成立したことはすでに述べた。天武十年代にはアジア情勢の急転換をうけ、国制の根幹を改めないまま、平時に即した制度・イデオロギーの整備が進められた。ここから持統朝にかけては、律令体制の確立期と呼ぶにふさわしい時期であった。天智天皇と天武天皇の歴史的役割をこのように見定めておきたいと思う。

3　天武直系皇統の創出

天武の死

天武十五年（六八六）は正月より平穏な日々が続き、飛鳥の王宮は活気にあふれていた。ところが五月下旬、天武天皇はにわかに病に倒れた。諸寺では次々に法会《ほうえ》が催され、大赦・大解除《おおはらえ》なども命じられたが、何の効果もない。七月半ばには「天下の事は大小を問わず、ことごとく皇后及び皇太子に啓《もう》せ」との勅《ちょく》が発せられ、国政は鸕野皇女と草壁皇子に委ねられることになった。三〇年ぶりに朱鳥《しゅちょう》元年という年号が定められ、王宮が「飛鳥浄御原宮」と命名されたのも、すべて天武の平癒を祈ってのことである。しかしそれも空しく、同年九月九日、天武は波乱に満ちた生涯を終えた。

浄御原宮南庭には殯宮《もがりのみや》が建てられ、天武の遺骸を前に、発哭《はっこく》（声を出して悲しみを表わす）や誄《しのびごと》（生前の功績を讃えて追悼する）などの儀礼が執り行なわれた。それは天武が山陵に埋葬されるまで二年余りにわたって続いた。殯の期間は権力空白期であるから、政変が起きやすい。このたびもそうであった。天武の第三皇子、大津皇子が謀反を告発され、死を賜わったのである。新羅僧行心《こうじん》が逆謀をすすめ、信頼していた河島皇子がこれを密告したという。逮捕者は三十数人に及び、朝廷を揺るがす大事件となった。

大津皇子は皇太子草壁皇子より一歳年下であるが、母は皇后鸕野皇女の姉にあたる。すぐれた風貌をもち、文武の才能に富んだ若者であった。天智はことに大津を愛したというが、恐らく天武も同様であって、草壁立太子の二年後、特に朝政《ちょうせい》を聴かせる（天皇に代わって国政を処断させる）ことを行なっている。つまり大津は皇太子草壁の最大のライバルであり、広く衆望を集める人物であった。それゆえ皇位継承の期待が高まって「謀反」的言動に及んだか、あるいは皇后―皇太子ラインの謀略にはまって粛清されたか、いずれかであろう。後者がいかにもわかりやすいが、真実はなお歴史の闇の中にある。

大津皇子は二上山《ふたかみやま》に葬られた。『薬師寺縁起《やくしじえんぎ》』によれば、悪龍となった大津を供養するため、義淵《ぎえん》が掃守《かにもり》寺を建てたという。掃守寺は二上山の東麓、奈良県葛城《かつらぎ》市加守《かもり》に遺跡があり、八世紀初頭の長六角堂という特異な建物をもつことで知られる。大津の怨霊を語る説話とあわせて、入念な検討が必要であろう。ちなみに二上山頂の現「大津皇子墓」は、天文《てんぶん》十年（一五四一）に木沢長政《きざわながまさ》が築いた二上山城の遺構と見るのが穏当である。

草壁の死

大津皇子の退場によって、皇太子草壁の地位はいよいよ確固たるものとなった。したがって六八八年十一月、倭国の慣例に従い、天皇の系譜や諸氏が仕えてきた歴史が誄《しのびごと》として奉られたのち、天武が大内陵《おおうちのみささぎ》に葬られると、いよいよ草壁の即位を待つばかりだったはずである。ところが、そうはならなかった。翌六八九年の正月朝賀には鸕野皇女が出御し、草壁皇子は姿を見せなかった。そして同年四月、彼の逝去を伝える記事が突如として『日本書紀』に現われることになる。まだ二八歳であった。

これについては、草壁皇子が病気であったと見るのが自然であろう。いくら毛並みが良く、後見者の力が強くても、本人に国政を執る能力がなければ即位できないのが、当時の天皇のあり方であった。平安時代のように幼児でも即位できるほど、天皇システムは整っていなかった。おそらく天武の喪が明けても草壁即位の条件は満たされず、母后が国政をとって時機を待つうちに、ついに死に至ったのであろう。

天武の後継者選びは振り出しに戻った。草壁・大津以外の皇子たちも成長しており、当面の混乱を避けるためには、皇后鸕野がそのまま国政を執り続けるしか方策はなかったと考えられる。かくして六九〇年元日、彼女は厳粛な儀式によって天皇位についた。『日本書紀』はこれを持統《じとう》四年とする。天武死去とともに持統天皇が「臨朝称制《りんちょうしょうせい》」したとし、翌年を元年と数えるわけであるが、実際の歴史過程はもう少し複雑であった。

これに先立つ六八九年六月、草壁即位に向けて編纂されてきた浄御原令は、本来の目標を失ったまま、あわただしく施行された。同令に基づき、二〇年ぶりの全国戸籍が作成されった天武の遺産を継承し、みずからの治世を開始したのである。持統天皇は愛息が受け取るはずであ（庚寅年籍《こういんねんじやく》）、新しい勤務評定や位記《いき》の制度が始まった。

後皇子尊

持統四年（六九〇）七月、浄御原令による官僚機構が発足し、中央・地方官人の大異動が行なわれた。太政官《だいじょうかん》では一八年ぶりに大臣が置かれることになり、高市皇子が太政大臣、丹比島《たじひのしま》が右大臣に就任した。つまり高市皇子が朝廷政治を領導し、持統天皇を補佐する体制が築かれたわけである。草壁・大津のなき今、高市は天武の皇子たちの中心的存在となっていた。五〇〇〇戸もの食封《じきふ》を支給され、浄広壱という高位を賜ったところに、持統朝における高市皇子の位置がよく示されている。しかし、地方豪族を母にもつ彼が皇太子になることはなく、あくまで太政官首班として重きをなした。

しかし、その高市皇子も持統十年七月に死去する。『日本書紀』は「後《のちのみ》皇子尊《このみこと》」が薨《こう》じたと記し、「草壁皇子尊」と対になる表記を行なっている点が注目される。もっとも、それは『日本書紀』だけの方針ではなかった。『続日本紀』『万葉集』は草壁を「日並知《ひなみし》皇子尊（命）」と呼び、長屋王家木簡《ながやおうけ》にも高市を「後皇子命」と記したものがあって、かなり早くから草壁・高市を特別視し、並び称することが行なわれていたと見られる。

高市が亡くなると、持統天皇は王族・貴族を内裏《だいり》に集め、皇位継承について意見を述べさせた。しかし衆議は定まらない。そこで葛野王《かどの》が、わが国は父子継承を祖法としており、兄弟相続は乱の原因となるものであって、皇嗣はおのずから明らかである、と発言し、口を出そうとした弓削《ゆげ》皇子を一喝した。持統はこれを聞いていたく喜んだというが、葛野王はもとより彼女の意を汲み、直系皇位継承を主張したのではあるまいか。裏を返せば、天武皇子による兄弟継承を望む声が、それだけ高かったのである。

持統天皇は即位以来、皇太子を置いてこなかった。天武・草壁からの直系継承が念願であったに違いないが、それでは支配層の合意を得るべくもない。こうした状況にあって、問題を顕在化させずに持統を支えていくのが、高市皇子の役割だったのであろう。彼の死により、持統は自力で皇位継承構想を実現しなければならなくなった。

文武天皇

皇嗣を決める議がいつ行なわれたかは不明だが、持統天皇の動きはきわめて速かった。高市の死から半年後の持統十一年（六九七）二月、草壁の長子である軽《かる》（珂瑠）皇子がわずか一五歳にして立太子し、八月には即位して文武天皇となった。

このとき、おそらく倭国史上初の譲位が行なわれた。『日本書紀』には継体《けいたい》天皇と皇極《こうぎょく》天皇の譲位が記されているが、継体のそれは史実としての確証がなく、皇極の場合は乙巳《いっし》の変をうけた事実上の廃位であった。これに対して、持統は文武天皇を擁立し、みずからは史上初の太上《だいじょう》天皇となって国政に関わり、文武を後見しようとしたのである。文武の母は阿閇《あへ》皇女で、彼女は慶雲《けいうん》四年（七〇七）に元明《げんめい》天皇となるが、即位宣命《せんみょう》において「持統天皇は文武天皇に天皇位を授け、相並んで天下を治められた」と述べている。一〇年の治世実績をもつ持統が並び立つ以上、文武即位に反対することは難しかったであろう。このように譲位および太上天皇の制度は、〈天武―草壁―文武〉という直系皇位継承を実現し、文武天皇を後見するために、持統の実力によって一気に導入されたものだったのである。それは天皇システムに深く刻印され、奈良・平安時代の政治過程に大きな影響を及ぼすことになる。

即位にともない、文武には三人のキサキが配された。藤原宮子《みやこ》が夫人、紀竈門《きのかまど》・石川刀子《とね》が嬪《ひん》となったが、皇女の姿は見えない。天智・天武の皇女は、草壁の世代までの王族と婚姻関係を結んでおり、もはや文武の皇后たるべき女性は残されていなかったのであろう。草壁の没後、兄弟間で皇位が継承されておれば、皇女の数が増え、こうした事態には立ち至らなかった。いささか強引な直系皇位継承の結果として、文武は諸氏出身の女性ばかりをキサキとせざるを得なかったわけである。一方、このことにより、夫人や嬪を出した氏の力が強くなることも指摘しておかねばならない。宮子の父にあたる藤原不比等《ふひと》が、持統天皇の信任を得ながら台頭してくる背景には、このような後宮《こうきゅう》の事情が存在したのである。

大宝律令

持統太上天皇は年少の文武天皇に対し、天武が草壁にそうしてやったのと同じように、よく整備された国制を与えようと考えたのではなかろうか。やがて訪れるみずからの不在――それを予見し、機構・制度によって未熟な天皇をバックアップしようとするのは、ごく自然な発想であろう。おそらく文武即位の前後から、大宝《たいほう》律令の編纂作業が始められた理由を、このように考えておきたい。刑部《おさかべ》親王（大宝令からは「皇子」「皇女」が「親王」「内親王」と表記された）・藤原不比等以下、法律に明るい多数の官人が参与せしめられたが、唐の永徽《えいき》律令を逐条的に継受する方針のためか、作業には思いのほか時間がかかった。令は文武四年（七〇〇）三月に完成し、そこから律の編纂に移って、律令のすべてが成ったのは大宝元年（七〇一）八月のことであった。

七〇一年は古代日本にとって一つの節目となった年である。王宮はすでに藤原宮に移っていたが、元日朝賀儀《ちょうがのぎ》ではこの年初めて、大極殿《だいごくでん》の正門に七本の幢幡《どうばん》が立てられた。烏形《うけい》・日像《にちぞう》・月像《げつぞう》をかたどり、青龍《せいりゅう》・朱雀《すざく》・玄武《げんぶ》・白虎《びゃっこ》を描いた旗が立ち並ぶ壮麗な宮廷儀礼のさまを、『続日本紀《しょくにほんぎ》』は「文物の儀、ここに備われり」と特記している。

三月には対馬《つしま》から金が貢上されたのを祝い、大宝という年号が建てられた。この年から日本王朝はずっと独自の年号を用い続け、紆余曲折ののち現在に至っている。そしてまさにこの日、大宝令の官職・位階・服制が施行された。五位以上に新しい位階が授与され、阿倍御主人《あべのみうし》が右大臣、石上麻呂《いそのかみのまろ》・藤原不比等・紀麻呂《きのまろ》が大納言になった。さらに六月、新令によって政務を行なうべきことが全国に指令され、大宝令は全面施行に至った。そして八月、先に述べたように大宝律が完成し、翌年早々に全国へ頒布されたのである。

もう一つ重要な出来事は、実に三二年ぶりとなる遣唐使が任命されたことである。粟田真人《あわたのまひと》が執節使（全権大使）とされ、この年のうちに出帆した。渡唐に成功するのは翌年になるが、ともあれ大宝令施行にあわせ、唐との国交回復が企図されたわけである。

　このような施策が次々に実行され、律令体制の基盤はいよいよ固まることになった。大宝律令については「頗《すこぶ》る増損あり」（多くの制度的改定がなされた）、あるいは「大宝元年以前を法外とし、以後を法内とした」といった評言があり、実際、中央—地方の行政組織とその運用については大宝令施行が大きな画期となっていた。翌大宝二年、文武天皇は二〇歳を迎え、成年天皇として新しい国制を運用していくことになった。

日本国号と天皇号

　大宝の遣唐使は中国で「日本国の使である」と名乗った。「倭国の使」ではない。唐——当時は武則天《ぶそくてん》の治世で国号を大周《だいしゅう》といった——に新しい国号を認めさせることは、彼らの重要な任務だったのであろう。『唐暦』には同年のこととして「日本国、使を遣して貢献す。日本は倭国の別名なり」とあり、使命は果たされたように見える。ただし、君主号が「国王」でなく「天皇」であることは、その後も唐王朝には隠し続けたらしく、玄宗《げんそう》が聖武《しょうむ》を「日本国王主明楽美御徳《すめらみこと》」と称した実例がある。

　日本国号が大宝律令で用いられたことには明証があるが、その使用がいつ始まったかは判然としない。大宝律令か、浄御原令か、あるいは七世紀後葉の単行法令によるものか。日本国号も天皇号も、浄御原令で正式に定まったと考える研究者もいるが、近年では大阪府羽曳野市野中寺《やちゅうじ》の弥勒菩薩《みろくぼさつ》像銘文の研究が進み、天皇号は天智朝までに成立していたとする学説が有力化している。さらに推古朝まで天皇号が遡《さかのぼ》るか、孝徳朝や天智朝に始まるかという点になると、確たることは何も言えないのだが、天武朝成立説が説得力を失いつつあるのは事実である。「浄御原令同時成立説」は苦しい、と言わざるを得ない。

これまで全く注目されてこなかった文献史料を一点、紹介しておきたい。それは鎌倉後期の東大寺僧凝然《ぎょうねん》の『三国仏法伝通縁起』が引く、七世紀の入唐留学僧道光《どうこう》が著した『依四分律抄撰録文』の序文である。そこには「戊寅年《ぼいん》九月十九日大倭国浄御原天皇大御命勅大唐学問道光律師撰定行法」とあり、戊寅年（六七八）に天武天皇の勅をうけて道光が撰した行法の書、といった意味であろう。「浄御原宮」が命名されたのは朱鳥元年（六八六）、「律師道光」が賻物《ふもつ》（死者への贈り物）を下賜されたのは持統八年（六九四）であるから、序文はこの間に書かれたものである。ここで興味深いのは「大倭国浄御原天皇」という表記である。「大倭国」は「浄御原天皇」にかかっており、すぐ下の「大唐学問」と対をなしているから、日本全体をさすものと解したほうが妥当なようであり、とすれば六八六～六九四年には、天皇号はあったが日本国号はなかったことになるのである。浄御原令の編纂が進んでいるか、すでに頒布された時期であることを思えば、日本国号は大宝律令とともに定められた、と見たほうがよさそうである。そう考えれば、大宝の遣唐使派遣の意義もよく理解できると思うのであるが、いかがであろうか。

直系のゆくえ

大宝二年（七〇二）冬、持統太上天皇は参河《みかわ》への旅に出た。その目的については諸説あるが、これが彼女にとって最大にして最後の巡幸となった。都に戻った持統は重病に陥り、十二月二十二日、ついにこの世を去った。藤原宮に殯宮が建てられ、一年にわたる喪葬儀礼が行なわれたのち、彼女は飛鳥岡で荼毘《だび》に付され、天武天皇陵に合葬された。天皇が火葬されるのは史上最初のことであり、仏教の強い影響がうかがわれる。

〈天武―草壁―文武〉という直系皇位継承を追求してきた持統にとって、心残りはほとんどなかったはずである。文武天皇は無事に成人したし、大宝律令が施行され、天皇を中心とする国制も一段と整った。しかも大宝元年には、文武と藤原宮子の間に待望の皇子が誕生していた。この皇子に直系をつないでいけばよいのである。一方、天武の皇子たちの動向も問題なかった。大宝三年正月、最年長の刑部親王は知太政官事に任命され、太政官を領導しながら文武を補佐することになった。慶雲二年（七〇五）に刑部が死ぬと、穂積《ほづみ》親王が跡を継ぎ、天武の皇子による輔弼《ほひつ》体制はゆるぐことがなかった。なお、知太政官事は大臣と同格であり、太政官の長官と表現した史料もある。大宝律令以後、それまでのように皇子（親王）が大臣になることは絶え、代わってこのようなポストが用意されたのである。

ところが慶雲三年の末、文武は病に倒れた。母の阿閉内親王に、あなたに譲位して療養につとめたい、という希望をもらしたが、阿閉はこれを固辞した。この後もそうなのだが、古代においては、男性天皇の譲位はすべて治病や出家といった「政治権力からの離脱」を目的としており、その点で持統のような女性天皇とは異なっていた。文武は史上初めて、男性にして譲位を試みた天皇だったのである。しかし、彼はその願いが叶えられないまま、慶雲四年六月、二五歳の若さで死去した。やむなく阿閉内親王が天皇位につき（元明天皇）、持統・文武の遺志を継いで、天武直系皇統の行方を見守ることになった。文武の遺児である首《おびと》親王、すなわちのちの聖武天皇は、このときまだ七歳であった。

4　飛鳥・藤原・平城

飛鳥の都

ここまで七世紀後葉から八世紀初頭までの天皇の歴史をたどってきた。天智朝と天武朝の連続性、天武十年における転換の様相、そして〈天武―草壁―文武〉という直系皇位継承の創出などを述べたが、こうした歴史の主要舞台となったのは飛鳥・藤原の宮都（宮室・都城）であった。また、国家体制・天皇システムの発達にともない、宮都のあり方そのものが大きく変化したことも事実である。そこで飛鳥から藤原、そして平城に至る宮都の変遷を素描し、その特色を明らかにしておきたいと思う。

さて、倭国では古くより、王の代替わりごとに新しい王宮を建設するという慣例があった。これを「歴代遷宮」と呼び、「○○宮治天下大王」という言い方があるように、王宮は国王の治世を象徴するものであった。また、王宮（ミヤ）の置かれた場所が都・京（ミヤコ）であるが、歴代王宮はヤマト各地を移動したため、都は一処に定まらなかった。

このような慣例に変化が起きたのは、七世紀のことである。奈良盆地東南隅にあたる飛鳥地域に王宮が固定するようになり、飛鳥は都として成長をとげていった。その契機となったのが、蘇我馬子による倭国最初の伽藍寺院・飛鳥寺の創建であった。六〇三年、推古《すいこ》天皇は飛鳥寺の北に小墾田宮《おはりだのみや》を建設し、さらに六三〇年、舒明《じょめい》天皇は飛鳥寺の南に飛鳥岡本宮を置いた。岡本宮の火災により、王宮はしばし飛鳥を離れるが、皇極《こうぎょく》天皇は六四三年に飛鳥板蓋《いたぶきの》宮《みや》を造営し、孝徳《こうとく》朝の難波遷都をはさんで、斉明天皇・天智天皇の後飛鳥岡本宮、天武天皇の飛鳥浄御原宮へと続いていく。しかも近年の調査・研究によって、岡本宮・板蓋宮・後岡本宮はほぼ同じ位置に建設されたことが判明しており、これを拡大したのが浄御原宮であった。つまり旧宮の跡地に板蓋宮を建てた皇極朝以降、歴代遷宮は実質的に終わり、飛鳥は倭国唯一の都という性格を帯びはじめた。

飛鳥地域はとても狭い。その狭いエリアに、王宮・官衙《かんが》・邸宅・寺院がぎっしり建ち並んだ。とりわけ寺院は都に不可欠の要素であり、国家・王権を宗教的に護持するだけでなく、王族や豪族を結集させ、文化・技術を集積する役割を果たしていた。飛鳥には王宮を囲繞《いにょう》するように、飛鳥寺・豊浦《とゆら》寺・小墾田寺・山田寺・川原《かわはら》寺・坂田寺といった大寺院が次々に建てられ、まさしく「倭国最初の仏都」という様相を呈していたのである。

藤原京建設

天智天皇の近江京は、中央の大津宮を穴太廃寺《あのうはいじ》・崇福寺《すうふくじ》・南滋賀《みなみしが》廃寺・三井寺《みいでら》が護持する「北の仏都」であったが、六七二年、大海人皇子《おおあまのみこ》はこの都を攻略し、そのまま廃棄して飛鳥に戻った。そして天武天皇として浄御原宮を整備する一方、飛鳥の都（倭京）の拡充をはかった。近江令に基づく庚午年籍には京（近江京か）の戸籍があったと見られるが、天武は倭京の支配体制を再編し、空間的にも拡大しようとしたらしい。

天武五年（六七六）、天武は「新城《にいき》」を都にしようとし、その地域の耕作をやめさせたが、すぐに造営を中止した。時期尚早だったのであろうか。ただし、この時にもある程度、街路区画が設定されたものらしい。やがて「天武十年の転換」を経て、同十一年、改めて新城に使者を遣わし、造都を再開した。みずからも再三にわたって視察に赴いている。十三年には「京師《けいし》」を巡幸し「宮室《きゅうしつ》の地」を定めたというが、おそらく京の工事がかなり進んだことを受け、王宮の建設に着手するセレモニーを催したのであろう。

これら一連の事業は、藤原京・藤原宮の造営そのものであった。藤原京は正しくは「新益京《しんやくきょう》」と呼ばれ、飛鳥の都から新たに広げられたものと観念されていた。ただし、飛鳥の都が整然たる都市計画をもたずに形成されていったのに対し、藤原京は初めて条坊制と呼ばれる碁盤の目のような街路区画をそなえ、中国的なグリッド・プランを指向していた。

藤原京の都市プランについて、現在最も説得的なのは小澤毅氏の学説である。それによれば、藤原京は南北十条・東西十坊の条坊を備え、一辺が五・三キロの正方形の形状をもつ。藤原宮はまさしくその中心に位置し、主要建築を初めて瓦葺《かわらぶ》き・礎石建ちとした、壮麗かつ広大な王宮であった。正方形都城の中央に王宮を置き、東西・南北にそれぞれ九本の大路を通すというあり方は、中国古代の経典『周礼《しゆらい》』に基づいたものと評価されている。天武天皇は国制整備と並行しながら、このような理想的宮都の建設を進めていたのである。しかし、天武は藤原宮の主となることなく没した。造営事業はしばし中断したが、持統天皇の即位とともに再開され、持統五年（六九一）には新益京の鎮祭と宅地班給が行なわれた。持統が飛鳥浄御原宮から藤原宮に遷居したのは、同八年十二月のことであった。

仏都の実像

飛鳥（倭京）・藤原京は王宮の所在地、支配層の集住地というほかに、仏都という性格を色濃くもっていた。その様相を具体的に見ておくことにしよう。

まず寺院の数であるが、天武九年（六八〇）には「京内廿四寺」に布施を賜わったという史料があり、藤原京が本格造営される直前の倭京に、僧寺・尼寺が二四もあったことがわかる。出土瓦の年代からこの二四寺を推定することにより、倭京の範囲は「北は横大路《よこおおじ》、西は下《しも》ツ道《みち》、東は阿倍山田道《あべやまだみち》の線を中心としてその周辺を含み、南は檜隈《ひのくま》から祝戸《いわいど》まで」と考えられている。図（五七頁）から見てとれるように、それは飛鳥を一回り広くしたエリアであるが、藤原京時代になるとさらに寺院は増え、薬師寺・大官大寺《だいかんだいじ》といった官大寺は、条坊制に則った伽藍《がらん》をもつようになる。『扶桑略記《ふそうりやつき》』によれば、持統六年（六九二）の全国寺院数は五四五。その中枢をなす三〇以上の大寺院が、飛鳥・藤原京には建ち並んでいたのである。

次に僧尼の数を検討しよう。持統四年、安居《あんご》という仏教行事に参加した「七寺」の沙門《しゃもん》三三六三人に布施が施され、これとは別に、草壁皇子の追善を祈って「三寺」の安居沙門三二九人に布施が贈られた。単純に合計すれば三六九二人となる（重複を考えても大差ない）。これらは有力寺院の僧侶であろうから、「京内廿四寺」全体では四〇〇〇～五〇〇〇人と言ったところであろうか。一方、藤原京の公民は約二万五〇〇〇人と推算されており、かなり大雑把な計算ではあるが、京人口の一～二割が僧尼であったことになる。僧尼人口がここまで多いとは驚きであり、全国的にみても特異な数字と言わねばなるまい。

僧尼の管理体制も、京と諸国では大きく異なっていた。僧尼の身分を管轄するのは、京内では僧綱《そうごう》と呼ばれる中央僧官、それ以外では国司の職務であった。京の寺院と僧尼は僧綱を介して、太政官―治部省《じぶしょう》―玄蕃寮《げんばりょう》という中央官僚機構に直結していたのである。これは大宝律令、もしくはそれ以前に遡るシステムと考えられ、京の寺院・僧侶の特殊性と重要性をよく示すものと言えよう。

このように飛鳥・藤原京には有力寺院が集中し、多数の僧尼は都に欠かせない存在であった。国家・王権と仏教の強いつながりが、王都を仏都たらしめていたのであり、それは七世紀の倭国が模範とした隋・唐の長安城の影響でもあったのだろう。

法会の空間

仏教は個人の苦しみを救済するとともに、国家・社会全体の平和を護持する宗教であった。こうした効験を得るため、読経・講経・悔過《けか》・安居などの法会が開催されたが、倭国の仏都では、法会空間はどのように確保されていたのだろうか。

寺院が法会の場であったのは、勿論のことである。しかし、教学と僧尼集団の維持発展だけでなく、法会のためにこそ伽藍は存在したのだから。ここで見過ごせないのは、序章で少しふれたように、王宮でも仏教法会が開催されたことであり、また王宮と官大寺の法会が役割を分担していたことである。

孝徳天皇の難波長柄豊碕宮では、白雉《はくち》二年（六五一）、倭国史上初の王宮仏事が行なわれた。これは新宮の安寧を祈るための法会であったが、その後も難波宮では講経や斎会《さいえ》が開催され、朝廷全体の護持がはかられた。大津宮には「内裏《だいり》仏殿」、浄御原宮には「宮中御窟《みむろ》院《いん》」という仏教施設があり、おそらくこうした施設を用いつつ、内裏・宮中において仏教行事が続けられていった。天武天皇の危篤に際して読経や悔過が行なわれた例もあるが、王宮仏事の多くは公的・国家的な法会であったと推定される。

これに対し、飛鳥・藤原京の諸寺院で行なわれた仏事には、私的・個人的と言うべきものが多かった。先祖供養の意味をもつ盂蘭《うら》盆《ぼん》会《え》、天皇・王族・豪族の治病を祈る法会、死者の追善のための法会。このような仏事を行なった点では、天皇・天皇家が檀越《だんおつ》（信仰を捧げて財政支援を行う人・家）となった官大寺も、豪族が創建した氏寺《うじでら》も同じことであった。勅願寺である川原寺・大官大寺・薬師寺、そして官大寺に準じる飛鳥寺は「四大寺」と総称され、鎮護国家を基本的役割としていたように思われがちであるが、本来的には「天皇の氏

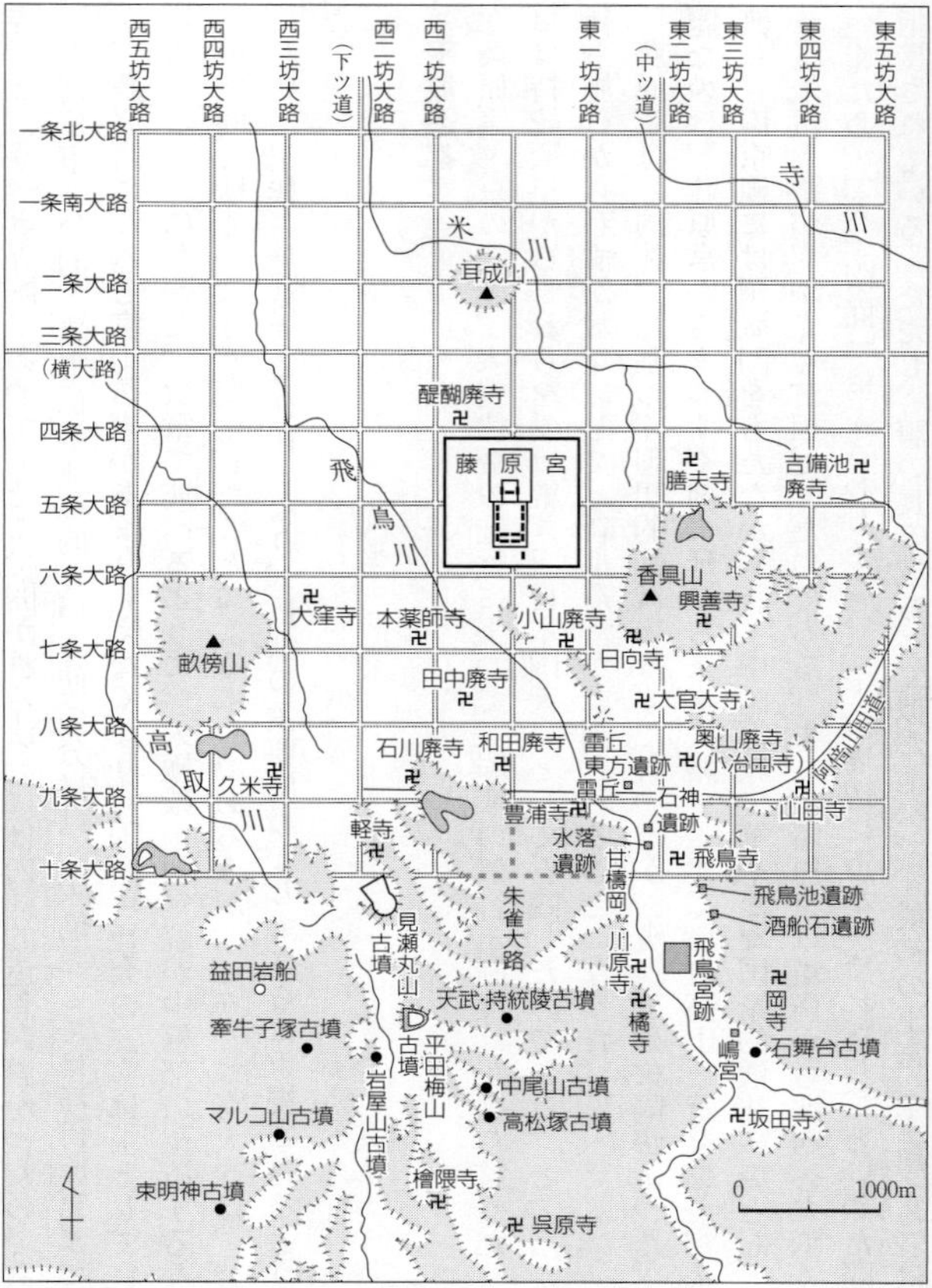

藤原京と飛鳥地方　『岩波日本史辞典』を参考に作図

寺」と言うべき寺院であって、そこで開かれる法会には内廷的色彩が濃かったのである。

王宮仏事＝公的、諸寺仏事＝私的という使い分けは、大筋としては浄御原宮まで続いたが、藤原宮になると宮中仏事があまり見えなくなり、国家・社会の安寧は主として官大寺で祈られるようになった。次章で述べるように、大極殿―朝堂院《ちょうどういん》が中枢部に位置するなど、王宮の空間と機能が大きく変化したことによるものであろうか。こうして官大寺は、公私両面において王権を護持する存在となり、仏都の主要施設としてさらに重視されるようになった。

平城遷都

藤原宮・京の建設、大宝律令の施行によって、国家の儀容・制度はかなり整った。文武天皇は持統天皇からこれらを受け継ぎ、日本国天皇として君臨したのである。ところが、大宝律令施行からわずか数年にして、新都造営が計画されることになった。

藤原京は『周礼』に基づく理想的都城のはずであったが、実際には欠陥があった。特に問題なのは、藤原宮からまっすぐ南に延びる朱雀大路《すざくおおじ》で、すぐに日高山丘陵を越え、飛鳥川を渡り、南京極には羅城門《らじょうもん》をもたなかった。中国都城で華やかな国家的儀礼の場として用いられる朱雀大路が、かくも貧相だったのである。また、藤原京は東南から北西へと低くなっていくため、「天子南面」にふさわしくない、王宮周辺に汚水が流れ込む、といった問題点も指摘されている。ただし、唐の長安城もよく似た地勢で、最初の王宮（太極宮《たいきょくきゅう》）は京内の低湿な場所にあったから、この点についてあまり強調すべきではなかろう。

慶雲元年（七〇四）十月、遣唐使が藤原宮に戻った。彼らは長安城に入り、壮麗な新王宮（大明宮《だいめいきゅう》）で武則天に拝謁したため、唐の宮都をよく実体験していた。『周礼』モデルの藤原京は唐都とまるで異なっており、国家の儀容を整えるためには、長安城・大明宮を模倣すべきことが痛感されたであろう。そこで、未完成な部分のある藤原京の造営工事を打ち切り、遅くとも慶雲三年（七〇六）初頭には遷都計画が決められたと考えられる。

慶雲三年九月、文武はみずから平城を視察したらしいが、藤原宮に戻った直後、重病になった。翌四年正月、王族・貴族に遷都について下問した。計画を推進するか停止するか、意見を述べさせたのであろう。そして六月に文武が死去。母の元明天皇は葬儀を終えると、遷都事業を強力に推進した。翌和銅《わどう》元年（七〇八）二月に平城遷都の詔を発し、造営工事を着々と進めて、同三年三月には遷都を実現したのである。

寺院・邸宅の移転

平城京へは王族・貴族の邸宅のほか、官大寺や氏寺が次々に移されていった。その際、勅願寺である薬師寺・大安寺《だいあんじ》（大官大寺）は藤原京とよく似た位置に移され、興福寺《こうふくじ》・元興寺《がんごうじ》（飛鳥寺）・紀寺《きでら》・葛木寺《かずらきでら》といった有力な氏寺は、左京の張り出し部分（外京）に配置された。勅願寺の一つである川原寺が移されなかったのは不可解であるが、これを含めて、飛鳥・藤原京のどの寺が移され、どの寺が留まったかは、檀越の政治力・経済力に関わる問題として、個々によく検討する必要があるだろう。移転の時期は遷都よりかなり遅れたようで、大安寺が霊亀《れいき》二年（七一六）、薬師寺と元興寺が養老二年（七一八）であった。これに対して、藤原氏の氏寺・興福寺は平城遷都直後から造営を始めたらしく、京内で最も高燥な立地と相俟って、右大臣藤原不比等の権勢をよくうかがわせる。

寺院の移転といっても、旧伽藍は飛鳥・藤原京に残され、平城京では堂塔が新調されるのが普通であった。こうした場合、旧寺の建物や仏像は新寺に属するものとされた。僧尼は新寺に引っ越すのが原則であったらしく、僧尼人口の大きさはほぼそのまま平城京に引き継がれた。こうして平城京もまた、仏都としての体裁を整えていったのである。

王族・貴族の邸宅移転も、寺院と同じような原理で、藤原京の旧位置が考慮された可能性が高い。高市皇子の香久山《かぐやま》宮の位置は、その子長屋王の平城京邸宅に踏襲されたし、藤原宮の東隣にあった藤原不比等邸は、平城でも同じような場所に建設されている。かくして飛鳥・藤原京はゆっくりと田園地帯に戻っていったが、王族・貴族のかつての邸宅は農業経営の拠点（荘）として用いられ、ときには遊覧施設となることもあった。香久山宮の後身と見られる長屋王家の「矢口司《やぐちし》」がよい例である。また、藤原不比等の旧邸も同じように存続し、やがて平城宮東隣の新邸が法華《ほっけ》寺になると、旧邸はその荘とされたらしい。現在も藤原宮跡の東に「法花寺《ほっけいじ》」という地名が残るが、これは「法華寺荘」の意味なのである。

さて、和銅三年（七一〇）の春、いよいよ平城宮に移ることになった元明天皇は、旅程の中間地点にあたる長屋原で輿を停め、飛鳥・藤原京をはるかに眺めやった。

飛ぶ鳥の　明日香の里を　置きて去なば　君があたりは　見えずかもあらむ

君があたりとは、亡夫草壁皇子が眠る真弓丘《まゆみのおか》か、愛息文武天皇を葬ったばかりの檜隈安古岡《ひのくまあこのおか》か。哀惜を絶ち、ふたたび進み始めた輿の前方に、新時代の舞台が待ち受けていた。

第二章　平城宮の儀礼と政務

1　平城宮のすがた

平城京

和銅《わどう》三年（七一〇）三月、平城京は日本の王都となった。平城京の本体部分は、唐長安《ちょうあん》城《じょう》のちょうど二分の一のスケール（面積は四分の一）で設計された。ただし、横長の長安城と違って、南北九条・東西八坊の縦長のかたちが選ばれた（七一頁図参照）。南北が約四・八キロ、東西が約四・三キロある。左京の東側には「外京《げきょう》」と呼ばれる、南北四条・東西三坊の張出し部分が設けられた。外京は平城京内で最も高燥な場所にあたるが、わざわざこうしたエリアを設けたのは、そこに興福寺・元興寺《がんごうじ》といった氏寺《うじでら》（非官寺）を置くためであったらしい。飛鳥《あすか》・藤原京から移ってきた邸宅や寺院は、それぞれの身分や寺格に応じて、平城京の街並みのなかに位置づけられたのである。

平城京の南京極には「羅城《らじょう》」という大垣が築かれ、その中央に羅城門がそびえ建ち、王都の正面観を整えていた。羅城門跡にはいまも「来世《らいせい》」という地名が残され、門の礎石は大和《やまと》郡山《こおりやま》城の石垣のなかに見出すことができる。一方、南京極の東端（平城京本体部分の東南隅

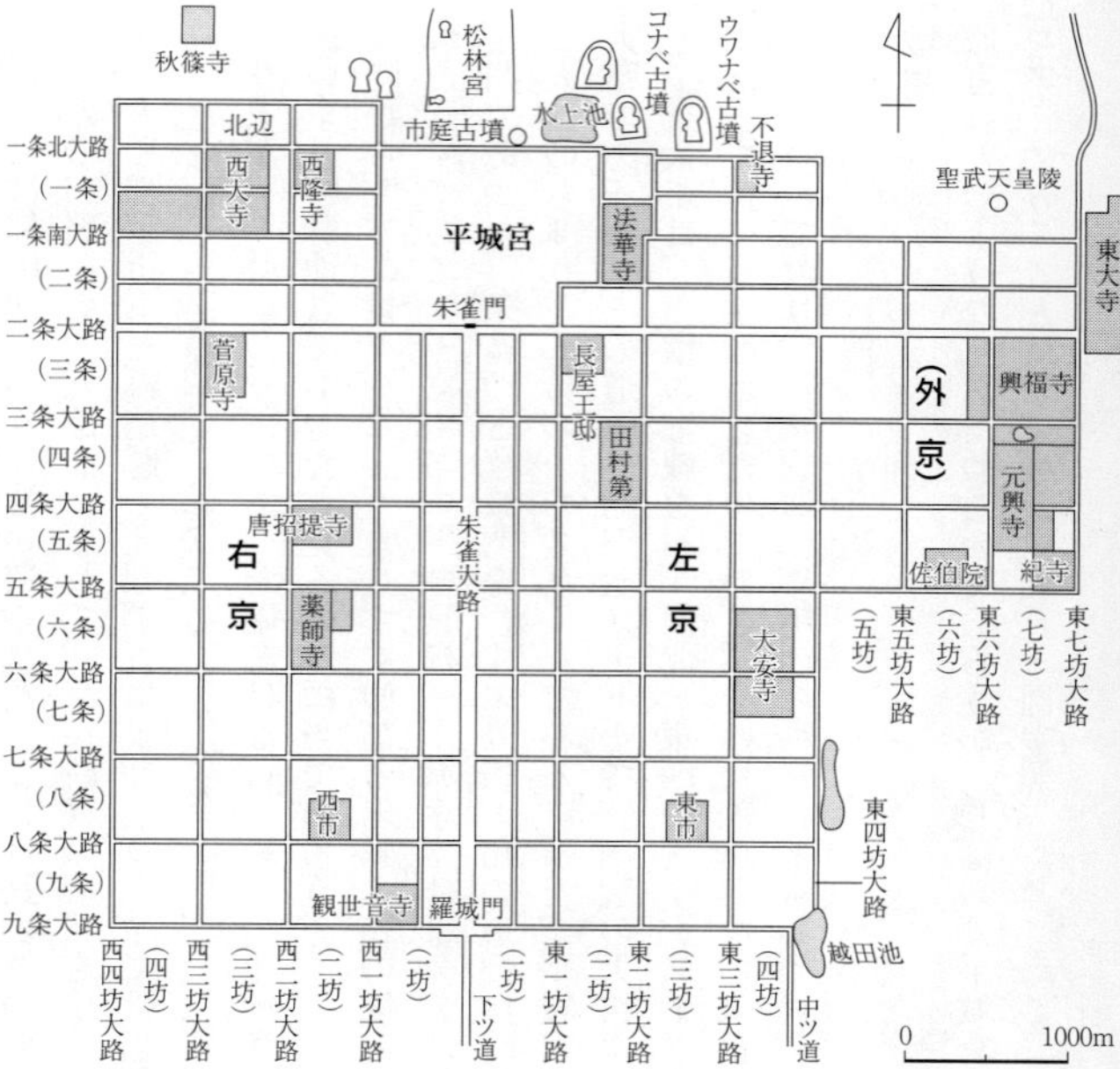

平城京図　『岩波日本史辞典』を参考に作図

にあたる）には越田池《こしだ》という苑池が造られた。これは長安城の曲江池《きょくこう》をそっくりそのまま模倣したもので、現在も「五徳池」として、奈良時代の形状をよくとどめている。

近年、大和郡山市下三橋《しもみつはし》遺跡の発掘調査により、左京域では当初「十条」まで条坊道路が敷かれ、しばらくして廃棄されたことがわかった。しかし、羅城門から越田池に至る「十条」エリアが、平城京の一部であった確証はない。のちの土地利用を考えれば、天皇に関わりの深い京外特殊地域であったと見るのが穏当であろう。

羅城門から北方に目をやると、まっすぐ伸びる朱雀大路《すざくおおじ》の彼方に、平城宮の巨大建築群が望まれたはずである。王宮である平城宮は、平城京本体部分の北端中央に位置し、その正門が朱雀門であった。朱雀門と羅城門をむすぶ朱雀大路の道幅は約七五メートル。やはり長安城朱雀大街のちょうど二分の一のスケールである。また、平城宮の南側を東西に走る道路が二条大路であるが、その道幅は約三七メートルで、一般の大路より広く造られていた。朱雀大路と二条大路は、王権の権威を示す南北・東西のメインストリートであったため、新都建設にあたって特に意が払われたのである。その交差点となる朱雀門前は、あたかも大きな広場のようになっており、国家的儀礼に用いられることもあった。

平城宮

平城宮はどのような王宮だったのであろうか。しばらく平城宮のすがたを眺め、その空間構造を考えてみることにしよう（六九頁下図参照）。

平城宮のかたちはあまり美しくない。南北・東西約一キロの正方形部分だけならよいのだが、その東側に、南北約七五五メートル、東西約二六五メートルの張出し部分がくっついているのである。藤原宮は正方形、長安城内城（宮城および皇城）もほぼ正方形であったのに、それを受け継いでいない。あえて類例を探すとすれば、唐の洛陽《らくよう》宮でも同じように「東城」が張出していたが、それを模倣したとも考えられない。

東張出し部には何があったのだろうか。平城遷都《せんと》の直後、そこには東宮《とうぐう》が置かれていた可能性が強い。和銅七年（七一四）、文武《もんむ》天皇の皇子首《おびと》親王が皇太子に立てられたが、彼は養《よう》老《ろう》五年（七二一）には東宮で暮らしており、早くからその御所が確保されていたらしい。東宮の所在地は、のちに「東院」と呼ばれた東張出し部と考えるのが、最も自然である。しかも注目すべきことに、東張出し部のすぐ東隣（すでに宮外である）には、藤原不比等《ふひと》の邸宅があった。首親王の母親（宮子《みやこ》）とキサキ（光明子《こうみょうし》）はともに不比等の娘であり、こうした関係に配慮して、東宮と不比等邸は隣り合わせの位置に建てられたのであろう。ただし、こうした位置関係は、正方形王宮であっても実現できるはずであり、張出し（拡張）が必要になった根本的理由は別に考えねばならない。

平城宮の周囲には瓦葺《かわらぶ》きの築地《ついじ》大垣がめぐり、朱雀門を含めて一二の「宮城門」が設けられた。ただし、遷都から一年半を経た和銅四年九月になっても、「宮垣いまだ成らず、防守備わらず」と言われている。発掘調査でも、大垣ができていない時期には掘立柱塀《ほったてばしらべい》で代用されたことがわかっている。王宮の偉容、あるいは警衛という点できわめて問題が多いように感じるが、こうした状況は遷都後しばらく続いたようである。

前期平城宮

平城宮のプランは遷都当初から決まっており、天平《てんぴょう》十二年（七四〇）の恭仁《くに》遷都までおおむね維持された。これを「前期平城宮」と呼ぶことにしよう。しばらく図を見ながら、言わば上空を飛ぶ鳥の目を借りて、平城宮の主要施設を眺めわたしてみたい。

さまざまな建物が建ち並ぶなか、ひときわ目を引くのが、中央にならぶ東西二つの巨大ブロックである。西側ブロックを「中央区」と呼び、宮内最大の建物「大極殿《だいごくでん》」を中核とする施設である。この大極殿を回廊がめぐって「大極殿院」を形づくり、その南に広々とした「朝堂院《ちょうどういん》」が取りついている。建物は瓦葺き・礎石建ちのものばかりで、朱塗りの柱、白い壁、緑青《ろくしょう》の連子《れんじ》窓が美しく、まさに王宮の偉容を示す施設であった。このうち大極殿は、もともと藤原宮大極殿として建てられたが、遷都とともに移されてきたものである。その南側には高さ二メートルの崖（塼《せん》積み擁壁《ようへき》）が構築されていて、大極殿は一段高い場所にそびえていた。大極殿院の南半分は広場であるが、そこから見上げると、壮大さが実感されるという仕掛けである。大極殿院の南門を「大極殿閤門《こうもん》」という。よく目をこらすと、平城宮正方形部分のちょうど中心に位置していることがわかる。大極殿閤門の左右には東楼・西楼が甍《いらか》をならべ、その南方の朝堂院には、広い「朝庭」の東西に二棟ずつ、長大な「朝堂」が建っている。

一方、東側ブロックは「東区」と呼ばれ、こちらも大きな施設であるが、雰囲気は中央区と全く違っている。檜皮葺《ひわだぶ》き・掘立柱構造の伝統的な建物が建ち並び、とても落ち着いた印象を受けるのである。こうした建築様式がとられたのは、天皇の居所「内裏《だいり》」がその中核にあり、内裏にふさわしい「朝堂院」がその南側に付設されたためであろう。内裏は内郭・外郭の二重構造をとり、内郭が本体部分、外郭が付属空間である。外郭のうち内裏の正面（南側）に大きな建物があるが、その名称はよくわからず（「大安殿」とする説はとらない）、ここでは「内裏外郭正殿」と呼ぶことにしたい。藤原宮ではこの場所に大極殿が建てられていたのである。さらに内裏外郭の南に取りつく朝堂院は、中央区朝堂院よりも一回り小さいもので、一二棟の朝堂が朝庭をぐるりと囲む格好で建っている。

中央区・東区の二大ブロックの周辺には、東宮・西池宮といった宮殿施設のほか、二官八省以下のさまざまな官司の建物が建ち並んでいた。これらを「曹司《そうし》」という。まだ発掘されていないエリアも多いが、平城宮のかなりの部分は曹司によって占められていた。

平城宮の北西・南西・南東の隅には、いずれも池がある。遊宴用の施設と考えられるものだが、これらはもともと低湿な場所であった。平城宮の北にはなだらかな平城山《ならやま》丘陵が続き、そこから三本の低い尾根が伸びてきている。このうち東の尾根に東宮、中央の尾根に東区（内裏―朝堂院）、西の尾根に中央区（大極殿院―朝堂院）が置かれたのである。それぞれの尾根の両脇は谷筋、あるいは低湿地ということになるが、そのようなところに排水溝や苑池を設けたわけである。地形をよく吟味し、平城宮の諸施設を置いたことが知られる。ちなみに、宮内で最も高燥な場所に位置していたのは、内裏であった。

藤原宮と平城宮

前期平城宮の特徴は、その源流となった王宮と比較することによって、よりよく知ることができる。まず、直前の王宮である藤原宮と比べてみよう。

平城宮の正方形部分だけを取り出すと、全体の規模と外形は、実は藤原宮とほとんど同じである。ところが、中央の巨大ブロックが藤原宮では一つであったのに、平城宮では二つに増えている。その分だけ、諸施設を置くスペースが不足するわけである。これを解決するには、宮域を拡大すればよい。平城宮に東張出し部が設けられたのは、根本的にはこのような理由に基づくものと考えられる。

さて、その中央ブロックであるが、藤原宮では「内裏—大極殿院—朝堂院」という構造をとっていて、朝堂院に一二棟の朝堂があった。つまり格好だけを見れば、藤原宮中央ブロックと平城宮東区のプランはほとんど同じだったのである。しかし、平城宮東区にはいくつか異質な部分があった。第一に正方形部分の中央に位置しないこと、第二に大極殿をもたないこと、第三に朝堂院が瓦葺き・礎石建ち建物ではないこと。平城宮では、これらの特徴はすべて中央区に受け継がれていたのである。

このような変化は、一言で言えば、藤原宮中央ブロックの「内裏—大極殿院—朝堂院」が、平城宮の東区と中央区に分化したということである。内裏は東区へ、大極殿は中央区

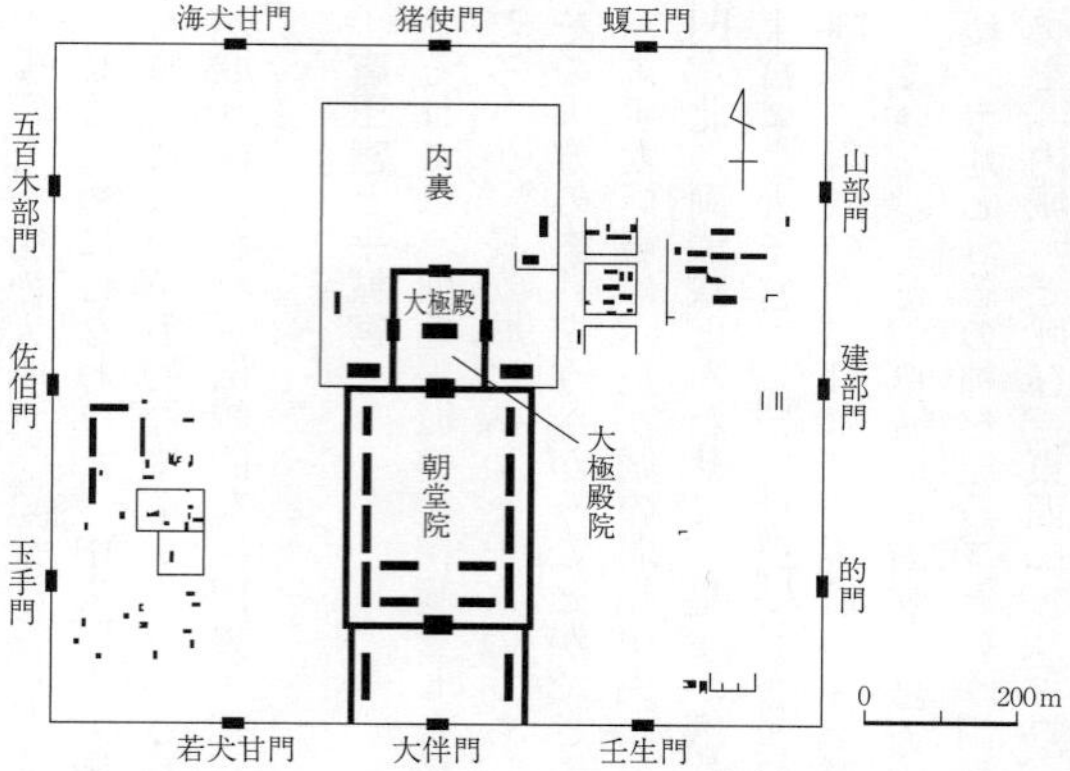

藤原宮図　小澤毅『日本古代宮都構造の研究』を参考に作図。門号は市大樹説による

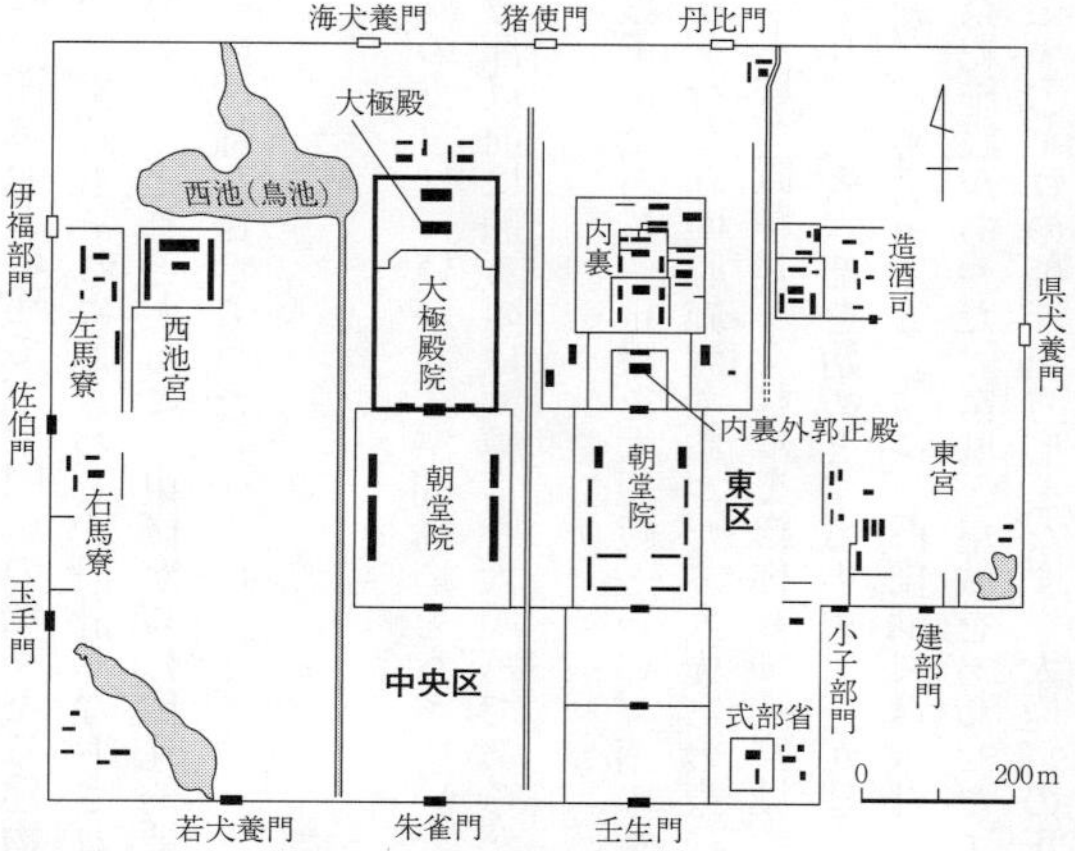

前期平城宮図　『岩波日本史辞典』を参考に作図

へ、一二朝堂という形態は東区へ、その建築様式は中央区へ、という具合にである。それは大極殿を、唐の大明宮《だいめいきゅう》含元殿《がんげんでん》と同じように高い擁壁の上に建て、中国風の堂々たる建物に見せるために行なわれた。中央区の大極殿院・朝堂院もそれにふさわしく設計しなおされ、藤原宮にない革新的な構造が生み出されたのである。それとともに、東区からは儀礼的要素が取りはらわれ、伝統的な「内裏—朝堂院」への回帰がはかられた。

唐王宮と平城宮

それでは、前期平城宮が模範とした唐長安城の王宮は、いかなる空間構造をもっていたのだろうか。長安城にあった王宮のうち、平城遷都以前に遡るのは太極宮と大明宮であるが、その両方の影響をうかがうことができる。

まず太極宮は、長安城の北端中央に位置する王宮である。正殿を太極殿といい、南の承天《しょうてん》門《もん》、北の両儀殿《りょうぎでん》とあわせて、皇帝が儀礼・政務を行なう中心施設であった。太極宮の東には東宮（皇太子宮）、西には掖庭《えきてい》宮（皇后宮）と太倉が置かれ、これらを総称して「宮城」と呼ぶ。宮城の南にはほぼ同規模の「皇城」があり、三省六部を始めとする中央官庁が建ち並んでいた。また、皇城の東南隅には太廟（宗廟。皇帝の祖先を祀る）、西南隅には大社（社《しゃ》稷《しょく》。土地と五穀の神を祀る）という儒教的な祭祀施設があった。宮城と皇城をあわせたエリアを「内城」と呼び、東西二・八キロ、南北三・〇キロのほぼ正方形をなす。太極宮の正門である承天門は、この正方形の内城の中心にあった。

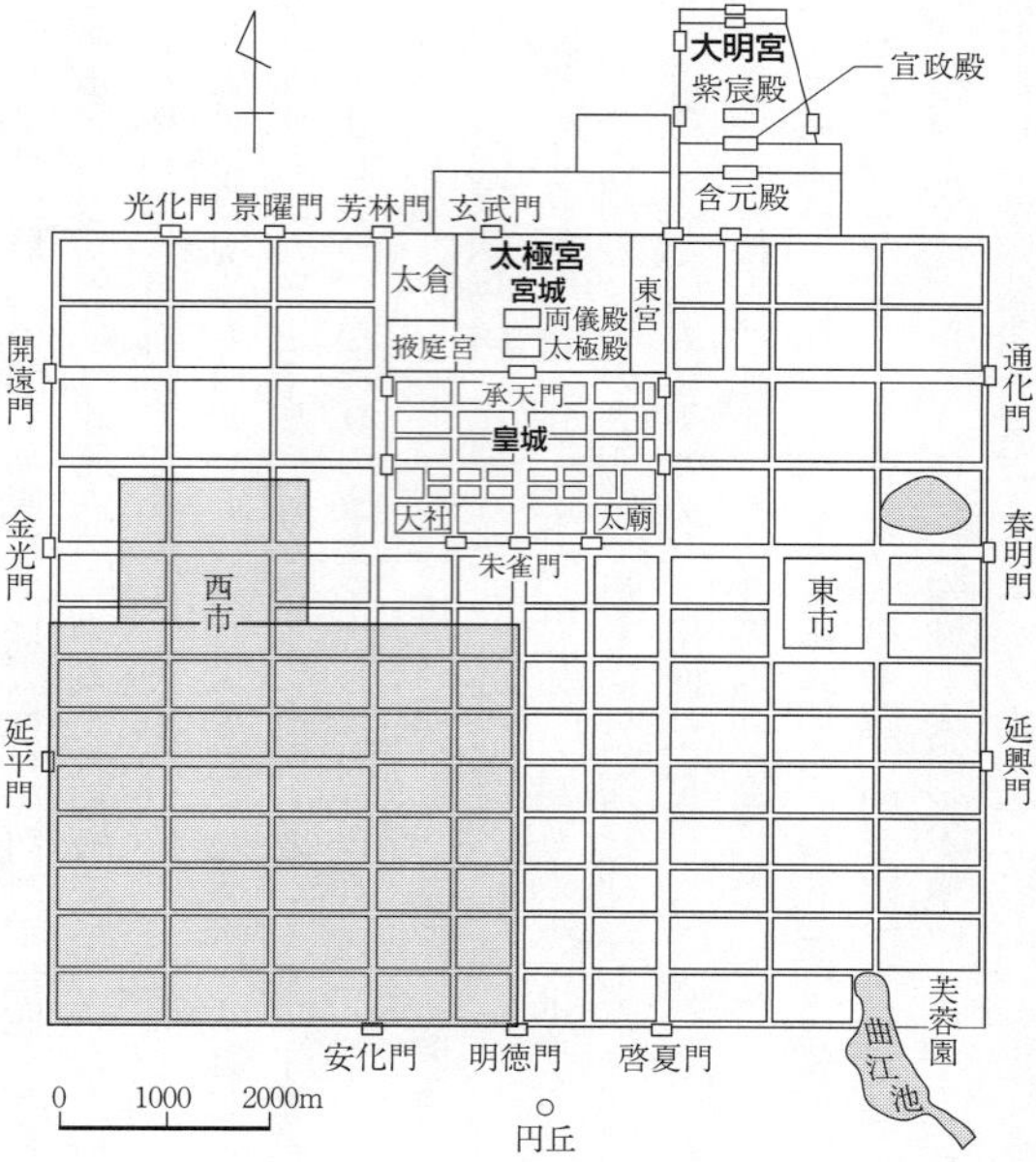

唐長安城と平城京　左下に灰色で示した部分は平城京を同じ縮尺で左90度回転させたもの。外京を除けばちょうど四分の一の面積となっている。妹尾達彦『長安の都市計画』を参考に作図

藤原宮は、この長安城内城をまねて設計されたものであろう。正方形の外形がそうであるし、中心に宮内最大の門（藤原宮では大極殿閤門）が位置し、その北に大極殿があるのも同じである。したがって、藤原宮の「内裏―大極殿院」が唐の太極宮にあたり、その周囲に配置された曹司は、皇城の官庁を模倣したものということになる。ただし、朝堂院のような施設は長安城には見当たらないし、逆に藤原宮には太廟・大社にあたるような恒常的祭祀施設は存在せず、また東宮や皇后宮があった証拠もない。前期平城宮はこのような藤原宮の構造をベースとしつつ、かなりの改変を施して設計された。

次に大明宮は、太極宮の北東に位置している。最初は離宮として造られたが、龍朔《りゅうさく》二年（六六二）の完成以後、重要な王宮になったのである。そのため大明宮には、東宮・掖庭宮・皇城などの施設は付属しない。南半分は長方形、北半分は台形の形状をもち、南北約二・三キロを測る。この大明宮で最も高い場所に建つのが含元殿で、煉瓦で化粧《せんせい》した三重基壇の上にそびえる巨大建築であり、南面は広場になっている。含元殿の北には宣政殿、紫宸《ししん》殿が続き、さらに太液池を中心とする宮苑があった。

前期平城宮は、含元殿を中心とする大明宮の儀礼空間を模倣した。ただし、平城宮では別宮を造るのではなく、中央区の「大極殿院―朝堂院」を組み込むことでこれを実現したのである。第一章で述べたように、長安城と大明宮を模倣するプランは、慶雲元年（七〇四）に帰国した遣唐使の報告を受けてのものであった。

後期平城宮へ

くだくだしい説明を行なってきたが、平城宮と平城京の特徴をおおむね把握できたように思う。それは藤原宮・藤原京を受け継ぎながら、「大極殿―朝堂院―朱雀門―朱雀大路―羅城門」という中軸ラインに手を入れ、国家・王権の威厳を示そうとしたものであった。藤原宮は太極宮、藤原京は『周礼《しゅらい》』王都をまねた理想的宮都であったが、新たに大明宮・長安城の要素を取り込み、いっそうの儀礼的整備が図られたのである。

しかし、それもたかだか三〇年ほどのことであった。天平十二年（七四〇）の恭仁《くに》遷都にともない、大極殿はそちらに移建されてしまう。そして天平十七年、ふたたび平城に都が戻ると、平城宮は徹底的に改作されることになった。東区に第二次大極殿が建設され、それとともに東区の朝堂院は瓦葺き・礎石建ちに改められた。中央区にあった第一次大極殿院の跡地には、内裏と同じ大きさの区画が設けられ、檜皮葺《ひわだぶ》き建物が建ち並ぶことになる。こうして藤原宮の「内裏―大極殿院―朝堂院」プランが復活したわけであるが、それは朱雀門の北ではなく、宮・京の中軸からずれた東区に位置していた。しかも第二次大極殿院の規模は小さく、もはや前期平城宮のような偉容をうかがうことはできない。

もっとも、平城宮全体を見るなら、内裏や曹司はこのころから格段に充実していった。平城宮は天平末年を境に大きく変貌し、後期平城宮と言うべき王宮に生まれ変わったのである。その原因や後代への影響については、いずれじっくりと考えることになろう。

2　内裏と大極殿

文献による王宮研究

平城宮の継続的な発掘調査が始まったのは、昭和三十四年（一九五九）のことであった。奈良（国立）文化財研究所のたゆみない調査・研究によって、平城宮の構造や変遷はかなりの部分が明らかになってきた。ここまで述べてきたことは、おおむね考古学的研究によって解明された事実のエッセンスである。

しかし、遺跡の調査・研究だけでは十分ではない。例えば、それぞれの施設や建物が古代に何と呼ばれていたかは、木簡《もっかん》でも出ない限り、決して知ることができない。しかし、もっと問題なのは、「大極殿」が巨大だとか、王宮の中心にあるといったことが判明しても、その具体的な使用方法となると、遺構や遺物だけではほとんど何もわからないことである。そこで大きな役割を果たすのが、文献史学である。さまざまな文献史料を厳密に解釈し、歴史を再構成するのが文献史学の役割であるが、古代王宮がどのように使われたかという点についても、かなりしっかりした解答を用意してきた。

平城宮の発掘では、早くから考古学と文献史学が連携してきたが、一九七〇年代からは岸俊男氏を先駆者として、文献による王宮研究が大きく進展した。それを可能にしたのは、日本の文献史料の特殊性である。平安時代に王宮の儀礼・政務が整えられ、政治規範として尊重されたが、そののち中世・近世を経て近代まで、古代支配階級の末裔である天皇・公家が存続したため、数多くの法制書・儀式書・古記録などが伝えられることになった。それらが古代の儀礼・政務を知る上で、かけがえのない材料となるのである。

王宮の利用方法を語る文献史料は、多くが平安時代のものであるが、そこから奈良時代へ遡って考察する方法もさまざまに開発されてきた。『日本書紀』や『続日本紀《しょくにほんぎ》』の記事をあわせ用いれば、平城宮の機能はきわめて詳細にわかる。そしてそれは、奈良時代の天皇権力の実態を具体的に認識することにつながるのである。

そこでここからは平城宮の主要施設、すなわち内裏・大極殿・朝堂院・曹司がどのように用いられたかを、儀礼・政務という観点から具体的に見ていくことにしたい。

内裏

内裏は天皇の居所である。平城宮では一貫して東区北部に置かれていたが、そこは宮内において最も地形条件のよい場所であった。平城宮内裏は発掘調査が進み、時期的変遷が詳しく解明されているが、ここではまず平安宮内裏の様子を知っておきたい。平安宮については古絵図が伝わり、多くの文献史料にも恵まれているからである（七七頁の図参照）。

平安宮内裏は、南の「天皇の空間」と北の「キサキの空間」からなっていた。「天皇の空間」は紫宸殿を中心とする公的区画と、仁寿殿《じじゅうでん》や清涼殿《せいりょうでん》などの私的区画に分かれる。さらにその北方に、常寧殿《じょうねいでん》を中心として、皇后・女御《にょうご》・更衣《こうい》などのキサキが暮らす「キサキの空間」、いわゆる「後宮《こうきゅう》」が営まれていた。平安初期の天皇は毎朝、紫宸殿に出御《しゅつぎょ》して国政を聴き、また節会《せちえ》をはじめとする恒例・臨時さまざまの饗宴を催していた。つまり、政務と饗宴が「天皇の空間」のうち公的区画の主要用途だったのであるが、やがて時代が下るにつれ、これらは私的区画にも入り込んできた。

内裏の正殿である紫宸殿の前には南庭があり、これを四棟の脇殿（宜陽《ぎよう》殿・春興殿・校書殿・安福殿）が取り囲んでいた。脇殿は、天皇の所有物を納める納殿（倉庫）であるとともに、公卿《くぎょう》や側近官が控える場でもあった。

それでは、平城宮ではどうであったか。まず、空間構造を見ておくと、「天皇の空間」は平城宮初期から存在し、やはり公・私の区画に分かれていた。おそらく元正《げんしょう》天皇の即位（七一五年）とともに、公的区画の充実がはかられた。正殿・脇殿・南庭が回廊に囲まれるという建物配置が生まれ、これが長岡遷都までずっと続いていくことになる。ところが「キサキの空間」が平城宮内裏に設けられたのは奈良時代後期のことで、それまで皇后や夫人のための建物らしきものは見当たらない。皇后宮などの「キサキの空間」は、奈良時代中葉まで内裏の外にあったと想定されるのである。

次に、平城宮の内裏がどのように使われたかを見ておくと、『続日本紀』にはしばしば内裏での饗宴記事が現われ、また重要な勅命を宣告する場としても用いられている。天皇の聴《ちょう》政《せい》（国政決裁）については、のちにふたたび触れるが、原則として内裏で行なわれていたと考えるのが穏当であろう。つまり、平城宮内裏もまた「政務と饗宴の場」であったということになる。このほか、文献史料はなかなか残りにくいが、天皇の衣食住がすべて内裏内でまかなわれていたことは疑いない。平城宮内裏では「後宮十二司」と呼ばれる女官組織が天皇に奉仕しており、その官衙《かんが》・詰所らしき建物跡も見つかっている。

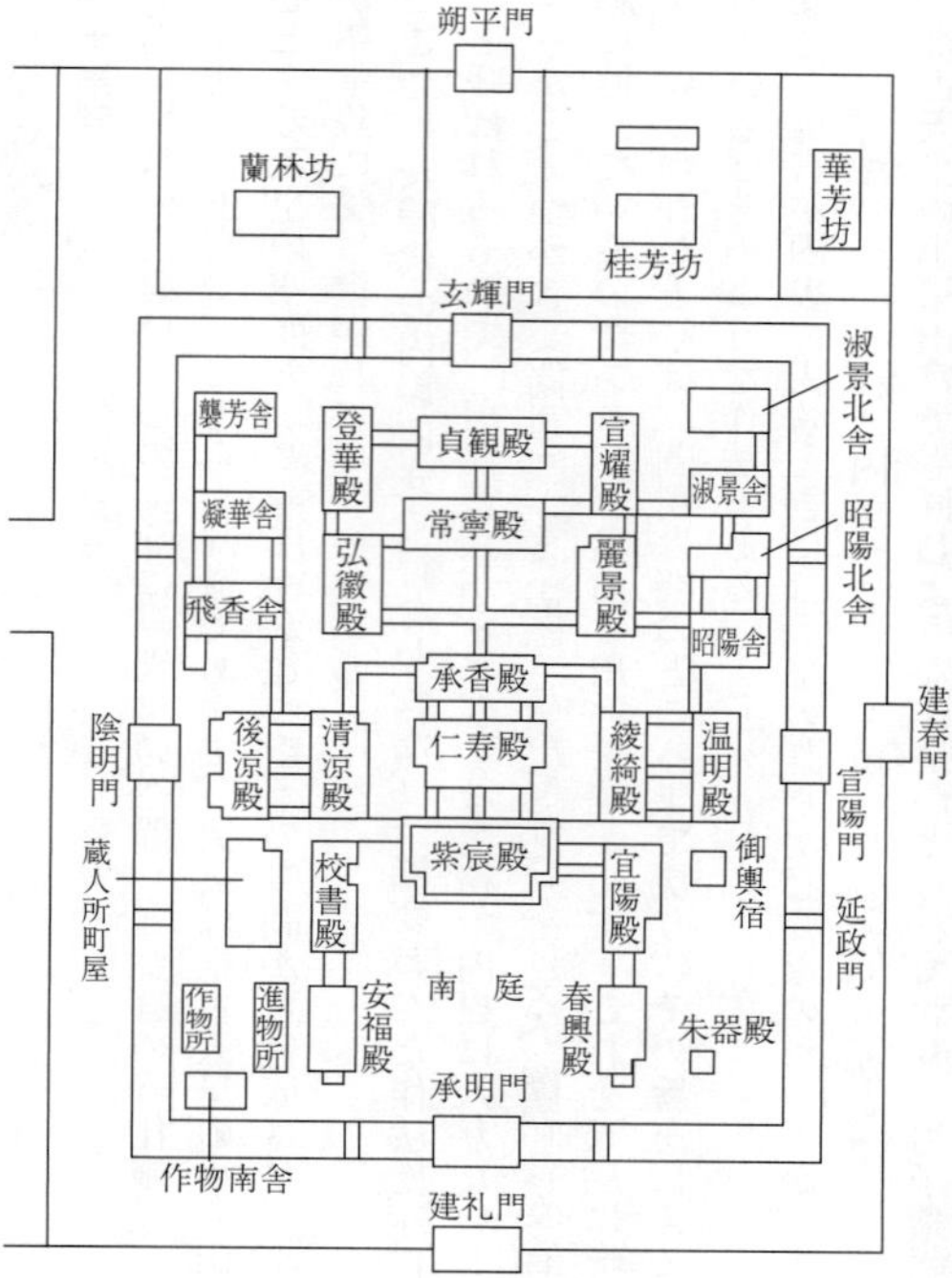

平安宮内裏推定復原図　『列島の古代史３　社会集団と政治組織』より

男子禁制

前期平城宮の内裏は、このように「天皇の空間」と女官の奉仕施設からなっていた。それは大化前代の王宮でもおそらく同様であって、例えば推古《すいこ》天皇の小墾田宮《おはりだのみや》は、①「大殿」を中心とする天皇の空間と、②「庁」が建つ臣下の空間から構成され、平城宮では①が内裏、②が朝堂院に受け継がれていたのである。

ここで平安時代の内裏儀式で行なわれた、一風変わった作法に注目してみよう。「闈司《いし》奏《そう》」と呼ばれるもので、男性官人がさまざまな用務で内裏に入りたいとき、門の外側に立って「みかどのつかさ（闈司）」と二度、高声で呼びかける。闈司は女官で、いつも内裏の門の脇に控えているのであるが、名前と用件を確かめて、これを天皇に奏上する。入ってもよい、という勅許が下れば、闈司は門のところまで戻り、その旨を伝えて、男性官人を内裏に召し入れる。そのような作法である。

なぜ、男官が内裏に入るときには天皇の許しが必要なのだろうか。また、取り次ぎ役はどうして女官なのか。それは内裏がもともと男子禁制だったからである。『日本書紀』によれば、推古天皇の小墾田宮でも同じような作法がとられており、男子禁制は王宮の伝統だったと考えられる。宦官《かんがん》（去勢された国王側近官）の習慣がない倭国《わこく》では、皇子の血統を保証するために、男官の出入りを制限せざるを得なかったのであろう。したがって、平城宮でも内裏は本来、天皇と女官だけが暮らす空間だったと見てよい。発掘でわかった空間構造も、そうした推定を見事に裏書きするのである。ただし、政務や饗宴の際に男官を招き入れるのは天皇の自由であり、そうした場合には闈司奏は行なわれなかった。

もっとも、王朝文学を読んでいると、平安時代の内裏が文化サロンのような役割を果たし、男性貴族と女房たちが華やかに交流している様子がうかがわれる。そのような男性貴族が、闈司奏によって内裏に入っていた形跡は全くない。また、九世紀初頭に殿上人《てんじょうびと》・蔵人《くろうど》の制度が整えられるが、彼らの参内にもややこしい作法は必要なかった。つまり平安初期までに、闈司奏は儀式のときだけに用いられる、形式的な作法と化していたのである。男子禁制の解除――実はそれは平安初期に突然行なわれたのではなく、平城宮の時代に少しずつ進んでいったと見るのがよさそうである。私はこれを「開かれた内裏」の成立と呼んでいるが、その要因と時期については、第五章で述べることにする。

大極殿と高御座

大極殿は天皇権力を象徴する建物である。大極（太極）とは万物の根源を意味し、大極殿という名は唐の太極殿から借りたものである。天皇は大極殿に出御し、朝庭に立ち並ぶ臣下に臨んだのであるから、まさしく天下に「君臨」するための建築物であった。したがって大極殿は国家儀礼、しかも最重要の儀礼に用いられた。

大極殿の儀礼としては、天皇の即位儀と元日の朝賀儀が代表的なものである。天皇が即位するにあたっては、内裏から大極殿に赴き、その中央に設置された「高御座《たかみくら》」につく。殿上

復原された高御座　平城遷都1300年記念事業協会提供

では少数の侍臣と女官だけが付き従う。ほとんどの官人たちは、大極殿からはるか離れた朝庭に、位階の序列に従って立ち並んでいる。これに対して天皇の即位宣命《せんみょう》が新天皇を拝礼し、これに対して天皇の即位宣命が読み聞かされ、終わるとふたたび拝礼が行なわれる、というのが即位儀の主要部分であった。一方、毎年の朝賀儀もこれによく似ているが、官人の代表者が祥瑞《しょうずい》（吉兆とされる事物）や新年をことほぐ言葉を奏上し、それに対して天皇の宣命が発される、という違いがあった。いずれにせよ、天皇は大極殿の高御座につき、官人たちは朝庭に列立するというのが基本であって、その上で拝礼、上奏、宣命などが行なわれたのである。このほか必要に応じて、詔勅の布告（叙位や任官を含む）、告朔《こうさく》と呼ばれる毎月の政務報告儀礼などが、天皇の大極殿出御のもとに行なわれた。

大極殿で最も重要なものは何かと言えば、それは「高御座」と呼ばれる天皇の玉座である。高御座は天皇位そのものと言ってよく、この座につくことこそが即位なのであった。平安時代の高御座は、『延喜《えんぎ》式《しき》』や『文安御《ぶんあんご》即位《そくい》調度図《ちょうどず》』によれば、高欄をめぐらせた方形の壇の上に、八角形の厨子《ずし》のような屋形を据えたもので、その内部に天皇の座具がしつらえられた。屋根も八角形をしていて、九隻の鳳像、二五面の鏡、八旒《りゅう》の玉幡《ぎょくばん》などで美しく飾られていた。京都御所の紫宸殿や平城宮跡の復原大極殿には、古制を考証して造られた高御座が置かれており、古代の玉座のイメージをつかむことができる。ただし、高御座内部に椅子を置いたかどうかについては議論の余地があり、私は「畳を重ねた上に胡座《あぐら》をかく」のが古代天皇の座り方ではなかったかと考えている。

大極殿の成立

前期平城宮の大極殿は、藤原宮から移建されたものである。建物の平面規模は正面四四メートル、側面一九・五メートル。藤原京では、文武朝に創建された大官大寺金堂につぐ大きさであった。大官大寺は平城遷都直後に焼亡したので、奈良時代には、東大寺大仏殿ができるまで、大極殿は長らく「日本最大規模の建物」であり続けたのである。天皇権力の象徴であった以上、当然のことと言えようが、それより大きい仏堂が建てられたところに、むしろ興味が引かれる。二〇一〇年に竣工した復原大極殿は、絵画史料や古代建築から上部構造を推定したもので、高さは二七メートルある。

大極殿という天皇権力を象徴する建物は、いつ成立したのであろうか。かつては藤原宮で創建されたという学説が有力であったが、近年は『日本書紀』天武《てんむ》紀の「大極殿」の語を文飾と見ず、天武天皇の飛鳥浄御原宮《あすかきよみはらのみや》で生まれたとする考え方が浮上してきた。天武天皇は即位に先立ち、東南郭《かく》（エビノコ郭）という新しい区画を造営したらしいが、発掘調査で見つかったその正殿を、大極殿にあてるのである。正面二八メートル、側面一五メートルの掘立柱建物で、規模・位置ともに「王宮の公的空間の中枢」にふさわしい。

魅力的な新学説であるが、なお考えるべきことは残っている。何よりも気になるのは、天武天皇が当初から、この殿舎を天皇権力を象徴する「大極殿」として建てたか、という点である。天武の即位儀礼は、伝統的な「壇場」を築いて行なわれたが、それは大極殿や高御座が存在しなかったことの証拠ではないだろうか。また、天武はしばしば「大極殿」一郭に臣下を呼び入れ、政務や饗宴を行なっているのだが、これも藤原宮以後の大極殿の使用方法とは異なっている。さらに言えば、「大極殿」の語が『日本書紀』に現われるのは、天武十年（六八一）の律令改定・草壁《くさかべ》立太子の記事が最初である。こうしたことを考えれば、浄御原宮東南郭の正殿は、確かに国家儀礼の場となり、天武十年前後に大極殿と命名されたが、のちの大極殿と全く同じ機能をもつ建物ではなさそうである。

名実ともに天皇権力を象徴する大極殿は、藤原宮において成立した。それは難波《なにわ》長柄《ながら》豊碕《とよさきの》宮《みや》の空間構造を受けつぎながら、唐の太極殿を大いに意識し、堂々たる儀礼空間を現出したものであった。文武天皇はこの大極殿で即位したようだが、彼の即位宣命に史上初めて「天《あま》津《つ》日《ひ》嗣《つぎ》高御座の業」という語が見えるのは、とても示唆的である。

天皇の聴政

律令体制下の天皇は、儀礼的な意味で国家の中心にあっただけでなく、権力の発動という面でも国家最高の地位にあった。摂関政治の幼帝や、戦後の象徴天皇制のイメージを投影してはならない。古代天皇はまぎれもない専制君主だったのである。したがって、平城宮に君臨した歴代天皇は、「一日万機」と言われる国政案件をみずから処断していたのであり、こうした行為を天皇の「聴政《ちょうせい》」と呼んでいる。

平安時代の天皇聴政については、史料が豊富なため、その実態がはっきりわかる。天皇聴政を臣下の側から見れば、「上奏した案件に勅裁が下される」ということになるが、平安初期までに上奏システムは定式化され、重大な案件は大臣が奏し（官奏《かんそう》）、日常的な案件は少納言が奏することになった（庭立奏《にわだちのそう》）。のちに摂関政治が始まると、天皇権力は骨抜きにされるが、その場合、摂政《せっしょう》は官奏をみずから決裁し（つまり天皇聴政を代行し）、関白《かんぱく》は官奏決裁に口入する（つまり天皇聴政に介入する）ことで権力を握った。つまり、官奏と呼ばれた天皇聴政は、叙位・除目《じもく》の人事決定とともに、天皇大権の中核を形作っていたのである。そのため平安初期の天皇は毎日、内裏紫宸殿に出御し、聴政を行なっていた。

それでは、平城宮ではどうであったか。この点については学説が二つに分かれていて、奈良時代の天皇は大極殿で聴政したという考え方と、平安時代と同じように内裏で政務を執ったという考え方が対立している。史料的には、聖武《しょうむ》天皇が天平五年（七三三）、「朝」に臨んで初めて庶政を聴いたという記事が注目されるが、仮に大極殿のことだとすると、聖武は即位から一〇年間、それを行なっていなかったことになる。具体的なことは不明だが、異例だったからこそ記事にされたと見るのが、やはり妥当であろう。また、天皇御璽《ぎょじ》の捺印許可を求める政務があるが（これも天皇聴政である）、奈良時代には明らかに内裏で行なわれていた。したがって、平城宮では儀礼化した政務を除けば、天皇聴政は内裏でなされた可能性が高く、大極殿が日々利用されることはなかったと思われる。

ただこのことに関しては、朝堂の機能をあわせ考えれば、より確実な推論ができるし、藤原宮からの流れも見えやすくなる。朝堂・朝堂院を理解することは、古代王宮の核心部分を把握することでもある。節を改め、ゆっくり考えていくことにしたい。

3　二つの朝堂院

朝堂院

ここまで見てきたように、前期平城宮には中央区・東区の二つの朝堂院《ちょうどういん》があった（六九頁下図参照）。中央区と東区では朝堂院全体のかたちも、そこに建つ殿舎の構造も異なるが、最も違うのは、中央区の朝堂院は大極殿院、東区の朝堂院は内裏に付属する施設だったことである。それでは、二つの朝堂院はそれぞれどのような役割をもっていたのだろうか。また、天皇の儀礼や聴政との関わりはどのように考えればよいのか。

まず基本的なことを押さえておこう。すでに指摘されているように「朝堂院は朝堂と朝庭とからなる」という認識が、すべての出発点とされねばならない。つまり中央区朝堂院には四棟、東区朝堂院には一二棟の朝堂が建ち並び、広大な朝庭を取り囲んでいたが、朝堂と朝庭の役割はそれぞれ別だったということである。

朝庭は、官人たちが列立するための施設であった。巨大な広場であるのは、多数の官人を収容するスペースが必要だからである。列立の順序は位階の上下に基づき、高位のものほど北、つまり天皇に近い位置に立った。朝庭には「版位《へんい》」と言って、位階ごとの立ち位置を示す標識が置かれていた。律令によれば、版位は一辺二一センチの正方形で、厚さが一五センチあり、表面に漆《うるし》で「一位」などと位階が書かれていた。これも唐の制度を真似たもので、唐では天子版位・太子版位・百官版位に分かれていた。北京《ペキン》の故宮《こきゅう》（明・清代の王宮）に行くと、正殿である太和殿《たいわでん》前の広場に置かれていた「品級山」を見ることができるが、これも版位の制を受けついだものである。

官人は位階ごとに違う色の礼服・朝服を着ていた。だから天皇から見れば、深紫・浅紫・深緋《ひ》・浅緋・深緑・浅緑・深縹《はなだ》・浅縹の順に見事なグラデーションを描きながら、朝庭は立ち並ぶ官人たちによって染め上げられていた。彼らがまとまって天皇を拝礼し、天皇の宣命《せんみょう》を聴き、天皇に上奏するために、朝庭は存在していたのである。

朝堂

それでは、朝庭のまわりに建ち並ぶ朝堂は、何のための建物だったのであろうか。古代の史料を読んでいると、朝堂は主として、①朝政（朝堂政）、②饗宴という二つの用途に用いられていたことが知られる。こうした時には朝堂に座がしつらえられ、そこに官人たちが「すわる」。朝庭に「立ち並ぶ」のとは全く違うのである。しかし、朝堂もまた、天皇と官人の関係を維持する上で欠かせない施設であった。

朝堂の使い方を簡単に見ておこう。まず、朝政（朝堂政）というのは、太政官《だいじょうかん》（議政官）を中心とする律令官司が、さまざまな事案を処理する政務をいう。八省の官人はそれぞれ朝堂の座に着いて、日々の案件を処理していく。重大な事案については自分たちで決められず、太政官の判断を仰がねばならない。そこで、諸司の官人はそれぞれの政務が終わると、大臣がいる朝堂に赴き、報告して決裁を受ける。さらに太政官レベルで判断できない案件については、天皇に上奏することになるが、これがすなわち天皇聴政である。このように朝政では、「天皇—太政官—諸司」という命令系統に即したかたちで政務処理が進められ、朝堂は律令官司の「政務のための空間」であった、ということになる。

朝政は、古い時代には毎日行なわれたらしい。これに対して、節日《せちにち》（律令では正月一日・七日・十六日、三月三日、五月五日、七月七日、十一月大嘗日《だいじょう》）や特別の儀礼があった日には、天皇は官人たちを朝堂に呼び集め、座に着いた彼らに酒食をふるまった。そのときには天皇は大極殿でなく、その南門（大極殿閤門《こうもん》）に出御するのが普通である。大極殿に君臨し、官人たちを眺め下ろすのではなく、彼らとほぼ同じ高さまで降り立って、いっしょに宴会を楽しもうという趣向である。こうして君臣の共同性・一体性が醸成されていくのであるが、ここに朝庭とは大きく異なる、朝堂独自の役割があった。

中央区と東区

朝堂には、このように朝政・饗宴という二つの使い方があった。言葉をかえれば、それぞれ日常の機能・臨時の機能と言うこともできる。ハレの日には饗宴、ケの日には朝政に使われた、と表現してもよいかもしれない。

このことを知っていれば、なぜ前期平城宮に二つの朝堂院があったのか、という問題についてもクリアな解答を与えることができる。大極殿に付属する中央区朝堂院は「ハレの朝堂院」、内裏に付属する東区朝堂院は「ケの朝堂院」と考えられるのである。ふたたび二つの朝堂院に目をこらしてみよう。

中央区朝堂院には朝堂が四棟ある。北側の二堂は短く、南側の二堂は長い。この形態は平安宮豊楽院《ぶらくいん》の朝堂とよく似ている。豊楽院は饗宴のための施設で、北側二堂に五位以上の官人が、南側二堂に六位以下の官人が着座した。律令体制では五位と六位の間に深い溝があり、五位以上になると貴族の一員として扱われたが、この身分秩序に即応したかたちで、豊楽院の朝堂は配置されていたのである。おそらくそれは平城宮中央区朝堂院でも同じであって、饗宴の際に五位以上と六位以下を分けてすわらせるため、つまり「位階の論理」によって朝堂が建てられていたのであろう。また、朝堂院の北端に建つ大極殿閤門は平城宮最大の門である。饗宴にあたって天皇が出御するから、壮大な規模とされたと見るのが自然である。中央区には北に大極殿があり、天皇の国家支配を象徴していたが、その南側には君臣関係の維持をはかるための「ハレの朝堂院」が置かれていたのである。

次に東区朝堂院であるが、ここでも平安宮が参考になる。平安宮の朝堂院も十二朝堂形式であり、官司ごとにどの朝堂に着座すべきかが決まっていた（九三頁図参照）。つまり「官職の論理」に従って朝堂が置かれ、政務処理に用いられたわけである。とすれば、同じ形態をとる平城宮東区もそうであった可能性は高い。太政官以下の官司が毎朝、定められた朝堂に着き、日常政務を執る「ケの朝堂院」だったというわけである。なお、このように考えれば、太政官からの政務報告を受ける、つまり聴政する天皇は、東区朝堂院の北側にいたと見るべきであろう。内裏正殿にいたか、その南の「内裏外郭正殿」に出御したかは不明だが、天皇が大極殿で日常政務を執らなかったことだけは、まず間違いないと思われる。

天皇への侍候

ハレとケ――二つの朝堂院はこの観点から理解できる。しかしよく考えてみると、朝政と饗宴は全く違うものである。朝政は厳粛な行政行為であるし、饗宴は華やかな遊興行事である。両者が全然異なるからこそ、二つの朝堂院が必要になったのだろうが、藤原宮では一つの朝堂院で両方のことが行なわれていた。後期平城宮でもそうだったろう。それでは、朝政と饗宴にはどのような共通点があったのだろうか。

きわめて単純な話になるが、両者は「朝参」という言葉で、ひとまとめにして考えることができる。朝参とは文字通り、朝廷（王宮）に参上すること。律令官人は毎朝、王宮に出勤しなければならなかった。そのとき五位以上の者は、出勤場所が朝堂と決められていたのである。彼らは毎朝、朝堂の座に着いた。何のためかと言えば、天皇から程近い空間に侍して、臣従の意を表わすとともに、天皇の下命を待ち、さまざまな奉仕を行なうためであった。こうした行為を「侍候《じこう》」と呼ぶ。そして、天皇に侍候しながら、それぞれが担当する官司の政務を処理していったが、それが朝政（朝堂政）なのである。このように、朝堂は「五位以上官人が侍候する空間」というのが、本来の役割であった。

天皇に侍候するための建物であるからこそ、天皇が大極殿や大極殿閤門に出御するハレの日には、それに付属する中央区朝堂に着き、饗宴を受ける。ふだんの日には、内裏に付属する東区朝堂に着き、朝政を行ないながら、天皇の下命を待つ。これが五位以上官人の日常生活であり、それを支える場として朝堂が用意されていたのである。

六位以下の官人も朝堂に着いていたではないか、という疑問がすぐに浮かんでくるが、全く問題ない。六位以下の中下級官人は、政務決裁などの際に五位以上官人を補佐するため、朝堂に赴いていたのである。また、饗宴の日には身分差を越えた共同性が重んじられたから、六位以下も呼んでもらえたと考えられる。

五位以上官人は古くは「マヘツキミ」と呼ばれた。「天皇の御前に仕える者」という意味である。彼らが六位以下を領導しながら、朝堂院に侍候し、天皇政治を補佐したのである。そしてマヘツキミの中心には太政官がいた。奈良時代には、朝堂院の正式名称は「太政官院」だったらしいが、その意味はもはや明らかであろう。

神聖なる空間

前期平城宮の二つの朝堂院の役割を見てきたが、最後にもう一点、朝堂院を考える上で重要なことを述べておきたい。それは朝堂院、とりわけその朝庭が「神聖なる空間」であったという事実である。

まず何よりも、朝堂院で即位大嘗祭《だいじょうさい》が行なわれたことが重要である。古代には毎年十一月、新嘗祭《にいなめ》と呼ばれる稲の収穫祭が行なわれていた。これは天皇親祭の神事であり、平城宮では内裏で開催されたと考えられるが、天皇が即位した後の新嘗祭はとりわけ大がかりに行なわれ、これを大嘗祭と呼んでいる。即位大嘗祭では、大嘗宮という施設を臨時に造営し、そこで四日間にわたる神事を行なった。平安宮では、朝堂院の朝庭に大嘗宮を設けたことが文献上明らかであるが、平城宮については「太政官院」で行なわれたという記事が見える。昔はこれを太政官の曹司《そうし》のことと考えていたため、奈良・平安時代で差違があるかのようであった。ところが先にも述べたように、太政官院とは朝堂院の正式名称なのであり、奈良時代にも大嘗祭は朝堂院で行なわれた、と見るのが正しい。

このことは平城宮の発掘調査でも立証された。悠紀《ゆき》院・主基《すき》院という特殊な建物群からなる大嘗宮の遺構が、中央区・東区いずれの朝堂院でも発見されたのである。東区朝堂院では元正・聖武・淳仁《じゅんにん》・光仁《こうにん》・桓武《かんむ》の大嘗宮が、また中央区朝堂院では称徳《しょうとく》の大嘗宮が検出された。平城宮外の「南薬園新宮」を用いた孝謙《こうけん》以外のすべての天皇が、朝庭で大嘗祭を挙行したことが確認されたことになる。称徳だけが中央区を用いたのは、彼女の居所「西宮《さいぐう》」がその北側にあったためである。それ以外の天皇は内裏に住み、それに付属する東区朝堂院で大嘗祭を行なったというわけである。

こうした重要な祭儀を行なう以上、朝堂院の朝庭は清浄な空間でなければならず、ある種の神聖さが認められていた可能性が高い。それを別のかたちで表現するのは、朝庭が誓約の場として用いられたという事実である。天平勝宝九歳《てんぴょうしょうほう》（七五七）六月、藤原仲麻呂《なかまろ》政権に不満をもつ橘奈良麻呂《たちばなのならまろ》らは、太政官院（朝堂院）の庭に集まり、天地四方を礼拝し、塩汁をすすってクーデタ完遂を誓い合った。夜陰に紛れての行為であったが、ここにも朝庭を神聖なる空間とする観念が見てとれる。朝堂院の朝庭は、王宮に設けられた巨大かつ清浄な広場として、聖俗両面において重要な役割を果たしていたのである。

4　朝堂と曹司

着座のルール

五位以上の上級官人が天皇に侍候《じこう》するための空間——朝堂をこのように理解し、そうした機能に即して、政務や饗宴が行なわれたことを見てきた。平城宮の東区朝堂院には一二棟の朝堂が建ち並び、日々の天皇侍候と政務（朝政）に用いられていたが、すでに述べたように、どの朝堂にどの官人が着くべきかについては、厳密なルールがあった。それは朝廷の政治秩序をよく反映したものと言ってよい。

しかし、平城宮朝堂院の「着座のルール」はほとんどわかっていない。平安宮を参考にしながら、遡及的に考えていくほかないのである。そこで平安宮の朝堂院を眺めてみると、一二棟の朝堂には「昌福堂《しょうふくどう》」「含章堂《がんしょうどう》」といった名前がついている。これは弘仁《こうにん》九年（八一八）に始まったものらしく、それまでは「東一殿」とか「弁官殿」などと呼んでいた。ここでは通例にしたがい、東方は昌福堂を「東第一堂」、含章堂を「東第二堂」として「東第六堂」の康楽堂《こうらくどう》にいたり、西方もこれを左右反転させて「西第〇堂」と称することにしよう。第一堂～第四堂は南北に長い建物、第五堂・第六堂は東西に長い建物である。

平安宮朝堂院の着座ルールでまず重要なことは、東第一堂に大臣、西第一堂に親王が着いたことである。大臣と親王は身分的にほぼ同格であり、臣下で最高ランクにあるこの両者が、天皇に最も近いところで侍候していたのである。前期平城宮では、東第一堂は第二堂以下よりも格の高い建築様式とし、しかも朝庭に少し出っぱるような格好で建てられていた。西第一堂も同じであろう。つまり、前期平城宮でも東西の第一堂は特別扱いされており、やはりここに大臣・親王の座があったと考えられる。太政官の政務は、大臣がいる東第一堂に、大納言《だいなごん》・中納言《ちゅうなごん》・参議《さんぎ》が第二堂から集まってきて行なわれた。平安宮ではこれに親王は参加しなかったが、前期平城宮の時代には、親王が「知太政官事」として太政官トップの役割を果たすことがあった。こうしたとき、太政官政務がどの朝堂で行なわれたのか、すこぶる興味がひかれるところである。

第二堂以下を見てみよう。太政官の実務をつかさどる左右弁官《さゆうべんかん》・少納言《しょうなごん》の座が全体のほぼ中心、東第五堂に置かれている。これを取り囲むように、東方には中務《なかつかさ》省・治部《じぶ》省・民部《みんぶ》省、西方には式部《しきぶ》省・兵部《ひょうぶ》省・刑部《ぎょうぶ》省・大蔵《おおくら》省・宮内《くない》省が着座する。二官八省のうち、神祇《じんぎ》官以外のすべてであり、図書寮《ずしょりょう》・陰陽《おんみょう》寮といった一部の下級官司の座も設けられている。各官司は、それぞれの朝堂で天皇に侍候しつつ、日常の政務を行なった。そのなかで重要案件

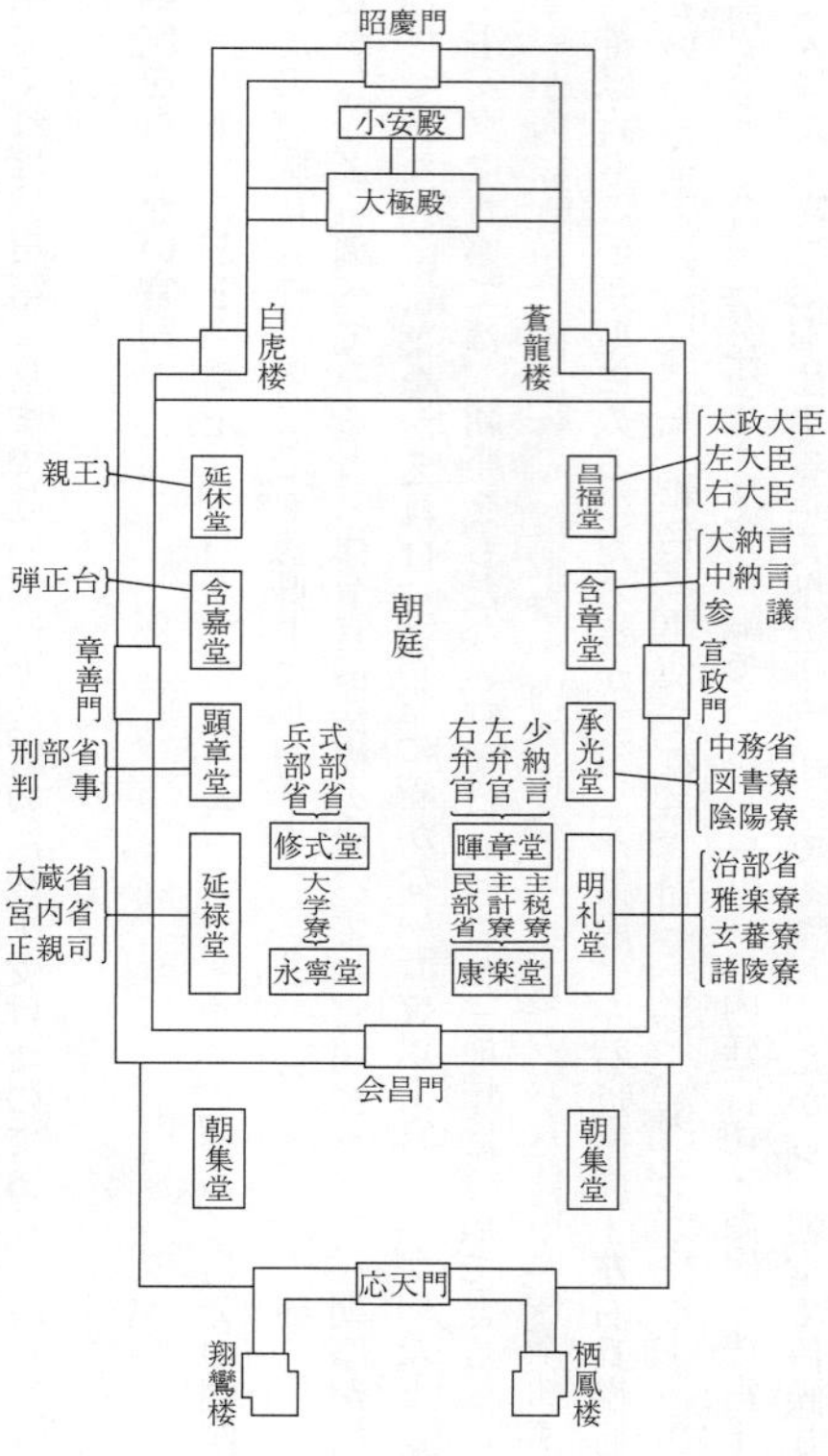

平安宮朝堂院推定復原図　『列島の古代史３　社会集団と政治組織』より

が出てくれば、東第一堂まで赴いて、太政官の決裁を受けたのである。

朝座をもたない官司

朝堂の座のことを「朝座《ちょうざ》」という。官人一人一人にとって、初めて自分の朝座に着くことは、その官職に就任することを意味していた。

しかし、よく調べてみると、律令官僚機構のすべての官司について、朝座が用意されていたわけではない。言葉をかえれば、「朝堂に着かない五位以上官人」がいたということである。平安宮においては、朝座をもたない官司はおおむね三種類に分類できる。

第一が内廷官司。内蔵《くら》寮・縫殿《ぬいどの》寮・内膳司《ないぜんし》など、天皇の衣食住に直接奉仕する官司である。神祇官もこの類型に入るのだろうか。第二が衛府《えふ》。左右近衛府《このえふ》・左右兵衛府《ひょうえふ》・左右衛門《えもん》府《ふ》といった王宮を警衛し、雑務に駆使される官司である。第三が後宮十二司。内侍司《ないしのつかさ》・蔵司《くらのつかさ》など、天皇に奉仕する女官組織である。これらの内廷官司・衛府・後宮十二司は、すべて天皇（王宮）に奉仕する「天皇近侍官司」であった。だから、朝堂で侍候しつつ、天皇の下命を待つといった方法ではなく、それぞれの職務を果たすことによって、直接に天皇（王宮）の役に立っていたのである。また、諸宮・諸家の家政機関に仕える官人たちにも朝座がなかったが、これは彼らが天皇に奉仕しなかったためであろう。

八世紀初頭の王宮には、五位以上の官人が約一五〇人、六位以下が約九〇〇〇人、無位の雑任（最下級の職員）が約七〇〇〇人、勤務していたと考えられる。このうち朝座をもつ人数はどれほどであったか。平安宮と同じ区分によって推計してみると、五位以上は五二人、六位以下は三〇〇人、無位はゼロ、となる。朝堂に着けるのは、本当に限られた人々であったことがわかる。それ以外の官人・雑任は、天皇（王宮）に直接奉仕したり、次に述べるように、各官司の曹司《そうし》で働いたりしていたのである。

天平十六年（七四四）閏正月《うるう》、詔《みことのり》によって「百官」が「朝堂」に召され、恭仁京《くにきょう》・難波京《なにわきょう》のどちらを都とすべきか、意見を徴された。返答したのは五位以上が四七人、六位以下が二八七人であった。この人数は当時、朝堂に座をもっていた官人の数と考えられるが、注目すべきは、それが平安宮から推計した五位以上五二人、六位以下三〇〇人という数と近似することである。つまり平安宮と同じ「朝座の有無」の区分は、すでに八世紀中葉にも存在したと見られるのである。これは恭仁宮でのことであったが、前期平城宮でも同じであったに違いない。いかなる官司・官人が朝堂に着くべきか、その場合にはどの朝堂を用いるべきか。それは天皇奉仕・王宮勤務の根幹に関わることとして、遅くとも前期平城宮の時代にはルール化されており、それが平安宮にも受けつがれたと考えられる。

朝堂・曹司の役割

平安宮では、太政官が執務する場所はいくつかあった。朝堂・内裏・曹司などである。しかし、朝堂での政務はすでに儀礼的・形式的なものになっていたし、内裏での執務が本格化するのは十世紀になってからのことである。したがって、平安初期には、実質的な国政案件のほとんどは太政官の曹司で処理されていた。そのうち重要なものだけが内裏に持ちこまれ、天皇の最終判断を仰いだというわけである。

これに対して、前期平城宮の時代には、朝堂での政務（朝政・朝堂政）はまだしっかりと機能していた。ただし、すべてのことが朝堂で行なえたわけではない。たとえば太政官政務は、(一) 諸司から上申されてきた案件の決裁、(二) 施行すべき文書への捺印、という二つの要素からなっていた。このうち (一) は、朝堂において「口頭の上申に対して口頭の決裁を下す」という方式で行なわれた。一方、(二) は朝堂で「口頭決裁」をすませた上で、太政官の曹司において、たくさんの文書に「太政官印」を捺していく作業が続けられたのである。さらに、帳簿をつけたり、文書を作成したり、それらを保管したりすることも朝堂では行なえず、すべては曹司で処理されていた。要するに、朝堂が「口頭決裁」の場であったのに対し、曹司は「文書行政」の場であった。

そうしたことは、太政官以外の官司でも同じである。式部省・兵部省による勤務評定作業のほとんどは曹司でなされていた。図書寮は朝座をもつが、図書の管理はもちろん曹司で行なわれた。陰陽寮の卜占《ぼくせん》、雅楽寮の楽舞調練、大学寮の学生教育、大蔵省の物品出納など、さまざまな実務はすべて曹司がその現場であり、朝堂はそこからの事務報告を「口頭決裁」する場にすぎない。さらに朝座をもたない官司に目をやれば、生産・加工・調理・飼育などといった、まさしく多種多様の現業が曹司で行なわれていた。

平城宮の朝堂はその規模があまりに大きいので、「これは官衙《かんが》（役所）だ」といった主張を聞くことがあるが、賛成できない。官衙（役所）と言うにふさわしい実務空間は曹司であって、もともと侍候空間であった朝堂と、はっきり役割を分担していた。大規模な朝堂・朝堂院をもつ王宮は、大化改新直後の前期難波宮に始まるが、注目すべきは、この前期難波宮においても整然たる曹司群が見つかっていることである。つまり、律令体制下の王宮はその出発点から、大規模な朝堂と多数の曹司を併せもっていたのである。律令官僚制というシステムが秩序正しく、機能的に作動して、官人たちの天皇奉仕・王宮勤務を実現するために、朝堂と曹司はともに欠かせない施設であった。

曹司の実態

平安宮には大小さまざまの曹司があった。王宮の総面積の三分の二は曹司なのである。その配置は古絵図によって知ることができるが、おおまかに言えば、内裏より北には内廷官司や衛府の曹司が多く、朝堂院より南には二官八省の曹司が多い。後者については、朝堂の着座ルールと曹司の配置がおおむね対応しているらしい。大蔵省だけが離れて宮の北端にあるのは、もともと宮外北方に倉庫群が置かれていたためと考えられる。なお、曹司のすべてが「律令官司の実務空間」だったわけではなく、なかには東西雅院（皇太子御所）のように、住居として用いられる施設もあった。

平城宮では、内裏・大極殿院・朝堂院が平安宮とかなり異なっているため、曹司の配置も同じではあり得ない。発掘調査を行なっても、検出された曹司遺構がどの官司のものなのか、なかなかわかりにくいのであるが、特徴的な建物や木簡などから推定されているものもある。それによれば、後期平城宮の神祇官《じんぎかん》・式部省・兵部省・内膳司《ないぜんし》・左右馬《め》寮《りょう》の位置はおおむね平安宮に継承されたが、大膳職《だいぜんしき》・造酒司《ぞうしゅし》などはかなり違う場所にあったようである。また、前期平城宮と後期平城宮の間でも、たとえば式部省のように、曹司の位置や構造が大きく変化している場合が少なくない。なお、平城宮内に東宮《とうぐう》（皇太子御所）があったことは確実で、これも平安宮につながる特徴と言ってよかろう。

　朝堂に座をもつのが一握りの官人にすぎなかったのに対し、曹司ではさまざまな人々が勤務していた。四等官（長官《かみ》・次官《すけ》・判官《じょう》・主典《さかん》）の官人が偉そうにふるまい、史生《ししょう》・使部などの雑任《ぞうにん》が忙しく立ち働き、さらに全国からやってきた仕丁《しちょう》や男女の雇用労働者が使役されていた。午前中だけ用いられる朝堂と違って、曹司の仕事は昼夜を問わなかった。そこで食事をしたり、深夜まで残業したり、泊まり込んだりする者もいた。だから、曹司には実務建物のほか、厨《くりや》（台所）や宿所が設けられていたのである。

　こうしていっしょに仕事をしたり、食事をしたりするうちに、曹司で働く人々には集団としての一体性が生まれてくる。もちろん身分や職階による区別はあったが、仕事の合間に囲碁や双六《すごろく》を楽しみ、時にはみんなで酒を飲んだりするなど、娯楽や人付き合いは日常的になされていたと考えられる。天平宝字八年《てんぴょうほうじ》（七六四）の藤原仲麻呂《ふじわらのなかまろ》の乱に際し、造東大寺司（平城宮外にあった）の官人たちがそろって内裏に向かい、指令を受けて自分たちの曹司を守ったように、非常時には一致団結して行動することもあった。

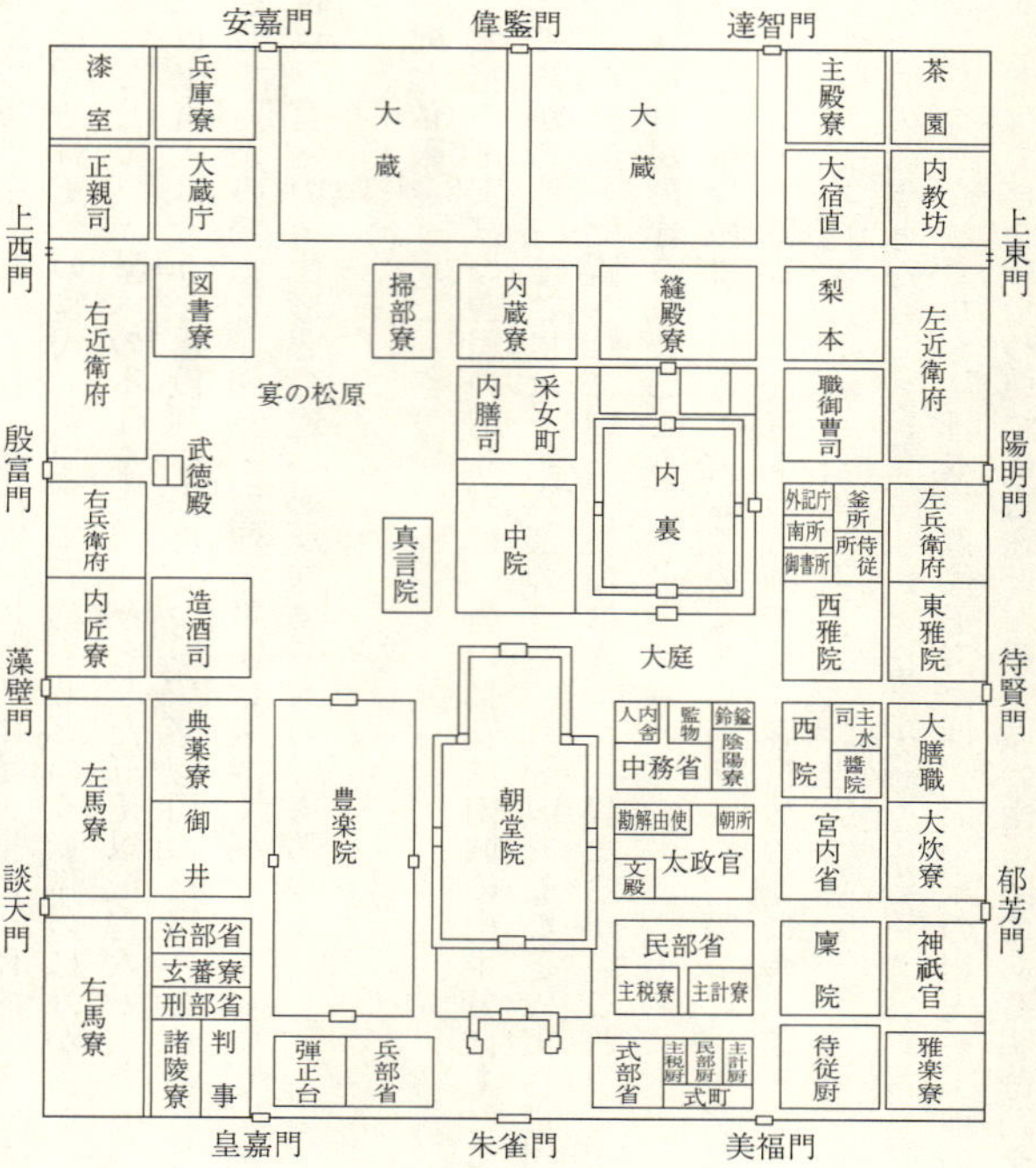

平安宮大内裏推定復原図　『列島の古代史３　社会集団と政治組織』より（一部改変）

六位以下の中下級官人は、制度的・理念的には天皇に奉仕する者たちであったが、実態としては、それぞれの官司（曹司）に勤務するという意識のほうが強かった。これは「マヘツキミ」として、天皇への奉仕を主要任務とした五位以上官人と大きく異なるところである。五位以上官人はそうした役割を果たしつつ、諸官司の長官・次官として、六位以下の官人を領導していたのである。朝堂と曹司の役割は大きく異なっていたが、それは五位以上官人と六位以下官人の奉仕形態の違いを反映するものでもあった。

神殿と仏殿

平城宮や平安宮の曹司のあり方は、唐の長安城内城の南半分にあたる、皇城の官庁街に似たところがある。そこには三省六部のほか、九寺・五監などの実務官司、さらには諸衛の官庁などが整然と配置されていた。規模はまったく異なるが、これをモデルにして日本古代王宮の曹司群が形作られたことも、十分考えられる。

ただし、唐皇城には日本と大きく異なる点もあった。第一に、東宮に仕える官庁が配置されていたことである。古代日本の官制でも、春宮坊《とうぐうぼう》の下に舎人監《とねりげん》・主膳監《しゆぜん》などの組織があったが、王宮にそれぞれの曹司が設けられた確証はない。これは日本の皇太子制を考える上で、一つの論点となりうるだろう。第二に、太廟《たいびょう》（宗廟）・大社（社稷《しやしよく》）という儒教的祭祀施設があったことである。日本の古代王宮には、天皇家の祖先や土地の神をまつる施設を見出すことはできない。ついでに言えば、長安城の南正門である明徳門を出たところには天帝《てんてい》

(昊天上帝《こうてん》)をまつる円丘が、また長安城の北郊には地祇《ちぎ》をまつる方丘が設けられ、太廟・大社とともに、国家祭祀において重要な役割を果たしていた。日本古代の都城には、こうした円丘・方丘も付設されていなかった。

むろん日本には日本なりの祭祀システムがあったから、唐の儒教祭祀をそのまま模倣するわけにはいかなかった。日本では、天皇家の祖先をまつるときには山陵に、天神・地祇をまつるときには神社に、それぞれ幣帛(ミテグラ)と呼ばれる物品を献上した。つまり山陵や神社が祭祀の場であった。天皇が天神・地祇を親祭することもあったが、そうした場合、平城宮では内裏殿舎や朝庭で行なったと考えられる。このような理由により、王宮・都城には国家祭祀のための施設、すなわち神殿が常設されることはなかったのである。なお、神祇官などいくつかの曹司には神社があったが、これらは王宮・諸司にいます神々のヤシロであって、全国の天神・地祇をまつるためのものではない。

神殿がなかったのと同じように、平城宮には恒常的な仏殿もなかったと考えられる。仏事は内裏殿舎を用いて行なわれ、やがて大極殿も使われるようになるが、ここでも「仮設空間」で行なうというのが原則であった。かつて大津宮や飛鳥浄御原宮のころには、内裏仏殿が確かにあったのに、藤原宮以後は姿を消したらしい。王宮は官大寺とともに仏都の中枢であったが、仏事施設の実態はこのようなものであった。恒常的な神殿・仏殿の不在——それは平城宮の特色として銘記されるべきであろう。

しかし平安宮では、王宮のほぼ中心に中院(中和院《ちゅうか》)が設けられ、その神嘉殿《しんかでん》において天皇はみずから神をまつった。また、承和《じようわ》元年（八三四）には中院の西に真言院が置かれ、密教修法《しゆほう》を行なう場とされた。恒常的な神殿・仏殿は、かくして初期平安宮の段階で確立したのである。ただし、朝庭で大嘗祭を行なったり、内裏や大極殿で顕教法会《ほうえ》を開いたりするなど、その後も「仮設空間」での宗教行事が消え去ることはなかった。

第三章　聖武天皇

1　皇太子首親王

和銅八年の朝賀儀

平城遷都《せんと》から五年が経った和銅《わどう》八年（七一五）の元日、元明《げんめい》天皇は大極殿《だいごくでん》に出御《しゅつぎょ》し、朝賀《ちょうがの》儀《ぎ》を執り行なった。蝦夷《えみし》や南島人がたくさん朝貢し、鼓吹隊・騎兵隊が朱雀《すざく》門のもとに列立したが、何よりも注目を集めたのは、皇太子首《おびと》親王が初めて礼服を着て拝朝したことであった。朝賀儀礼では、皇太子の拝礼はとても重要な要素とされており、そうしたハレの場に首親王は初めて姿を現わしたのである。このとき瑞雲《ずいうん》が顕現したとして大赦が行なわれたのは、その政治史的意義をよく物語っている。

首親王、すなわちのちの聖武《しょうむ》天皇は大宝《たいほう》元年（七〇一）に生まれた。すでに述べたように、父は文武《もんむ》天皇、母は夫人の藤原宮子《みやこ》である。〈天武《てんむ》―草壁《くさかべ》―文武〉から直系を継ぐことのできる皇子の誕生は、文武天皇にとっても、文武を後見していた持統太上《じとうだいじょう》天皇にとっても、心から慶賀すべき出来事であった。それだけではない。『続日本紀《しょくにほんぎ》』は異例にも、大宝元年紀の末尾に「この年、夫人藤原氏、皇子を誕《う》むなり」と特記している。奈良時代を生きた人々にとって、彼の生誕は歴史的事件と考えられていたのであろう。

首親王が一四歳で元服し、皇太子となったのは和銅七年六月のことであった。それまでここで成長したのかはよくわからないが、立太子後は平城宮東張出し部分に東宮《とうぐう》が営まれ、そこで暮らしたものと思われる。なお、母の藤原宮子は首を産んでから憂愁に沈み、普通の生活ができなくなった。天平《てんぴょう》九年（七三七）に僧玄昉《げんぼう》の力で快癒するまで、母子は一度も会ったことがなかったという。

さて、立太子から半年ののち、首親王は初めて朝賀儀に参加した。もしかすると、この日の朝賀は平城宮大極殿院のこけら落としだったのかもしれない。近年の発掘調査で出土した木簡《もっかん》により、大極殿が藤原宮から移建されてきたのは和銅三年三月以降であった、とする意見が有力になっている。そして、確実な平城宮大極殿の初見がこの朝賀儀なのである。ただし、問題の木簡は大極殿院南面回廊の建設時期を示すものであり、大極殿そのものは遷都に先立って移建されていた可能性が十分ある。したがって、首親王の立太子に向けて大極殿院全体の建設・整備が進められ、その落成とともに皇太子儀礼が始まったのではないか、と考えておくのが穏当であろう。

元明から元正へ

和銅八年（七一五）九月、元明天皇は氷高《ひだか》内親王に天皇位を譲った。氷高は、元明が草壁皇子との間にもうけた娘で、文武天皇の姉にあたる人物である。母の要請を受けた彼女は、大極殿で即位儀を行ない元正《げんしょう》天皇となった。こうして二代連続で女性天皇が君臨することとなり、元明は史上二人目の太上天皇となった。

元明は譲位に際して次のように述べた。「朕《ちん》は九年にわたって国政を執り、すっかり疲れてしまった。皇太子に皇位を伝えたいと思うのだが、まだ年齢が幼くて深宮（奥深い宮中）を離れることができない。そこで氷高内親王に譲ることにする」。つまり、本来なら首親王に譲位すべきだが、一五歳という若さが支障なのだという。〈天武―草壁―文武―首〉という直系皇位継承はすでに既定路線とされており、元正はまたもや「中継ぎ女性天皇」になったのである。しかし、一五歳と言えば文武の即位年齢であり、立派な先例たりえたはずである。それではなぜ、元明は首親王に皇位

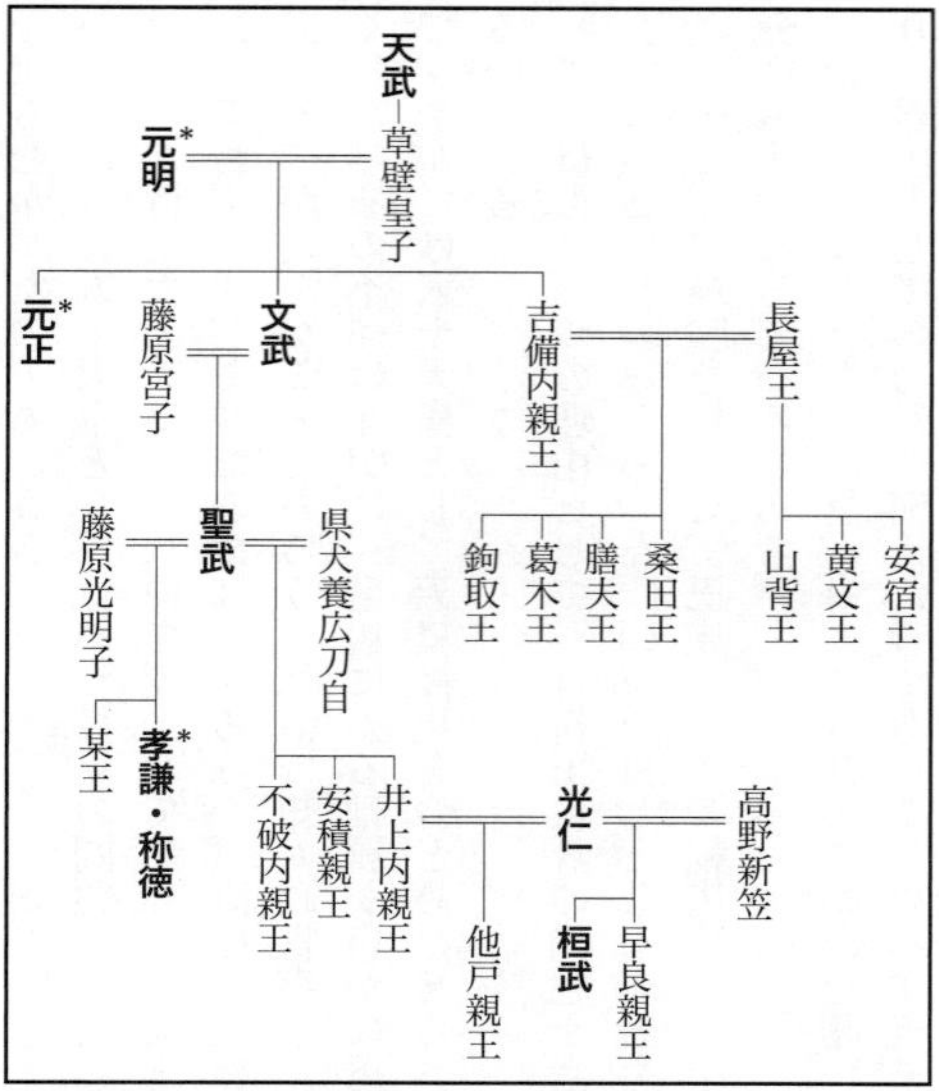

天武系皇統と関係図　＊は女性天皇

を譲らなかったのであろうか。

一つには、太上天皇として行なう後見の問題が考えられる。元明はすでに五五歳。文武を見守った持統太上天皇は五八歳で死去しており、首親王の後見について、将来にわたる手を打っておく必要があったのではなかろうか。直接の契機となったのは、七月に穂積《ほづみ》親王（天武皇子）が死んだことであろう。穂積は知太政官事《ちだいじょうかんじ》として朝廷を統轄し、自分を支えてきてくれた。その不在は元明に、皇親による輔翼《ほよく》がいかに重要かを痛感させたに違いない。そこで、やがては太上天皇として天皇後見をつとめさせるべく、氷高を皇位につけたと推測されるのである。

さらにもう一つの理由として、首親王自身の問題を考えることができる。彼には母親が皇女でないという弱みがあった。即位を良しとしない者もいたことであろう。そこでしばらく皇太子として経験を積ませ、王族・貴族の幅広い合意を形づくろうとしたような事情は、十分に考えられるところである。

養老《ようろう》三年（七一九）六月、皇太子は初めて朝政《ちょうせい》を聴いた。天皇聴政を代行させることにより、君主としての力量を備えた者であることを示すデモンストレーションであろうか。さらに同年十月には、天武皇子である舎人《とねり》親王・新田部《にいたべ》親王に対して、皇太子の補佐が命じられた。こうして二〇歳を目前にした皇太子首親王は、元明太上天皇・元正天皇の手厚い庇護を受けながら、着々と即位への道を歩んでいた。

藤原不比等

首親王を支えたのは王族だけではない。彼が立太子した時に右大臣であった藤原不比等《ふひと》は、臣下として最も頼りになる存在であった。

藤原不比等は鎌足《かまたり》の次男である。父の死後、長い雌伏の時期を過ごしたが、持統朝になって頭角を現わし、同三年（六八九）に判事として『日本書紀』に登場する。やがて文武二年（六九八）八月、中臣《なかとみ》氏のうち不比等だけが藤原朝臣《あそん》の姓を継ぐことが許された。また慶雲《けいうん》四年（七〇七）四月には五〇〇〇戸という莫大な封戸《ふこ》を与えられ、うち三〇〇〇戸は返上したものの、残り二〇〇〇戸は子孫への相続が認められた。このように不比等は文武朝を通じて勢力を確立し、新興氏族藤原氏の基礎を固めたのだが、それには三つの要因があった。

第一に、律令貴族としての不比等の有能さである。大宝律令《たいほうりつりょう》の編纂に主導的役割を果たし、「令官」として条文解釈を定めるなど、不比等は法制整備に大きく寄与した。それは近江令《おうみりょう》を編纂した鎌足の事績を受けつぐものと言ってよい。大宝律令の編纂が文武即位の前後から始まり、その施行が文武天皇の政治を支えたことは、すでに第一章で述べた。

第二に、娘の入内策である。賀茂比売《かものひめ》との間に生まれた宮子を軽《かる》皇子のキサキとし、その即位とともに、彼女は後宮筆頭の「夫人」位を得た。さらに霊亀《れいき》二年（七一六）、不比等は県犬養橘三千代《あがたいぬかいたちばなのみちよ》との間にもうけた安宿媛《あすかべひめ》を首親王に配した。彼女は首親王と同じ大宝元年の生まれ、のちの光明皇后《こうみょうこうごう》である。この婚姻には元明太上天皇（一説に元正天皇）も関わり、不比等の娘だから大切にせよ、と首に訓戒したという。不比等はこうした婚姻関係を築くことによって〈軽（文武）—首（聖武）〉という直系皇統に密着し、強大な権力を手にしたのである。

第三に、県犬養橘三千代の支援である。三千代は天武朝から後宮に出仕し、持統や元明の厚い信任を得て、隠然たる勢力をふるった宮人（女官）である。文武初年ごろ、彼女は美努《みぬ》王《おう》と離婚して不比等の妻となり、その躍進を背後から支えるようになった。三千代は平城宮の東隣にあった不比等邸に同居し、安宿媛もそこで育てられたらしい。

二振りの短刀

首親王と藤原不比等の関係を、雄弁に物語る文物を紹介しよう。それは聖武太上天皇の死後、光明皇太后が東大寺大仏に献じた宝物のうち、そのリスト「国家珍宝帳《こっかちんぽうちょう》」に来歴が特記された二振りの短刀である。

まず「黒作懸佩刀《くろづくりかけはきのたち》」を見てみたい。これは刃長が一尺二寸ほどの刀であるが、もともと草壁皇子が常に佩持《はいじ》していたものであった。やがて不比等が下賜をうけるが、草壁から直接与えられたか、持統などが介在したか、判然としない。文武天皇が即位すると不比等はこれを献上し、その崩御とともに改めて賜与された。そして不比等が死去した日、この短刀はさらに首親王に献ぜられたのである。本来であれば、首の即位時に献上されるはずだったものが、不比等が早く亡くなったため、このような形になったのであろう。

黒作懸佩刀の下賜は天皇から不比等への信任のあかし、献上は不比等から天皇への臣従のあかしであった。〈草壁―文武―首〉という直系皇位継承をめざす天皇家の意向を、不比等がしっかり受け止めて護持した歴史が、あざやかに映し出されている。

もう一振りは、刃長が一尺五寸近い「横刀《おうとう》」である。この刀は不比等家で「新室の宴」が行なわれた日、「天皇」が行幸し「皇太子」が舞を奉ったが、その返礼として不比等が贈った品である。新室の宴とは、新築家屋の落成を祝う宴会のことで、ここでは平城宮東隣にあった不比等邸完成の祝宴を言うものと考えられる。「国家珍宝帳」の注記によればこの皇太子は首親王であり、天皇は元明か元正、不比等との関係からみておそらく前者であろう。ここにも首親王と藤原不比等の親密な関係がまざまざとうかがわれる。さらに想像をたくましくするなら、十代半ばの親王の初々しい舞を、この邸宅にいた安宿媛も目にしたのではあるまいか。それが二人の結婚前のことか、結婚後のことかはわからないが、彼女にとって忘れがたい日の記念品がこの横刀だったのであろう。

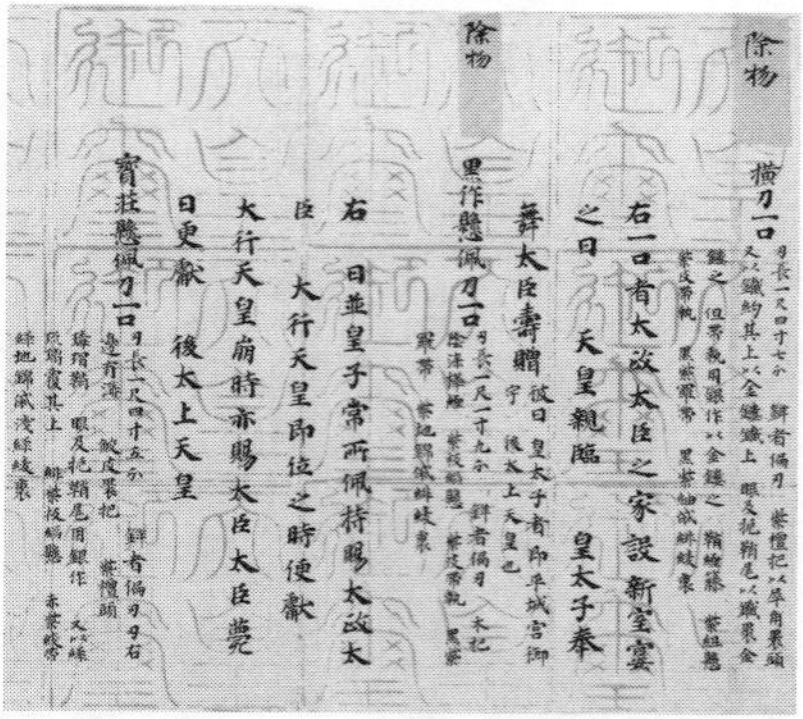
除物
横刀一口
右一口者太政太臣之家設新室宴
之日　天皇親臨　皇太子奉
舞太臣壽贈
除物
黒作懸佩刀一口
右　日並皇子常所佩持賜太政太
臣　大行天皇即位之時便獻
大行天皇崩時亦賜太臣　太臣薨
日更獻　後太上天皇

「国家珍宝帳」にみえる黒作懸佩刀と横刀　正倉院宝物

以上のように見てくれば、平城宮東宮と藤原不比等邸が隣接していたのは、首と不比等の親密さの空間的表現だったことが納得される。それは平城宮造営の当初からのものであり、元明天皇と藤原不比等、そして県犬養橘三千代の間では、かなり早くから首・安宿の婚姻が計画され、直系皇統の護持が図られていたと考えることもできよう。

不比等と元明の死

藤原不比等は、軽皇子の時と同じように、首親王の即位に向けて律令の改定を進めていた。これが養老律令であるが、大宝律令の字句修正にとどまる部分が多く、不比等の主導のもと、ゆるぎなく運用されている国制の根幹部分を修正するものではなかった。しかし、不比等はその完成を見ることなく、養老四年（七二〇）八月に死去した。すぐさま舎人《とねり》親王が知太政官事《ちだいじょうかんじ》に、新田部《にいたべ》親王が知五衛《ちごえ》及《および》授刀舎人事《じゅとうとねりじ》に任ぜられ、文武両面から元正天皇の政治を補佐することとなった。ここから不比等が果たしていた役割の重みがうかがわれるが、両親王が皇太子補佐を命じられていたことを思えば、これは来たるべき首即位に備えた布陣だったと言うべきかもしれない。

十月、不比等の葬儀のために造器司《ぞうきし》、その墓の造営のために養民司《ようみんし》という官司が置かれた。後者は皇后に準ずる厚遇である。また、元明太上天皇・元正天皇は供養のために北円堂の建設を発願し、その実現のため造興福寺《こうふくじ》仏殿司を置いた。このとき県犬養橘三千代も、不比等の建立した興福寺中金堂《ちゅうこんどう》に弥勒浄土変《みろくじょうどへん》を造っている。不比等邸には勅使が派遣され、太政大臣正一位という最高の官職・位階が贈られた。翌養老五年正月には、高市《たけち》皇子の子である長屋王《ながやおう》が右大臣となった。その上位には、知太政官事舎人親王が重きをなしており、不比等没後の朝廷秩序が次第に姿を現わしてきた。

養老五年夏、今度は元明太上天皇が重病に陥った。このとき県犬養橘三千代が出家したのは、両者のなみなみならぬ関係を示すものと言ってよい。冬になって死期を悟った元明は、右大臣長屋王と参議藤原房前《ふささき》を召して後事を託した。房前は不比等の次男であるが、長男の武智麻呂《むちまろ》より早く参議となっていた。さらに房前は鎌足と同じ「内臣《うちつおみ》」の職を与えられ、内廷・外廷を取りしきり、勅を確実に施行することによって天皇を補佐せよ、と命じられたのである。そして十二月、ついに元明太上天皇は平城宮中安殿でみまかった。固関《こげん》と言って、東国への関門である鈴鹿関《すずかのせき》・不破関《ふわ》・愛発関《あらち》が封鎖され、変乱への備えがなされた。これは元明が保持していた権力の大きさを物語るものであり、太上天皇による後見の重要性が改めて痛感される。

こうしてわずか一年余りの間に、首親王を庇護してきた二人の権力者が相ついで世を去った。かつて持統太上天皇が後見した文武天皇、そして持統天皇の信任を得た高市皇子・藤原不比等。いよいよ彼らの子の世代に、朝廷政治の中枢部は移行しつつあった。

2 聖武天皇と光明皇后

聖武天皇即位

養老七年（七二三）十月、左京の人が白い亀を献上した。朝廷は祥瑞《しょうずい》出現を慶賀するという、大々的な政治的演出を行なった。そしてこれを承けるかたちで、翌七二四年二月、首親王は天皇位についた。聖武天皇となった彼は、次のように述べる。

元正天皇がおっしゃるには、「この天下は、汝の父の文武天皇が汝に賜わったものである。しかしまだ幼かったので、まずは元明天皇に授け奉られたのである。元明天皇は次に朕に位を譲られたが、そのとき『天智天皇の定められた〈万世に改むまじき常《つね》の典《のり》〉に従い、たしかに首親王に授けるように』と言われた。昨年の亀は朕の治世でなく、汝の治世を記念して現われたものに違いない。そこで〈神亀《じんき》〉を新しい年号として、〈天日嗣高御《あまつひつぎたかみ》座食国《くらおすくにの》天下《あめのした》の業〉を汝に譲る」とのことである。この御命令を拝受しないわけにはいかないので、朝廷に仕える者たちよ、朕をよく補佐してほしい。

聖武はここで、自分の天皇位は文武から賜わったものだと明言している。元明・元正二代の女性天皇は中継ぎであり、天智の定めた「不改《ふかいの》常典《じょうてん》」に則って、聖武に天皇位を授けねばならなかった。この言葉は即位儀において、朝庭に立ち並ぶ王族・貴族・官人たちに宣告し、支配層の共同意志を形成するためのものであったから、事実からあまりに懸け離れたことが語られているとは考えがたい。聖武即位にいたる歴史は、やはり直系皇位継承を根本とし、女性の天皇・太上天皇がそれを支えるというものだったのである。古代の女性天皇や太上天皇をめぐっては、実にさまざまな学説が提示されているが、現実の古代政治はかくも単純明快な論理で動いていた。

聖武の即位にともない、元正は太上天皇として後見を始めた。この数年後、聖武はやはり宣命《せんみょう》において、「朕は知識・経験に乏しいので、国政を処断するにあたっては、太上天皇に『卿たちの奏してくる政務にどう答えればよろしいでしょうか』『この者をどの官職に就けましょうか』などとお尋ね申し上げ、太上天皇の教え導き下さるとおりに〈食国天下の政〉を行なってきた」と語っている。案件決裁と人事処置の両面において、元正太上天皇は聖武天皇を輔弼《ほひつ》していたのである。おそらくこれが持統・元明・元正と受けつがれた「女性太上天皇の後見」の実態である。それは平安時代の摂政《せっしょう》・関白《かんぱく》が「公方《おおやけがた》の御後見」として、官奏《かんそう》・叙位《じょい》除目《じもく》などの決定に関わったこととよく似ていた。

藤原宮子称号一件

聖武天皇は即位に際して、文武天皇の「夫人」の位にあった藤原宮子を「大夫人《だいぶにん》」と称せよ、との勅を発した。実母を尊んだ措置であったが、すぐさま臣下から意見が出された。

『続日本紀』には「左大臣正二位長屋王《ながやおう》ら言《もう》す」とあり、左大臣に昇任したばかりの長屋王を筆頭とする、公卿たちの奏状であったらしい。それは、「大夫人」という称号は律令に定める「皇太夫人」と異なっており、勅号によれば「皇」字を失い、令文を用いれば違勅となってしまうので、しかるべく御処置いただきたい、というものであった。そこで聖武は先勅を回収し、文字では「皇太夫人」と書き記し、口で言う場合には「大御祖（オホミオヤ）」とせよ、と命じたのである。

聖武朝初頭に起きたこの称号一件は、詔勅の撤回というめったに見られない事例であること、上奏の代表者がのちに藤原氏に謀殺される長屋王であることなどから、多くの研究者の注目を集めてきた。前者については、太政官奏が天皇の意志を制約した明証とされ、太政官組織が貴族権力の牙城として、天皇権力に対抗していたという「貴族制論」の論拠にもなってきた。また後者は、長屋王と藤原氏の対立を見て取り、ここに長屋王の変の遠因を求めようとする考え方を導いた。

しかし、本当にそうだろうか。むしろ長屋王らの上奏により、藤原宮子は正式に「皇太夫人」という称号を得たことを見逃してはなるまい。たとえ口頭では「オホミオヤ」と言い、王族の女性尊長たる「皇祖母（スメミオヤ）」と区別されたにせよ、藤原氏の女性が「皇」字のついた地位を得たのは、実はこれが初めてだったのである。つまり、事態は藤原宮子に有利な方向に進んだのであって、長屋王らの上奏はそれを織り込んだ政治的演出だった可能性が大きい。太政官組織について言えば、左大臣長屋王の上位には知太政官事舎人《とねり》親王がおり、詔勅発出にたずさわる内臣藤原房前《ふささき》の存在も忘れることはできない。長屋王が政府首班として、太政官の総意をまとめ上げていたと簡単には言えないのである。なお、この時期、藤原氏と長屋王の関係はさほど悪いものではなかった。

ふつう「長屋王政権」と呼ばれる聖武朝初期の朝廷は、三世《さんぜ》一身法《いっしんほう》に代表される民政、東北地方の経営などで積極的な政治を行なったが、その権力構造や意志決定プロセスについては、元正太上天皇の動向を含めて、さらに実態に即した検討が必要であろう。

皇子の誕生と夭折

皇太子妃であった藤原安宿媛《あすかべひめ》は、聖武即位とともに「夫人」の地位についた。彼女はすでに一人の皇女をもうけていた。養老二年（七一八）に生まれた阿倍《あべ》内親王、のちの孝謙《こうけん》（称《しょう》徳《とく》）天皇である。そして神亀四年（七二七）閏九月、安宿媛は待望の皇子を出産した。『本《ほん》朝《ちょう》皇胤紹運録《こういんじょううんろく》』はその子の名を「基王」と記すが、このころの皇親（親王・内親王・王・女王）は乳母の氏姓や地名をとって名付けられるのが普通で、「基」はその例に合いそうにない。本書では「某王」の誤りとする説をとっておく。

さて、皇子を得た聖武は大いに喜び、天下に大赦したり、皇子と同日に生まれた子に物を与えたりした。貴族・官人たちが慶祝するなか、生後わずか三三日目の十一月二日、某王を皇太子に立てるという詔《みことのり》が出された。同月半ばには大納言《だいなごん》多治比池守《たじひのいけもり》が官人たちを引き連れ、藤原不比等邸を訪れて皇太子を拝礼している。このことから安宿媛が亡父の邸宅で出

丸山西遺跡出土軒丸瓦　金鍾寺（山房）の堂舎に用いられたとみられる。東大寺蔵。奈良国立博物館図録「東大寺のすべて」より

産したことが明らかである。不比等の家政機関は死後も解散されず、二〇〇〇戸の食封《じきふ》からの収入を運用し、数多くの資人《しじん》・女孺《にょじゅ》を奉仕させていた。その家政機関のありかが不比等邸だったのであり、おそらく妻の県犬養橘三千代が居住・管理していたものであろう。したがって、安宿媛は母三千代のもとで某王を産み、養育したと考えることができる。

　それにしても、生後一ヵ月の嬰児が立太子するのは前代未聞のことであった。草壁皇子の立太子は二〇歳、軽皇子は一五歳、首親王は一四歳であり、比較にすらならない。某王に直系皇位を継がせたいという願望の現われであろうが、立太子が誰の発意によるものか――聖武か、元正か、藤原氏か――、今となっては全くわからない。ただ、不比等邸で皇太子拝礼を行なったのが大納言であったことは示唆的で、その上位に立つ知太政官事舎人親王や左大臣長屋王は姿を見せていないのである。嬰児立太子という暴挙に対し、彼らは批判的であったと考えられ、これこそが長屋王の変の伏線となったものであろう。

　しかし翌神亀五年秋、皇太子某王は病気になった。造仏・写経も大赦も効果をあげず、聖武天皇はみずから東宮に赴き、病状を見た。そして九月十三日、ついに皇太子は一年にも満たない短い生涯を終えた。聖武の悲しみは深く、那富山《なほやま》への埋葬から三日間、政務をとらなかった。そして死去から四九日後の十一月三日、某王の供養のために「山房」を創建することを決め、智努《ちぬ》王を造山房司長官に任命した。この山房はのちに金鍾《こんしゅ》山房・金鍾寺と呼ばれ、さらに東大寺へと発展していく聖武勅願の山林寺院であった。

長屋王の変

皇太子の死から五ヵ月がすぎた神亀六年（七二九）二月、長屋王が左道（よこしまな方術）を学んで国家を傾けよう（聖武天皇を滅ぼそう）としている、と密告する者があった。即座に三関が封鎖され、左京三条二坊にあった長屋王邸を六衛府《ろくえふ》の兵士が囲んだ。翌日、舎人親王・新田部親王・大納言多治比池守《たじひのいけもり》・中納言藤原武智麻呂《むちまろ》らが長屋王宅に勘問に赴いた。またたく間に謀反の罪が確定し、長屋王、妻の吉備《きび》内親王、そして彼女が産んだ四人の王はすべて自害せしめられ、長屋王と吉備内親王の遺骸は生馬山《いこま》に葬られた。関係者の処分も半月ほどの間に、きわめて迅速に進められていった。

『続日本紀』が別の記事で「誣告《ぶこく》」と明記するように、「長屋王の変」は明らかに冤罪事件であった。彼が粛清されねばならなかったのは、やはり通説どおり、藤原安宿媛を皇后にするためだったと考えられる。藤原氏、そして藤原氏の王権密着を良しとする人々にとって、皇太子某王の夭折は大きな痛手であった。しかも同じ神亀五年、聖武の別の夫人である県犬養広刀自《ひろとじ》が皇子を産んでいた。安積《あさか》親王である。将来、有力な皇位継承候補となるのは明らかであった。そこで安積の立太子・即位を阻止するべく、安宿媛を皇后として王権中枢部に送り込む計画が練られたのであろうが、某王立太子の先例から推して、その最大の障害となるのが長屋王だったと考えられる。

長屋王の父は高市《たけち》皇子、母は持統・元明の妹にあたる御名部《みなべ》皇女である。また、妻の吉備内親王は草壁と元明の娘、つまり文武・元正の兄弟であった。母と夫人が藤原氏である聖武に比べて、長屋王夫妻の血筋ははるかに優れていた。二人がもうけた四王が皆殺しにされたのも、高貴なる血統への劣等感・恐怖感の現われであろう。また、長屋王邸跡の発掘調査で判明したように、長屋王は高市皇子の財産を受けつぎ、大きな政治力・経済力を保持していた。聖武天皇に優るとも劣らない人物、聖武を廃する陰謀の中心にいておかしくない人物——長屋王はかねてよりそう目されていたのかもしれない。

かくして長屋王はこの世から姿を消した。翌天平《てんぴょう》二年（七三〇）九月、安芸《あき》・周防《すおう》に死魂を妖祠する人々が現われた。両国の国境に近い周防大島には、かつて長屋王家の封戸《ふこ》が置かれていた。そのため、この信仰を長屋王の死と結びつける考え方がある。また『続日本紀』の同日条には、平城京東郊の山原に何千・何万という人々が集まり、妖言に惑わされているとあり、やはり長屋王と関係する動きなのかもしれない。仏教説話集『日本霊異記《にほんりょういき》』にも、長屋王の祟りが土佐国に疫病をもたらしたという説話が見える。冤罪で殺された長屋王の「御霊《ごりょう》」を恐れる心情が、列島各地に芽生えていた可能性があるのだが、そうした信仰が朝廷に取り入れられるのは、次節で述べる天平の疫病大流行によってであった。

光明立后

神亀六年（七二九）六月、またも不思議な亀が献上された。その背中には「天王貴平知百年」という文字を負っており、祥瑞《しょうずい》もいよいよ手が込んできた感がある。聖武天皇は大極殿に出御し、この大瑞は元正太上天皇の後見の徳によって現われたものだと感謝した上で、神亀六年を天平元年と改めると宣布した。よく知られた奈良時代の年号「天平」は、亀の背の文字「天王貴平知百年」に由来していたわけである。

その三週間後、聖武は貴族たちを内裏《だいり》に召し入れ、知太政官事舎人親王に命じて、重要な詔を宣べさせた。それは皇太子某王の母であるという理由から、夫人藤原安宿媛を皇后に定めるというものであった。内容は実にくだくだしく、まず皇后による「しりへの政」（天皇を背後から支える役割）の必要性を述べた上で、即位以来六年にわたって選び試みてきたこと、元明が安宿媛を大切にせよと命じたこと、皇親以外の皇后としては仁徳《にんとく》皇后の磐之媛《いわのひめ》という先例があること、などが語られた。むろん反対があるはずもなく、ここにようやく安宿媛の立后が実現した。

彼女はのちに「光明子《こうみょうし》」と名乗ったため、天平宝字《ほうじ》二年（七五八）「天平応真仁正皇太后」という尊号を奉られたにもかかわらず、一般に「光明皇后」「光明皇太后」と呼ばれている。本書でもこの呼称を用い、耳慣れない尊号は使わないでおこうと思う。

光明立后とともに、皇后宮職という家政機関が発足した。皇后宮職は彼女の意を受け、さまざまな事業を次々に行なっていった。この皇后宮は旧藤原不比等邸にあったらしい。すでに見たように、不比等の家政機関は彼の死後、県犬養橘三千代が管理したと考えられるが、立后以後は邸宅ごと、光明に運営が委ねられたと考えられる。たとえば天平二年四月に設置された皇后宮職施薬院《せやくいん》は、病者を救養するための組織であったが、その財源には皇后宮職と不比等家の封戸《ふこ》が用いられた。つまり鎌足—不比等と伝えられた藤原氏の族長の地位は、立后の日から光明皇后が受け継いだと言ってよかろう。そしてその象徴となったのが、平城宮東院に隣接する旧不比等邸、すなわち皇后宮だったのである。

ただし、近年では長屋王の変のあと、旧長屋王邸に皇后宮が置かれたとする衝撃的学説が提唱されている。二条大路木簡《もっかん》の分析がその推定を支えているのだが、率直に言って、明瞭にして確実な根拠があるわけではない。天平十七年（七四五）五月、平城還都に際して、「旧皇后宮」が宮寺（のちの法華寺）にされたが、これは恭仁《くに》・難波《なにわ》遷都以前の「かつての皇后宮」のことと読むのが自然であり、それさえ認められれば、皇后宮は立后時から一貫して法華寺の場所、つまり旧不比等邸にあったと考えて何の問題もない。

光明皇后は、不比等が創建した興福寺の造営にも力を注いだ。興福寺は藤原氏の氏寺でありながら、神亀三年（七二六）には聖武天皇が元正太上天皇の病気平癒を祈り、東金堂を建てていた。聖武・元正と藤原氏の深い関わりのゆえであろう。光明は天平二年、東金堂の南隣に五重塔を建てた。彼女自身が立ち働き、また男官・女官を勧誘したおかげで、塔はわずか一年で完成したという。東金堂と五重塔は、今も室町再建の堂宇が並び立っているが、古代にはあわせて「東院」という一区画を形成していた。それを聖武天皇と光明皇后の強い結びつきの象徴と考える研究者もいるが、いかがであろうか。

3　天平の疫病大流行

藤原四卿

長屋王の変によって、国政中枢である議政官（知太政官事、大臣、大中納言、参議）のメンバーが急に変わるようなことはなかった。謀反密告をうけ、多治比県守《たじひのあがたもり》・石川石足《いわたり》・大伴道足《みちたり》が「権参議《ごんのさんぎ》」とされたが、それはあくまでも一時的措置であった。長屋王の名が議政官から消え去り、三月に藤原武智麻呂《むちまろ》が中納言から大納言に昇進した程度であって、その後しばらく左右大臣が置かれることもなかった。

しかし、時代は着実に移っていく。天平二年（七三〇）に大納言多治比池守が、三年に大納言大伴旅人《たびと》が死去すると、議政官メンバーはわずか四人になってしまった。念のため名を挙げておくと、知太政官事舎人親王・大納言藤原武智麻呂・中納言阿倍広庭《ひろにわ》・参議藤原房前《ふささき》の四人である。そこで聖武天皇は官人たちを召し、議政官を推挙するよう求めた。これはきわめて異例のことである。有力な氏から一人ずつ議政官を出すというのが倭国以来の慣行であり、欠員が生じればその氏から補うべきであった。しかし、このたびは天皇の意向で推挙が行なわれ、その結果、藤原宇合《うまかい》・多治比県守・藤原麻呂《まろ》・鈴鹿《すずか》王・葛城《かずらき》王・大伴道足の六人が参議に加わった。多治比氏・大伴氏の欠員補充は認められるが、藤原不比等の四人の子がすべて議政官に加わったのは、まさしく前代未聞のことであった。氏族合議制の伝統は消え去りつつあり、王権に密着する藤原氏が一気に力を伸ばしてきたのである。

天皇は藤原宮子の息である聖武天皇、皇后は藤原氏出身の光明皇后、議政官には藤原四兄弟――日本王朝の権力核は不比等の子・孫が掌握するところとなった。ただし、彼らが好き勝手な政治を行なったわけではない。このころ政情はきわめて安定し、税収も豊かであった。唐―渤海《ぼっかい》戦争の余波をうけ、全国に節度使《せつどし》が置かれたことが目を引く程度である。

ただ、光明皇后には悲しい出来事があった。母の県犬養橘三千代が、天平五年正月に亡くなったのである。光明は悲嘆のあまり体調を崩したが、三千代の菩提を弔うべく、一周忌に向けて興福寺西金堂の建立を進めた。実務にあたったのは皇后宮職で、堂内には多数の経典・仏具とともに、天平文化の粋を集めた仏像群が安置された。阿修羅《あしゅら》像を始めとする八部衆・十大弟子はその一部であり、光明皇后の静かな祈りを今に伝えている。

四卿全滅

破局は思いがけないかたちで訪れた。

天平六年（七三四）正月、藤原武智麻呂は右大臣に就任し、藤原氏歴代で三人目の大臣として国政を領導していくこととなった。ところがその夏に大地震が起き、畿内を中心として深刻な被害を与えた。すぐさま救済策がとられ、節度使による軍事体制も停止された。冬には遣唐使が帰国し、新羅《しらぎ》の使者が大宰府《だざいふ》にやってきたが、どうやらこれが破局のひきがねとなったらしい。

翌天平七年は凶作であった。前年の地震、この年の凶作によって人々が困窮したところを「豌豆瘡《えんどうそう》」「裳瘡《もがさ》」などと呼ばれる疫病が襲い、恐るべき大流行をもたらした。流行は食糧の乏しくなった夏に、まずは大宰府管内（九州）から始まり、冬までに全国各地に広がった。発生地から見て、遣唐使か新羅使が列島社会にもちこんだものと考えられる。

天平七年の流行は平城京にも及び、九月に大将軍新田部親王、十一月には知太政官事舎人親王が死去した。元正朝以来、天皇政治を支えてきた皇親の重鎮がついに姿を消したのである。また聖武の外祖母（藤原宮子の母）、賀茂比売《かものひめ》もこの冬に亡くなっている。

疫病は天平八年には下火になった。二月に遣新羅使が任命され、四月には平城京を出発した。瀬戸内海・北九州を経て、壱岐に至ったが、そこで雪宅満《ゆきのやかまろ》が「鬼病」で急死した。さらに晩秋の対馬で風待ちをし、それから無事に新羅に至ったが、今次の遣新羅使はまことに多難であった。新羅は彼らを冷淡にあしらい、帰途には疫病にみまわれた。翌天平九年正月に遣新羅使判官が京に戻り、「大使は対馬で病没された、副使も病気のため入京できない」と報告している。そして彼らの動きは、再度の疫病大流行と連動していた。北九州に病原菌が残っていたか、新たに新羅でもらってきたか。いずれにせよ天平九年の春、疫病はふたたび九州でおこり、夏から秋まで猖獗《しょうけつ》をきわめることになるのである。

平城京の被害も甚大であった。議政官では、四月十七日に参議藤原房前《ふささき》、六月二十三日に中納言多治比県守《たじひのあがたもり》、七月十三日に参議藤原麻呂《まろ》、七月二十五日に左大臣（同日右大臣より昇任）藤原武智麻呂《むちまろ》、八月五日に参議藤原宇合《うまかい》があいついで逝去した。全盛をきわめた藤原四卿がばたばたと疫鬼にやられ、議政官は参議二名を残すだけの惨状となったのである。こうして四卿を中心とする政治秩序はあっけなく崩壊した。

未曾有の大惨事

朝廷の被害はむろん議政官にとどまらず、貴族・官人の多くが罹患したものと考えられる。その総数はわからないが、四位以上については一一人の死亡が確認され、推定人数三三人のうち三分の一にも及ぶ。流行のピークと言うべき天平九年（七三七）六月には、「百官の官人、疾を患う」との理由で朝政が停止されている。

しかし、貴族・官人にもまして被害に苦しんだのは、列島各地に暮らす人々であったろう。天平の疫病大流行について先駆的研究を行なったウェイン・ファリス氏によれば、天平九年の全国平均の死亡率は二五〜三五パーセントと推算されている。どうしてわかるのかと言えば、この年の諸国の正税帳《しょうぜいちょう》（財政報告書）が正倉院文書として残っており、公出挙《くすいこ》（稲の利息付き貸与）の返却免除額から、死亡した公民の比率が計算できるのである。すなわち和泉国で四五パーセント、駿河国で三〇〜三四パーセント、長門国で一四パーセント、豊後国で三〇〜三一パーセントの公民が死亡しており、四位以上の死亡率とほぼ一致する。奈良時代前半の日本総人口は約四五〇万人と推定されているが、さすれば全国で一〇〇万〜

一五〇万人もの死亡者があったことになる。これに天平六年の地震、七年の凶作・疫病の被害を加えるなら、まさしく未曾有《みぞう》の大惨事が列島社会に起きていたと考えねばならない。ちなみに中世ヨーロッパ社会を変えたとされるペスト大流行でも、死亡率は天平の疫病大流行とほぼ同レベルであった。

議政官組織が弱体化していくなか、聖武天皇はこの激甚災害にみずから対応せねばならなかった。考えられる限りの手だて、つまり物資・湯薬の支給、租税の免除、大赦、神仏への祈願などが次々に行なわれた。六月には諸国に対し、「赤班瘡《あかもがさ》」の病状、治療法、食べてはいけない物などを詳しく記した指令書が出されている。「四月以来、京・畿内ではみな疫病にかかり、死亡する者が多い。諸国の人民も必ずやそうであろう。この指令書を速やかに伝達し、国司は管内をめぐって人々に教え、病に効く粥《かゆ》・饘《せん》（濃い粥）などを与えよ」との文言は、社会的危機における緊張感に満ちている。

天平九年十月、聖武天皇は平城宮南苑に赴き、安宿王《あすかべ》・黄文王《きぶみ》・円方女王《まどかた》・紀女王・忍海部《おしぬみべ》女王に対して異例の叙位を行なった。全員が長屋王の子女であり、ほかの者は一切含まれていない。この叙位については、長屋王の祟りを鎮めるためのものとする学説があり、傾聴に値する。倭・日本では古くより、神の祟りで疫病が流行するという思想があった。このたびの大流行は、冤罪によって死んだ左大臣の怨霊の祟りによるもの、ということになる。平安時代のような仏教的慰霊は行なわれていないが、これを御霊《ごりょう》信仰の「王権による公認」と評価しておきたいと思う。

橘諸兄

聖武天皇はぼろぼろになった議政官組織を修復せねばならなかった。最重要の人事案件であるから、おそらく元正太上天皇の意見を聞きながら、生き残った有能な人材を登用していったのであろう。天平九年（七三七）九月、二名の参議のうち鈴鹿王を知太政官事、橘諸兄《たちばなのもろえ》を大納言に据え、新たに多治比広成《たじひのひろなり》を中納言に任じた。十二月、藤原武智麻呂の長子豊成《とよなり》が参議に登用され、翌十年正月には諸兄が右大臣に昇進した。さらに天平十一年、多治比広成の死去をうけ、大野東人《あずまひと》・巨勢奈氏麻呂《こせのなでまろ》・大伴牛養《うしかい》・県犬養石次《あがたいぬかいのいわすき》が参議となった。藤原四卿時代から大きく様変わりした、皇親と名族をバランスよく用いる伝統的布陣であった。このようにして新たな議政官組織が始動した。

右大臣となった橘諸兄は、もと葛城王《かずらき》という名であった。父は美努王《みぬ》、母は県犬養橘三千代である。天平八年、葛城王らは上表し、三千代に賜わった橘姓を継ぎたいと述べ、これを許された。かくして皇親氏族の橘氏が成立したのである。

橘諸兄は光明皇后と母を同じくしていた。日本古代では、父よりも母を中心とした親族の結びつきが強く、諸兄と光明の場合もそうであった。橘賜姓を祝う酒宴が、元正太上天皇・聖武天皇臨御のもと、光明の皇后宮で行なわれたのは何よりの証左であろう。なお諸兄の妻は藤原多比能《たびの》という女性で、彼女も不比等の娘であった。このように橘諸兄と光明皇后の関係は深く、橘諸兄政権が「反藤原的」だったとする古い理解には首を傾げざるを得ない。藤原氏と橘氏は、不比等と三千代の縁を受けつぎ、もともと親和的であった。

聖武天皇と新議政官にとって、最大の政治的課題は天然痘からの社会復興であった。天平十年代の政治はこの「復興政策」によって特色づけられる。まず、人口の激減・社会の活力低下といった状況に対応して、地方行政組織の簡素化（郡司《ぐんじ》定員の削減、郷里《ごうり》制《せい》の廃止）が図られ、兵士・健児《こんでい》などの公民負担を停止した。さらに荒廃した土地を再開発させるべく、天平十五年に墾田永年私《こんでんえいねんし》財法《ざいほう》を発布した。墾田の永世私有を認めたこの法令は、「初期荘園」乱立の原因としてマイナスに捉えられがちだが、墾田はそもそも課税対象であり、耕地の増加は人口と富の増加をもたらす。墾田永年私財法はファリス氏が正しく指摘したように、社会復興策・国力回復策と理解すべきものなのである。

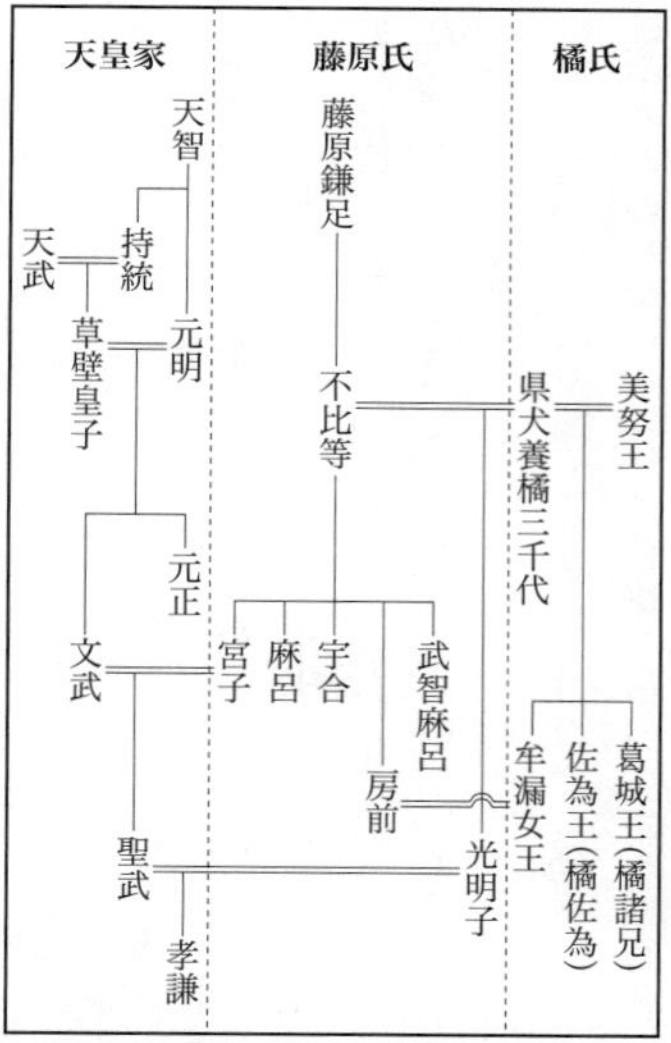

聖武天皇と藤原氏、橘氏

巨大災厄から立ち直る道は険しかった。聖武天皇と光明皇后はいよいよ仏教への傾倒を深めていき、これも精神的「復興政策」と言えようが、詳細は後に述べたい。暗鬱で落ち着かない天平十年代。しかし社会復興は一歩一歩、着実に進められていった。

4　変乱と遷都

阿倍内親王の立太子

疫病大流行もほぼ終息した天平十年（七三八）正月、阿倍内親王が皇太子に立てられた。彼女は聖武天皇と光明皇后との間に生まれた最初の皇子女で、このとき二一歳になっていた。某王の時と違って、年齢的には穏当である。しかし、皇女・内親王の立太子は空前のことであった（絶後のことでもある）。即位すれば当然、彼女は女性天皇になるわけだが、水谷千秋氏がつとに看破・論証し、本書でも繰り返し述べてきたように、持統以後の女性天皇は中継ぎのため、そして譲位後は後見のために存在した。それでは、阿倍にもこのような役割が期待されたのであろうか。

おそらくそうであろう。〈天武―草壁―文武―聖武〉とリレーされてきた直系皇位継承を、聖武天皇・元正太上天皇があきらめたとは考えられないからである。候補としては県犬養《あがたいぬかいの》広刀自《ひろとじ》が産んだ安積《あさか》親王がいる（このとき一一歳）。また、光明皇后も数え年で三八歳だから、まだ皇子を産むことは期待できたであろう。聖武・元正にとっては、どちらかが即位すればよかったのである。しかしこのとき、日本王朝は先の見えない非常事態に陥っていた。疫病が完全に終息したかどうかは判然とせず、いつ誰が死ぬことになるのかもわからない。そこで将来の混乱を回避するため、皇嗣を定めておこうという合意がなされ、さしあたり直系皇位継承のできない、皇太子某王の姉が選ばれたのであろう。阿倍内親王には光明の未生の男子、もしくは安積親王が即位するまでの中継ぎ、そして即位してからの後見が運命付けられたのである。それは将来、かなり違ったかたちで現実のものとなる。一方、光明皇后や藤原氏にとっても、阿倍の立太子はこの時点での安積立太子を阻止する、最善の方策にほかならなかった。

光明皇后は娘の将来を案じ、その安寧を心から祈った。そこで阿倍が立太子するのと時を同じくして、福寿寺という寺院の創建を発願し、皇后宮職に命じて準備を始めさせた。福寿寺は平城京の東郊、のちの東大寺上院地区（二月堂・三月堂が建つエリア）の山林に営まれた。そこから谷を一つ隔てた場所には、聖武天皇が某王の菩提を弔うために建てた金鍾寺《こんしゅ》（山房）があった。若草山腹にならぶ壮麗な山林寺院は、政治に翻弄される阿倍内親王と某王のため、その父母が深い思いを込めて建立したものであった。

印象論で恐縮であるが、阿倍が立太子してからの光明皇后は、藤原氏の代表という立場よりも、王権の一員としての立場を重んじるようになったと感じられる。たとえば氏寺興福寺への関与をやめ、国分寺・東大寺といった護国寺院の建設を主導したように、天皇の「しりへの政」、皇太子の後見にみずからの役割を見出していった。皇太子護持のための福寿寺創建は、おそらくはその第一歩だったのである。

藤原広嗣の乱

天平十二年（七四〇）八月末、大宰少弐《だざいのしょうに》藤原広嗣《ひろつぐ》は聖武天皇に上表した。広嗣は、天地の災異が続くのは政治が悪いからである、ついては近年重用されている玄昉《げんぼう》法師と下道真備《しもつみちのまきび》を除かれたい、と主張していた。広嗣はそれとともに挙兵の準備を進めたが、不穏な動きが上表文から読みとれたためであろうか、朝廷はただちにこれを謀反と断定し、大野東人《おおののあずまひと》を大将軍とする征討軍を西下させたのである。

藤原広嗣は宇合《うまかい》の長男であった。父の病死後、従五位下に叙され、天平十年に少弐として大宰府に赴いた。彼が聖武朝廷のいかなる点に不満を覚えていたのか、確たることはわからない。排斥を求められた二人は、ともに天平六年に唐から帰国した人物であった。玄昉は霊亀三年（七一七）に入唐した留学僧で、玄宗《げんそう》から殊遇を受け、経論五千余巻を携えて戻ってきた。帰国後は僧正に任じられ、藤原宮子の治療にあたり、皇后宮の隅寺《すみでら》に止住して光明皇后のブレーンとなった。下道（のち吉備）真備も霊亀三年に渡唐した留学生で、勉学に励んで名声を博し、やはり典籍・文物を数多く将来した。帰国後は文才をもって聞こえ、天平十三年に東宮学士、十五年に春宮大夫《とうぐうのだいぶ》となって阿倍内親王に密着していた。玄昉が宮子を治療した際に、真備も中宮亮として皇后宮に赴いており、何らかの連携があった可能性は高い。つまり〈光明―玄昉―真備〉というラインが想定されるのであり、広嗣の批判の中心は、藤原氏の代表たる光明皇后に向けられていたのかもしれない。

戦闘は九月下旬に始まり、十月上旬には板櫃《いたびつ》川をはさんで反乱軍一万と征討軍六〇〇〇が対峙した。戦況は征討軍に有利に展開し、大将軍からはしきりに報告が届けられた。そうしたなか、聖武天皇は突如として東国行幸に旅立った。大将軍には「朕は思うところがあるので、しばらく関東（三関以東）に赴くことにした。戦乱の最中ではあるが、やむを得ないことである。将軍よ、これを聞いて驚き怪しまないように」という、驚き怪しむしかないような勅を送り、元正太上天皇と光明皇后、そして多数の官人を引き連れて、伊賀・伊勢・美濃・近江・山背《やましろ》（山城、当時の表記による）を巡幸したのである。戦乱を避けるためとも、伊勢奉幣《ほうべい》のためとも、壬申《じんしん》の乱の追体験のためとも考えられるが、これまた確たることは何もわからない。

聖武が平城京を発った十月二十九日、広嗣はすでに捕縛されていた。敗走して新羅をめざしたが、船が吹き戻されたのである。その報告を聖武が聞いたのは十一月三日、伊勢国河口《かわぐち》頓宮《とんぐう》においてである。広嗣はその二日前、肥前国松浦郡で処刑されていた。

恭仁遷都

東国行幸のあと、聖武天皇は平城京に戻らなかった。山背国相楽《さがらか》郡に新都恭仁《くに》京を建設することにし、甕原《みかのはら》の新王宮（恭仁宮）に居を定めた。恭仁宮のある加茂盆地は平城京から目と鼻の先にあり、若草山に登れば、ほぼ真北に望見することができる。聖武が東国を大回りしたのは、平城京を捨てるための旅でもあったわけである。

恭仁遷都の理由については、なぜ相楽の地を選んだか、なぜ平城京を捨てたかという両面から考える必要がある。前者については、奈良時代初期より甕原離宮がこの地にあり、聖武もしばしば行幸し親しんでいたことが最大の要因であろう。橘諸兄の別荘が相楽郡井出にあったことも考慮すべきであるが、甕原からはかなり離れている。『万葉集』では、恭仁の地はしばしば「山高く川の瀬清し」と賞賛されており、清らかで美しい自然を聖武は好んだのであろう。そして、それは第二の問題とも関わる。平城京では疫病大流行の凄惨な記憶が生々しく、「佐保川の髑髏《どくろ》」もまだ珍しくなかったろう。汚穢《おわい》に満ちた旧都を捨て、清浄な新都に移ること、それが恭仁遷都の本意ではなかったろうか。

翌天平十三年の朝賀は、恭仁宮の大垣が完成していなかったため、帷帳《いちょう》をめぐらして執り行なわれた。しかしすでに「内裏」は存在しており、天皇常居は比較的早く整備されたらしい。発掘調査によれば、恭仁宮には内裏相当の施設が東西二つあり、内裏と太上天皇宮であろうと考えられている。また恭仁宮大極殿の基壇は、藤原宮大極殿・平城宮第一次大極殿のそれと完全に同規模であり、大和南部の石材が遺存することもあって、〈藤原宮↓平城宮↓恭仁宮〉という移建が広く認められている。言葉を換えれば、恭仁遷都は平城遷都と同じような本格的遷都であり、平城京は藤原京と同じく、このとき廃棄されたのである。

天平十三年閏三月、五位以上の平城京居住が禁断された。貴族は全員、恭仁京に住めというわけである。八月になると平城京の東西市が恭仁京に移され、十一月には「大養徳恭仁大《やまとのくにのおお》宮《みや》」という命名が行なわれた。こうして恭仁京建設は着々と進んでいったが、山高く川清い王都であるだけに、その形状は独特であった。足利健亮氏の卓抜な考証によれば、中央の鹿《か》背《せ》山をはさんで、東の加茂盆地に左京が、西の山城盆地に右京が置かれた。左京はあたかも唐の洛陽城のように、泉河（木津川）に北接して王宮が営まれ、右京の中心部には泉大橋・泉木津が立地し、交通・物流の要衝がきちんと組み込まれていた。

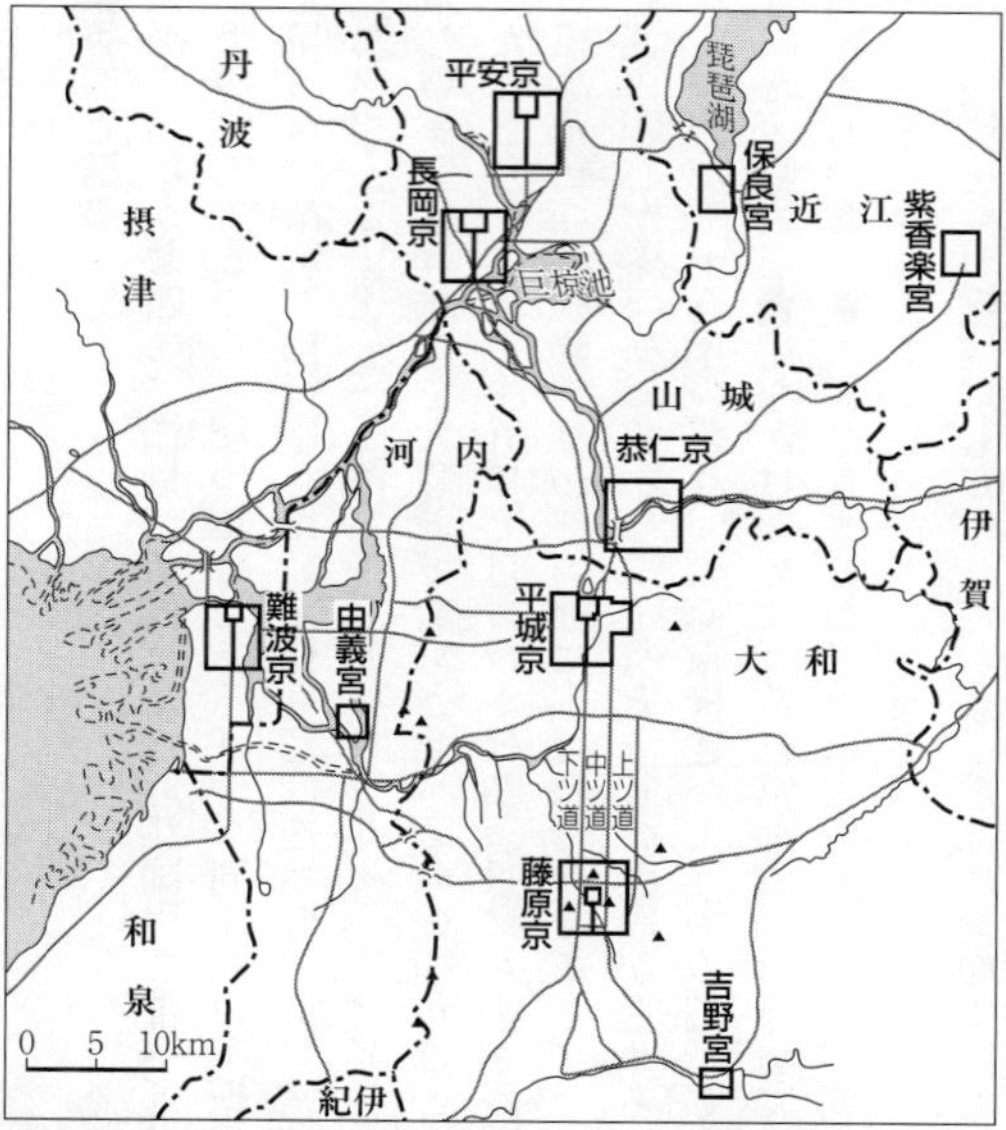

古代宮都の位置　『岩波日本史辞典』古代畿内図を参考に作図

紫香楽と難波

天平十四年（七四二）二月、恭仁京から近江国甲賀《こうか》郡へ通じる「東北道」が開かれた。これによって知るところとなったのであろうか、同年八月、聖武天皇は甲賀郡紫香楽《しがらき》村（現滋賀県甲賀市信楽町）に行幸したいという意向を示し、恭仁宮建設にあたっていた智努王らを「造離宮司」に任命した。紫香楽は恭仁京の北東二五キロにある山間の小盆地で、冬は寒さが厳しい。聖武は離宮を大急ぎで造営させ、その後一年ほどの間に四度の紫香楽宮行幸を行なった。とりわけ天平十五年七月の行幸は四ヵ月におよぶ長期滞在となり、その間に大仏建立の詔が発せられ、紫香楽がその地に選ばれたのである。

聖武の関心が紫香楽に集中し、王宮と寺院の建設が進められていくと、恭仁宮には手が回らなくなった。十五年の暮れ、大極殿移建がようやく完了したところで、恭仁宮の造作は中止された。膨大な費用をかけたのに、恭仁宮の整備は十分でなく、それは首都の儀容に関わる問題であった。さて、どうするか。実は大極殿をもち、朝堂院や曹司を備える王宮がもう一つあった。神亀三年（七二六）から天平四年にかけて建設された難波宮（後期難波宮）である。条坊をもつ難波京も存在しており、遷都に何の支障もなかった。

天平十六年早々、聖武は難波行幸の準備を始めた。そして朝堂に侍候する官人たちに、恭仁・難波のいずれを首都とすべきかを下問した。恭仁と答えた者が一八一人、難波と答えた者が一五三人。さらに市人に同じことを問うと、ほぼ全員が恭仁を首都にすることを願った。しかし行幸は決行され、ついで恭仁宮大極殿の高御座《たかみくら》、そして宮門を飾る大楯も難波に移された。天皇位の象徴と王宮の象徴が到着すると、左大臣橘諸兄は「難波宮を皇都と定める。京戸の百姓は自由に往来してよい」と正式に宣言した。

もっともこのとき、聖武天皇は難波宮にいなかった。彼はまたしても紫香楽宮に赴き、元正太上天皇と橘諸兄が難波宮に留まって、皇都宣言を行なったのである。聖武は紫香楽宮の整備と仏教行事に熱心で、一方の元正は和泉行幸などを楽しんでいた。ここに聖武天皇と元正太上天皇の不和・対立を読み取ろうとする学説もあるが、穿ちすぎかと思う。紫香楽宮の造営が進んで「甲賀宮《こうかのみや》」と改称され、甲賀寺で大仏の体骨柱（心柱）が立てられると、元正は何事もなかったように紫香楽に移った。翌天平十七年正月には紫香楽が「新京」と呼ばれているが、それは元正を迎えた時点でほぼ定まっていたことであろう。

近年、甲賀寺跡北方の宮町遺跡で大規模な建物群が検出され、紫香楽宮（甲賀宮）跡と推定されている。紫香楽の中心には甲賀寺の盧舎那《るしゃな》大仏が鎮座し、甲賀宮はその背後にあって「仏教護持の王権」を表現していた。紫香楽の新京の姿は、聖武天皇が理想とする〈仏都ミニマム〉であったと言うべきであろう。

王権の動揺

しかし、紫香楽の仏都は長続きしなかった。天平十七年（七四五）四月になると、新京周辺では山火事があいついだ。政治に批判的な人々が放火したのである。さらに四月末から五月にかけて、毎日のように地震が起こった。『続日本紀』もその異常さを特筆して、「いたる処で地割れが発生し、水が噴き出した」と述べている。この地震によって、建設中の甲賀宮や盧舎那大仏が被害を受けたかどうかはわからない。しかし、聖武天皇には山火事も地震もひどくこたえた。自分の失政に対する神の叱責と感じられたのであろう。官人たちの意見も、平城京への還都で一致していた。そこで五月五日、地震のなか、聖武は逃げ出すように甲賀宮を離れ、恭仁宮に向かった。さらに十一日には平城宮に移り、ここに平城還都が実現したのである。まさにあっという間の出来事であった。捨てられた甲賀宮近辺では盗賊が横行し、山火事が消えることもなかったという。

八月末、まだ群発地震はおさまっていなかったが、聖武はまたも難波宮に行幸した。そしてこの海辺の王宮において、彼は危篤状態に陥ったのである。すぐさま平城宮・恭仁宮の警固がなされ、孫王（天智・天武の孫）たちが難波宮に召集された。また聖武の快復を祈って、神仏に祈禱を行ない、殺生のもととなる鷹や鵜を捨て、三八〇〇人もの出家を許した。その効験ゆえか、九月末には聖武はどうにか小康を得て、平城宮に戻った。

実はこのとき、ひそかにクーデタ計画が進行していた。首謀者は左大臣橘諸兄の長子、奈《な》良麻呂《らまろ》である。彼は聖武の死を予想して、黄文王（長屋王の子）を皇位につけようとし、佐伯氏・大伴氏・多治比氏らの糾合をはかった。その大義名分は「天下の憂苦」を救うため、現政権を転覆することであったが、興味深いことに、奈良麻呂は「まだ皇位継承者が定められていない」と述べたという。皇太子阿倍内親王など存在しないかのような口ぶりである。

実は阿倍のライバルであった安積親王は、天平十六年閏正月、脚気のため死去していた（暗殺説もある）。光明皇后もすでに四五歳、皇子の出産は望めない。聖武皇子への皇位継承構想はもはや破綻しており、聖武はそのようななか、死に直面したのである。しかし、奈良麻呂の計画は結局実行されず、一二年後まで封印されることになった。

平城宮にもどっても聖武の体調はすぐれなかった。やがて天平十九年冬、聖武を後見してきた元正太上天皇までもが病気になった。医薬も大赦も効果がなく、彼女は翌天平二十年四月、ついに六九年の生涯を終えた。また、知太政官事の鈴鹿王も天平十七年九月にみまかっていた。こうして太上天皇も知太政官事もいなくなり、天皇後見のシステムは機能不全に陥った。皇位継承は先が見えず、貴族層にも分裂のきざしがある。病気がちの聖武が頼りにできるのは、もはや光明皇后だけであった。

第四章　行基と知識と天皇

1　仏都平城京と行基

四聖御影

東大寺に「四聖《ししょう》御影《のみえ》」と呼ばれる絵画が伝わっている。初めて描かれたのは鎌倉時代のことであるが、南北朝時代に複本が製作され、今ではこの複本のほうが描写内容がよくわかる。四聖とは東大寺創建に功績があったとされる四人の聖人を言い、中世人のイメージによってそれぞれの人物が造形されている。

左上にすわる大きな人物が、「大伽藍《がらん》本願」の聖武天皇である。東大寺の起源となる山林寺院が生まれ、やがて巨大伽藍へと発展していく歴史に、聖武天皇はその檀越《だんおつ》としてずっと関わり続けた。疫病大流行に始まる苦難と混乱の時代、聖武は宗教的救済を求めて、仏教に深く傾倒していくが、その象徴が東大寺だったのである。

残る三人は、そのような時期に、聖武天皇と強い結びつきをもった僧侶たちである。まず右上の異相の人物は婆羅門《ばらもん》僧正、菩提僊那《ぼだいせんな》。南天竺《てんじく》の人で、天平《てんぴょう》八年（七三六）、遣唐使にいざなわれて日本にやってきた。彼は大安寺《だいあんじ》に止住したが、盧舎那《るしゃな》大仏の開眼供養に際し、

四聖御影図（南北朝複本）　東大寺蔵

開眼師を勤めたため、東大寺の四聖に数えられているのである。東大寺唐禅院にいた鑑真《がんじん》とともに、奈良仏教の国際性を体現する僧侶であった。

左下、端整な顔立ちの僧侶が良弁《ろうべん》僧正である。良弁は東大寺の開祖と言うべき人物で、まだ山林寺院であったころからこの寺で修行・勉学を重ね、東大寺発足後は寺全体を領導する地位にあった。聖武の信頼はきわめて厚く、その身体護持を任とする側近僧でもあった。東大寺が国家的な華厳《けごん》道場となったのも、良弁の深慮遠謀によるところが大きい。

そして最後の一人、深い皺をきざんだ右下の老僧こそ、奈良時代民衆仏教のリーダーにして、聖武の大仏建立事業に全面協力した行基《ぎょうき》その人である。鎌倉時代、東大寺復興を進めた俊乗《しゅんじょう》房《ぼう》重源《ちょうげん》が先達と仰ぎ、律宗《りつしゅう》の人々が敬慕したことにより、行基信仰がにわかに高まった。しかし実際にも、行基が大仏建立や民衆救済に果たした役割はきわめて大きく、後世の行基信仰は根拠のないものではなかったのである。

東大寺の四聖とはこのような人々

であった。彼らはそれぞれに東大寺創建に力を尽くし、仏教による救済を願った。この章では、そのなかでも特に行基にスポットをあて、奈良時代の仏教者がどのような活動を展開していたか、社会・王権との関わりはいかなるものであったかを考えてみたい。混乱の時代にあって、数多くの民衆の苦悩、そして聖武天皇の苦悩は、いかにして解決されようとしたのであろうか。

行基の前半生

行基は天智《てんじ》七年（六六八）、河内国大鳥評《おおとり》（のちの和泉国大鳥郡）に生まれ、天平二十一年（七四九）二月二日、平城京右京の菅原寺《すがわらでら》で死去した。中世的な行基伝承ではさまざまな事績が語られているが、信頼すべき古代史料によれば、彼は山林修行と民衆布教を活動の中心とする薬師寺僧であった。晩年には聖武天皇の信任を得て、仏教界のトップに据えられるが、畿内（大倭・河内・摂津・和泉・山背）地域を遊行《ゆぎょう》し、民衆教化に努めるのが行基本来の姿だったのである。八二年という長い生涯の中で、彼には何度かの転機が訪れたが、布教への熱意は全く変化しなかったように思われる。

行基の父は高志才智《こしのさいち》といい、百済《くだら》系渡来氏族の出身であった。母は蜂田古爾比売《はちだのこにひめ》という女性である。父母の家はのちに寺院とされ、それぞれ家原寺《えばらじ》（神崎院、善光寺）・蜂田寺（華林寺）と名付けられた。両寺は大阪府堺市西区家原寺町・中区八田寺町《はんだいじ》に現存しており、その距離は歩いて約一五分。古代豪族の居館がいかなる場所に建てられたか、婚姻関係がどのくらいの範囲で結ばれたかがよくわかる貴重な例である。なお、大鳥郡の中心地は大鳥神社（堺市西区鳳北町）付近と考えられ、家原寺はその東一キロ余りの位置にあった。

天武十一年（六八二）、行基は数え年一五歳で出家した。後世の行基伝はみな、出家して飛鳥《あすか》寺の僧となったとする。真偽のほどは知りがたいが、行基が瑜伽《ゆが》・唯識《ゆいしき》の学を修めたことは事実であり、これは民衆布教や社会事業と同じく、飛鳥寺禅院にいた道昭《どうしょう》の影響を思わせる。とすれば、行基が本当に飛鳥寺に入ったことも十分考えられ、のちに「薬師寺僧」と記されるのは移籍ということになる。なお、道昭が一介の民間布教僧ではなく、天武天皇の帰依を受ける大徳（高僧）でもあったことにも注意しておきたい。

若き日の行基は飛鳥・藤原の官大寺で勉学に励んだが、それ以外の活動としては、慶雲《けいうん》二年（七〇五）、故郷大鳥郡に大須恵院《だいすえ》（高蔵院）を建てたことが挙げられる。家原寺・蜂田寺も早い時期に創建されたらしい。飛鳥寺であれ、薬師寺であれ、古代官大寺の僧侶たちは伽藍の中だけで暮らしたわけではなく、修行や布教のため、しばしば畿内・近国の各地に赴いた。その地の豪族や僧侶は官大寺僧を待ち受け、彼らの力を借りて、法要や造寺・造仏・写経などを行なったのである。そうした機会に弟子となる子供が見出され、官大寺僧に連れられて上京することもあったろう。このように、仏都と畿内・近国の地域社会は、官大寺僧の往還によって結ばれていた。「仏都は畿内・近国の仏教ネットワークの中核にあった」と言いかえてもよい。してみれば、行基も官大寺僧の一人として、ときに仏都を離れて活動した可能性があるし、大須恵院などもそうしたなかで創建されたのであろう。

登美院と石凝院

官大寺僧が畿内・近国各地に赴く場合、そこにはふつう、彼らを受け入れる豪族がいた。地域社会の中心となる有力豪族である。だから、寺を建てる場合にも十分な援助が得られただろうし、大須恵院の場合もおそらくそうであった。

ところが平城遷都からしばらくの間、行基が建立した寺院は経済的基盤の弱いものばかりになる。霊亀《れいき》二年（七一六）から神亀《じんき》二年（七二五）まで、行基は七寺を創建しているが、そのほとんどは基本財源である寺田を全くもっていなかったのである。具体的な名前をあげると、生馬《いこま》院・登美《とみ》院・石凝《いわこり》院・高渚《たかす》院・同尼院・山崎院がそれにあたる。財源なき寺院創建――私はここに行基の変貌を読みとりたい。豪族との結びつきを重視する官大寺僧のあり方から一歩踏み出し、むしろ不特定多数の民衆への布教を重んずる方向に、行基の基本理念が変わったと見るのである。そして、この変貌をもたらした要因は、新仏都・平城京の建設だったのではないかと考える。

『行基年譜』の実録的記事から、確実なところを押さえておこう。まず、登美院（隆福院）は養老二年（七一八）、大倭《やまと》（大和、当時の表記による）国添下郡《そうのしも》登美村に創建された。その遺跡としては、奈良市大和田町の追分廃寺が有力視されているが、奈良市三碓《みつがらす》町の追山廃寺も見のがせない。登美地域には天平三年（七三一）に隆福尼院が建てられるから、二つの寺院遺跡は僧寺・尼寺の関係になるのかもしれない。ここで注目すべきは、追分廃寺は暗《くらがり》越《ご》奈良街道、追山廃寺は古堤《ふるづつみ》街道という、近世の奈良・大坂を結ぶ主要街道に面している事実である。二つの街道とも、古代には平城京と難波《なにわ》京を結ぶ道路であったと考えてよく、要するに登美院・登美尼院は、平城京西郊の交通路と深い関係をもっていたのである。

次に石凝院は養老四年（七二〇）、河内国河内郡日下《くさか》村に建てられた。現在も大阪府東大阪市に日下町があり、日下町三丁目では古代寺院遺跡が発見されている。出土する瓦や中世文書の記載から見て、この寺院遺跡が石凝院跡であることは疑いない。しかも、その立地はすこぶる興味深い。古堤街道の前身とおぼしき「日下直越《ただごえ》」の道が、生駒《いこま》山を越えて大阪平野に下り、東高野街道（やはり古代主要道路である）と交差する地点近くに石凝院は存在する。古代にはこの交差点の西に草香津があり、大阪平野の古代湖「草香江」を通じて、難波京・難波津に直結していた。つまり、日下は河内国東部における水陸交通の結節点にほかならず、石凝院はまさにそうした要地に創建されたわけである。

このように登美院・石凝院とも、平城京と難波京を結ぶ交通路と不可分のものとして創建された。その理由は明らかであろう。平城京造営が進むなか、全国から膨大な人々と物資が集まってきた。平城京と難波京を往還する人々も格段に増えたに違いない。行基はそうした旅人・商人・役夫などへの布教拠点として、また彼らの休息の場として、交通の要衝に寺院を建設したのである。それゆえ豪族の利害とはほとんど無関係であった。

生馬院

登美院・石凝院の創建に先立つ霊亀二年（七一六）、行基は大倭国平群《へぐり》郡床室村に恩光寺《おんこうじ》という寺院を建てた。しかし、遺跡や地名などの手がかりがないため、恩光寺がいかなる寺院なのか、これまで全く明らかでなかった。しかし私は、古代史料に見える「生馬院」と同一実体であろうと考えている。つまり恩光寺は法号で、地名で呼べば生馬院。法興寺を飛鳥寺、隆福院を登美院と呼ぶのと同じことである。

生馬院は現在の竹林寺《ちくりんじ》（奈良県生駒市有里町）とほぼ同じ場所、大倭国と河内国をわかつ生駒山の東麓にあったと考えられる。行基は臨終にあたり、「生馬山の東陵」で火葬するよう遺言したが、それが生馬院の一角だったのである。奈良・平安時代に見られる「祖師墓」の早い例と言えよう。おそらくこれが契機となり、生馬院は恩光寺とも呼ばれるようになったらしい。実は行基寺院で「光」字がつくのは、行基にとって特別な寺に限られる。生まれたのが善光寺《ぜんこうじ》（家原寺）、入滅したのが喜光寺《きこうじ》（菅原寺）、葬られたのが恩光寺（生馬院）というわけである。そして、生馬院に埋葬するよう命じたのは、行基がこの寺に深い思いがあったためではなかろうか。なぜなら、平城遷都とともに本格的な布教活動を始めた行基にとって、生馬院は最初の拠点施設だったからである。民間布教僧行基にとって、生駒は「初心の地」であった。

このような説明は『行基菩薩伝』や、それを引き写した『行基年譜』の伝承的記事と大きく異なっている。これらの中世的行基伝では、平城遷都以前の慶雲四年（七〇七）、行基は生駒山中に「生馬仙房」を建て、はじめは母親の介護、のちに山林修行の場としたことになっており、この生馬仙房を生馬院のことと考えるのが通説なのである。しかし、平城遷都までの生駒は土豪のほとんどいない辺鄙《へんぴ》な地で、人々の行き来も少なかった。いくら山林修行と言っても、あまりに人里離れた場所では立ちゆかず、このような伝承はにわかに信じがたい。もっとも、『日本霊異記《にほんりょういき》』に「生馬山寺」と記されることから見れば、生馬院（恩光寺）が基本的に山林修行の道場であったことは認められる。

おそらく事実は次のようであったのだろう。和銅《わどう》三年（七一〇）の平城遷都から六年、まだ元興寺も薬師寺も移転していない時期に、行基はみずからの活動拠点として、生駒山東麓に生馬院を建てた。そこは山林修行の道場であり、民間布教に出ていく基地でもあった。さらに数年のうちに、平城と難波を結ぶ幹線道路沿いに登美院・石凝院を創建し、道行く多数の人々、流動的な古代民衆に対して、じかに仏法を説く場としたのである。

仏都からの放逐

行基の教えは民衆の心をとらえた。それは因果応報の道理を説き、善行を勧めるものであった。宗教的実践としては、喜捨の施しをうける乞食行《こつじきぎょう》が重視された。やがて弟子や信者が増え、行基集団と呼ぶべき信仰グループが形成されていく。彼らは平城京西郊を活動基盤としたが、むろん京内での布教も広く行なわれたに違いない。

行基が布教に成功したのには、主に二つの要因があった。一つは先にも述べたように、新都平城京に多数の人々が集まってきたことである。故郷を離れた民衆に対し、行基は心の拠りどころを与えていた。もう一つは、仏都平城京が未成熟だったことである。飛鳥・藤原京は仏都としての歴史が長く、数多くの官大寺や氏寺は支配層のみならず、民衆の信仰を集めていた。『日本霊異記』でしばしば語られるように、社会的に弱い立場にある人々は大寺の仏に加護を求めていたし、飛鳥寺が貧民施行を行なったごとく、諸寺も民衆の救済を心がけていた。ところが平城京では、遷都六年目にしてようやく大安寺が移建され、諸大寺が機能しはじめるのは七一〇年代末のことであった。それまで民衆の祈りは行きどころがなく、そこに行基などの布教僧が救いの手を差しのべたのである。

しかし、平城京が仏都としての体裁を整え、僧尼令《そうにりょう》に基づく秩序が形作られていくと、行基集団のような信仰グループは、支配層にはアナーキーで危険なものに見え始めた。かくして養老元年（七一七）と養老六年（七二二）の二度にわたり、行基に弾圧が加えられたのである。一度目は元正《げんしょう》天皇の詔で「小僧行基」と名指しにし、その布教活動が経典にも律令にも違反するものだと糾弾した。ただ、弾圧後も行基は登美院・石凝院を建てており、さほど効果があったように見えない。しかし、二度目の禁断は平城京での活動を厳しく取り締まるもので、行基の名こそ現われないものの、主要ターゲットは彼であった可能性が大きい。養老六年と言えば、ちょうど行基が右京に菅原寺を建てた年であったが、これを最後として、平城京周辺における道場建設は跡を絶った。それまでの寺院や行基集団がどうなったかはよくわからないが、いずれにせよ行基は仏都から放逐され、活動の拠点を懐かしい故郷、和泉

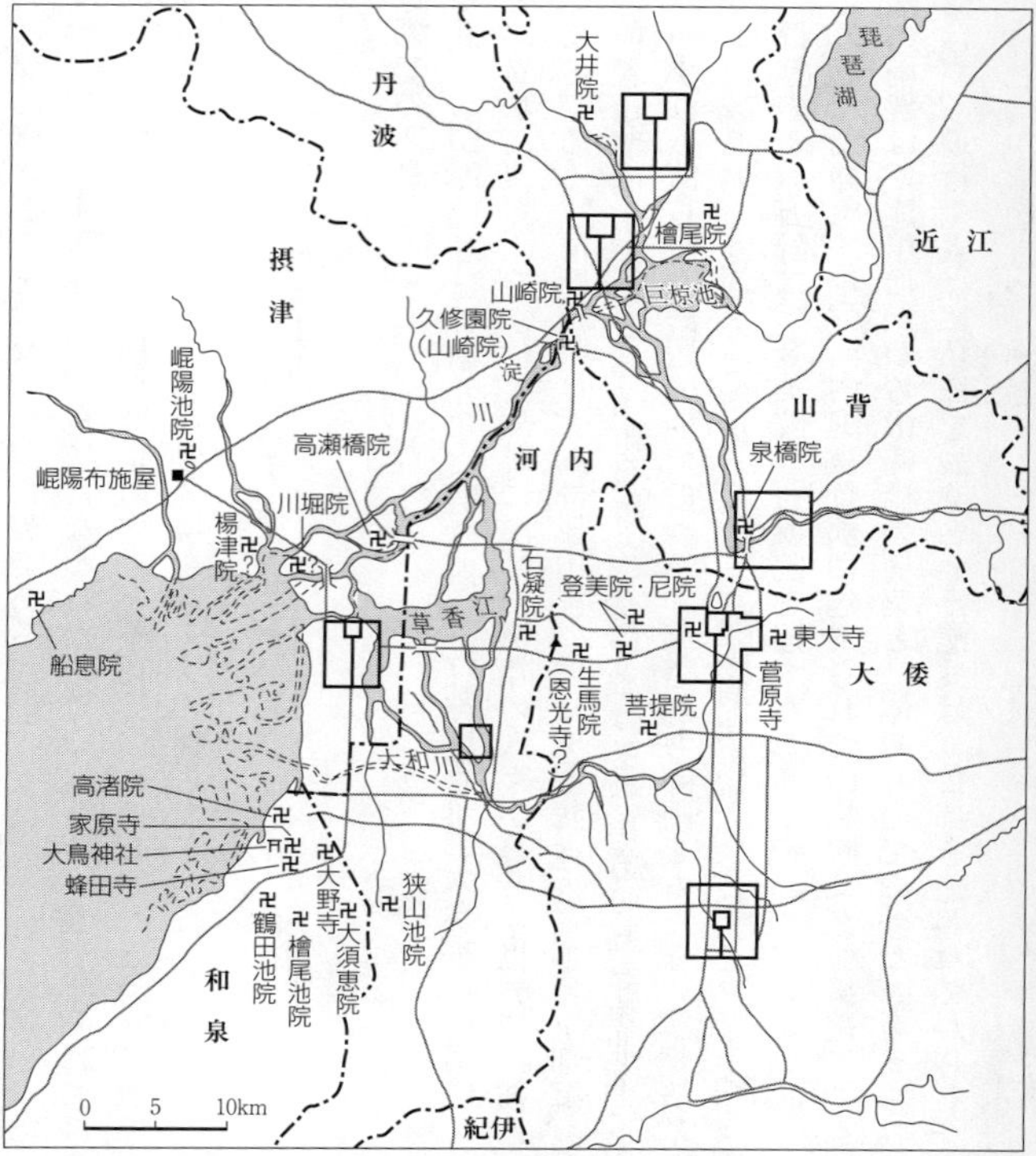

行基ゆかりの土地　『岩波日本史辞典』古代畿内図を参考に作図

国大鳥郡に移さざるを得なくなったのである。

民衆布教に対する弾圧は、常に行なわれたわけではない。養老年間における二度の禁断はかなり特異であって、仏都平城京の秩序と不可分のものだったと考えられる。平城京を離れた行基は、五五歳になっていた。老境を迎えての挫折であった。

2　大野寺土塔

故郷での活動

聖武天皇が即位した神亀《じんき》元年（七二四）、行基は和泉国大鳥郡に高渚《たかす》院（清浄土院）と尼院を建立した。弾圧を受けて故郷に戻り、旧知の人々が暮らす世界で、彼は布教活動を続けていたのである。清浄土院は大鳥郡葦田里、清浄土尼院は大鳥郡日下部郷高石村に建てられた。前者は堺旧市街地（高須町付近か）、後者はその南方の高石市北部にあったと考えられ、いずれも清らかな海辺の地であった。高渚院も寺田をもたない、経済基盤の弱い寺院であり、大阪湾海上交通の要衝において、流動的な民衆に布教するべく建設されたのであろう。行基の布教方針は、登美《とみ》院・石凝《いわこり》院を建てたころと変わっていない。

この点は翌神亀二年、河内国交野《かたの》郡に建てられた山崎院（久修園院《くしゅうおんいん》）でも同じである。山崎院の創建は、淀川にかかる山崎橋の構築と一体のものであったと考えられる。豪族の支援を受けず、道行く人々に仏法を説くという態度は、仏都を追われてからも一貫しており、行基はときに河内最北部にまで足を伸ばしていた。

しかし翌年、一つの転機が訪れた。この年から行基は、故郷大鳥郡を中心とする諸豪族とタイアップするようになり、彼らの利害・信仰とみずからの布教を重ね合わせていく。不特定多数の民衆への説法をやめたわけではないが、豪族たちの力を借りて、池・溝などの大規模な土木工事を行なうようになるのである。

その第一歩が、神亀三年に創建された檜尾池院《ひのおいけいん》であった。行基は大鳥郡和田郷に檜尾池を築造するとともに、仏教道場の檜尾池院を建て、池の管理施設を兼ねさせた。寺院遺跡はよくわかっていないが、檜尾池は石津川沿いの田畠を灌漑《かんがい》した溜池《ためいけ》と考えてよい。おそらく現地豪族の要請を受け、彼らの財力・政治力に依拠しながら、行基は現実的にも宗教的にも人々を救済するため、土木工事に乗りだしたものと見られる。

大野寺

ついで神亀四年（七二七）二月、行基は大鳥郡大野村に大野寺《おおのでら》と尼院を建立した。この大野寺こそ、和泉国における行基の活動を象徴する寺院である。

大野寺は堺市中区土塔町《どとう》に今も法灯を伝えており、そのすぐ東南に「土塔」と呼ばれる壮大な古代遺跡がある。一辺五三メートルもの正方形基壇の上に、一二の段をもつ、高さ約九メートルの四角錐が土を盛って構築され、その頂部には円形（もしくは八角形）の瓦葺《かわらぶ》き堂舎が建ち、須恵器《すえき》製の相輪《そうりん》がそびえていた。この小堂の屋根とあわせて、全部で十三重の塔

復原された大野寺土塔　堺市文化財課提供

となるわけであるが、それぞれの段にも瓦が葺かれているため、全体として巨大な瓦のかたまりのように見える。近年、堺市教育委員会によって発掘調査が行なわれ、厳密な復原がなされた。その印象を一言で言えば、瓦でできたピラミッド。復原された土塔の偉容を目にした人は、誰もが感嘆の声をあげ、生涯忘れることはない。

　土塔の発掘調査では、何種類かの軒瓦《のきがわら》が発見された。その文様や製作技法から、土塔は奈良時代前期に創建され、奈良時代後期に補修をうけたことが判明した。それだけではない。「神亀四年□《(丁)》卯年二月□□□」という銘文をもつ軒丸瓦《のきまるがわら》が見つかり、『行基年譜』の大野寺創建記事とぴたり符合した。これによって『行基年譜』の実録的記事は安心して使えるようになったし、大野寺の中核施設が土塔であることもはっきりしたのである。さらに注目すべきは、土塔の北西約一キロ、堺市中区土師町《はぜ》にある土師観音廃寺と同じ文様・技法の軒瓦が、大野寺でも使われていることである。土師観音廃寺の檀越《だんおつ》は、大鳥郡の雄族・土師《はじ》氏（百舌鳥《もず》土師氏）以外には考えられない。つまり大野寺の創建には、すぐ北隣に本拠地をもつ土師氏が、檀越として中心的役割を果たしたと考えられるわけである。

大野寺は泉北丘陵の北端近くに立地し、あたりには茫漠《ぼうばく》たる荒野、すなわち「大野」が広がっていた。そのような荒蕪地《こうぶち》を切り裂くように、土塔の南約五〇〇メートルに河内・和泉連絡道路（のちの南海道）が東西に走っていた。土塔はこの道からよく見えるのであるが、行き交う人々のため、行基は大鳥郡土師郷に野中布施屋《のなかふせ》（宿泊・供給施設）を建てた。また、この丘陵地に刻まれた谷をせきとめ、土室池・長土池などを築造したが、これらも土師郷にあり、用水は土師氏の本拠地を潤したものと見られる。今も土塔付近には大きな溜池が点在しており、その一部は行基が築いた古代の池なのであろう。

このように大野寺は単独で存在したのではなく、泉北丘陵北部において、布施屋や溜池をふくめた総合施設が形作られていた。布施屋は旅する民衆のため、溜池は主として土師氏のために造られた。行基は民衆と檀越豪族の双方を利すべく、大野寺と周辺施設を整備したのであり、それは弾圧以後の布教方針をよく示すものでもあった。

文字瓦

大野寺土塔では古くより文字を刻んだ古代瓦が採集され、古代史研究者の注目を集めてきたが、近年の発掘調査によって、その点数は格段に増加した。これとともに各所に保管されている土塔文字瓦の集成作業が行なわれ、現在では一三〇〇点余りの文字瓦が確認されている。行基の活動、古代畿内の地域史のみならず、日本古代史全体を考える上できわめて貴重な史料であり、多方面から検討が続けられている。

古代瓦は、丸瓦と平瓦を組み合わせて用いたが、土塔では丸瓦・平瓦のどちらにも文字を見ることができる。粘土板を成形・乾燥し、窯で焼いて瓦にするという工程のうち、粘土が生乾き状態の時に、ヘラでさまざまな文字が刻みつけられたのである。そのほとんどは人名で、「蓮光」「泰順」などの僧名、「土師宿祢古□」「矢田部連龍麻呂」「刀自古」といった俗人の名が見られる。人名以外にも「神亀五年」といった年月日を刻んだもの、「為父」といった祈願を記したものなど、さまざまな文字瓦がある。

とりわけ注目すべきは、「諸同知識尓入」という文言を刻んだ瓦である。「もろともに知識に入る」と読むのであろう。「知識」とは僧尼にしたがって仏道に結縁《けちえん》し、造寺・造仏・写経などの善行をなすこと、またはそうした善行をなす人々のことを言う。つまり、大野寺土塔は行基が組織した知識の力によって築かれ、彼ら・彼女らの名が瓦に刻まれたと推測されるのである。僧尼の人名瓦もあるが、行基を師と仰ぎ、知識を領導した僧尼たちの名であろう。また大野寺の檀越、土師氏が見えることも注目される。檀越はこうした場合、知識の一員でありつつ、その中心となるような存在だったにちがいない。

土師氏のほかにも、文字瓦にはさまざまな豪族の姓が見られる。大鳥連・日下部首《くさかべのおびと》・百済《くだらの》君《きみ》といった大鳥郡の豪族がめだち、矢田部連・丹比連《たじひのむらじ》・川原史《かわはらのふひと》など、隣の河内国丹比郡の豪族も少なくない。全体として見れば、やはり大鳥郡とその周辺の人々が中心であることは疑いなく、土塔に結集したのは「泉北地域の知識」と評価できるであろう。

ただ、白鳥村主《すぐり》（河内国古市郡）・林連（河内国志紀郡）・凡河内《おおしこうち》（摂津国河辺郡）といった、河内・摂津・和泉各地に本拠地をもつ豪族の名が、少しずつ含まれているのはなぜだろうか。本拠地という点から言えば、文字瓦の豪族名は、ほぼ現在の大阪府全域に広がっているのである。この点をとらえ、土塔建立には河内・摂津・和泉の人々が幅広く参加した、つまり神亀四年において、行基集団はそれだけの広がりをもっていた、と考える研究者もいる。かくも広域の人々がいかにして土塔に結縁したのか、という問題が立てられたりもする。確かにそうなのかもしれないが、もっと簡単な考え方もできる。本拠地はあくまで本拠地であり、文字瓦に名を刻んだ人物がそこに住んでいたとは限らないからである。奈良時代の畿内社会では、宮仕え・開発・交易・婚姻といった理由により、移住を行なう人々は少なくなかった。一つの郷にさまざまな姓をもつ人々が混在するようなことは、ごく普通に見られたのである。文字瓦の状況もおそらく同じであって、大鳥郡とその周辺には、河内・摂津・和泉各地から多くの人が移り住んでいたのであろう。彼ら・彼女らが在来の人々と融和し、一つの知識を結んで土塔を建立した――このように考えたほうがずっと簡明ではあるまいか。

土塔への願い

知識の人々は、どのような気持ちで土塔建設に参加したのだろうか。単に「仏教信仰」と言っても答えにはならない。だれもが苦しみや悲しみをもち、それぞれに願いや祈りがある。行基は民衆の祈願をとらえ、仏道へと導いたのである。朝廷が彼を弾圧したとき、「妄《みだ》りに罪福を説く」ことを咎《とが》めた。因果応報の理である。おそらく知識の人々は行基の教えを聞き、みずから果報を得るため、作善《さぜん》に励んだのであろう。

しかしそれだけではない。土塔の瓦には「父母のため」「父のため」「母のため」といった文言が刻まれていた。そう言えば、知識によって書写された経典にも「七世父母のため」という願文が記された。こうした写経と同じように、土塔の建立も父母のため、先祖のためだったのである。知識の人々の祈りには、父母・先祖の追善供養が大きなウエイトを占めていた。現世利益と先祖供養、それが土塔にこめられた民衆的祈願であった。

ここまでは単純明快なのであるが、実は土塔には、全く次元の異なる祈願がこめられていた。それを物語るのが、土塔で発見された「須恵器《すえき》願文《がんもん》」である。文字瓦とは異なり、須恵器製の器物の表面に界線を引き、写経と見まがうような端正な文字を刻んだものである。器物の形状は、上に行くにつれてすぼまる円筒、つまり釣鐘状のものだったと推定される。破片四点が現存しているが、かつては「彼岸の道に遊ぶ」という文言をもつ須恵器もあったらしく、全体として仏教的な願文ではないかと考えられている。

これによく似たものとして、粟原寺《おばらでら》三重塔の伏鉢《ふくばち》銘文がある。伏鉢とは相輪の下部パーツ

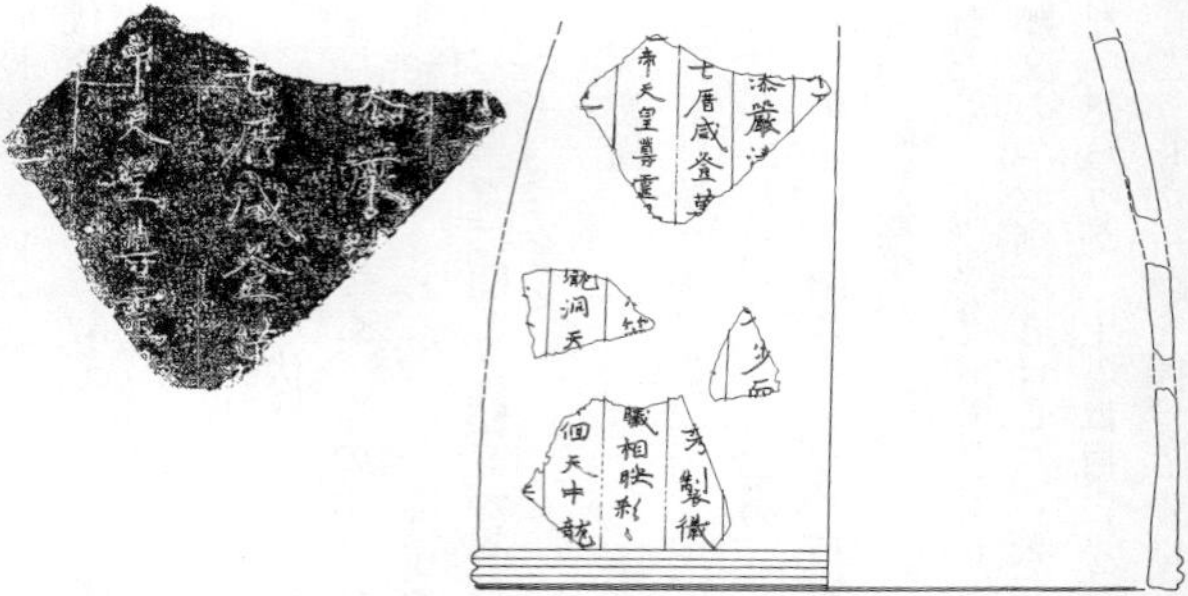

願文を記した須恵器復原図と拓本　「天皇尊霊」の文字が見える。堺市文化財課提供

で、底の深い鉢を伏せたような形状をもつ。栗原寺では金属製の伏鉢に、三重塔造立の由緒と祈願を刻み込んでいた。土塔では、先にも述べたように、頂部の相輪は須恵器製であった。特徴的な形状から考えて、この須恵器願文は「土塔伏鉢願文」と理解すべきものであり、土塔建立の由緒および祈願が記されていた可能性が高い。

　土塔伏鉢願文は現存する四点がすべて小片で、文意をとらえがたい。ただ、その一点に「天皇尊霊」「七廟皆登万」という語句が見えるのはまことに貴重である。「天皇尊霊」の上には「先帝」の二字があったらしく、これまでの天皇の尊い御霊、という意味であろう。「七廟」は中国では天子の霊をまつる建物をいうが、古代日本にも「七廟尊霊」という用法があり、天皇霊が鎮まる施設を言っているのであろう。ただ、それがどこかに「登る」のだから、具体的には先帝の霊について述べていると見るほかない。ここで参考になるのは、神亀五年（七二八）

の長屋王願経の跋語《ばつご》（あとがき）で、そこには写経による功徳を現天皇および「開闢《かいびゃく》以来代々帝皇」に捧げる、といった表現が見えるのである。おそらく土塔伏鉢願文も同様であって、「天皇尊霊」や「七廟」が現われるのは、歴代の天皇霊の安穏、もしくは極楽往生を願うためではないかと推測される。

このように土塔伏鉢願文には、天皇霊の追善を願う内容が含まれていた。古代の知識写経を見渡してみても、このような祈願をもつものは見当たらない。民衆から遠く離れた長屋王願経なら話はわかるが、弾圧を受けた行基が主導し、知識によって建立された土塔の頂部に、天皇霊に関わる願文が掲げられていたのは、いったい何故なのだろうか。

天皇霊

「天皇尊霊」はどこに鎮まっていたか。土塔に登ればすぐにわかる。今では特別公開日だけのことになったが、土塔の上から北西方向を眺めると、百舌鳥《もず》古墳群が一望できるのである。手前に土師《はぜ》ニサンザイ古墳、彼方には大山《だいせん》古墳（現仁徳《にんとく》陵）やミサンザイ古墳（現履中《りちゅう》陵）。高層建築がなかった時代には、このほかに現反正《はんぜい》陵など、多数の前方後円墳が見渡されたことであろう。中国の「宗廟」を日本では「山陵」になぞらえていた。とすれば、土塔願文の「七廟」とはこれら天皇陵古墳を指し、そこに鎮まる天皇霊の追善が祈られたのではないだろうか。土塔は百舌鳥古墳群の総供養塔でもあったのである。

こうした祈願を捧げるのは、土塔の檀越《だんおつ》である土師氏以外には考えられない。土師氏の伝統的職務は葬礼をつかさどり、山陵を造営し、祭祀を行なうことであった。百舌鳥古墳群のすぐ近くに土師氏の本拠地があったのはこのためである。律令体制下でも土師氏は諸陵司《しょりょうし》（諸陵寮）の上級官人となり、「陵霊を祭る」ことを任務としていた。百舌鳥の土師氏の祈りが、大野寺土塔の伏鉢願文に反映された可能性は高い。

行基の生家（家原寺《えばらじ》）と土塔は東西に約三キロ離れているが、ちょうどその中間に深井郷があった（現堺市中区深井中町ほか）。『和名類聚抄《わみょうるいじゅうしょう》』はこの深井郷が、かつて「常陵」と呼ばれていたと述べる。「常陵」とは天皇陵を常に守護する「常陵守（陵戸《りょうこ》）」が集住していた村のことであろう。大野寺の北西には土師郷、西には常陵戸の村があり、まさに百舌鳥古墳群と切っても切り離せないエリアであった。

土塔はこのような地において、古墳群を見はるかす丘陵上に築造された。知識の人々は父祖のため、自分のために土塔建設に協力したが、檀越の土師氏はそれに加え、古墳時代から奉仕してきた山陵の天皇霊に対し、追善の功徳を捧げたのである。土塔への願いはかくも重層的であり、それは行基が編成した知識集団の複雑さを反映していた。このようにして行基と知識と天皇は、大野寺土塔において初めて接点をもったのである。

行基はもちろん、願文の内容を知っていたはずである。その伏鉢がそのまま創建土塔の頂部に据えられたことを思えば、行基にとって、天皇・天皇霊は決して忌避すべき存在ではなかったのであろう。戦後のある時期、行基は「反体制的な民衆運動のリーダー」のように扱われた。しかし、朝廷から弾圧を受けたのは事実としても、反体制的だったとするだけの根拠はない。むしろ行基は、民衆布教の先達である道昭がそうであったように、天皇・朝廷に奉仕する意識、それが言いすぎであれば、世俗権力への協力的態度をずっと保持し続けたのではないだろうか。日本古代の仏教は王権・国家と深く結びついて発展してきたから、僧尼のそうした思考・態度はむしろ自然なものであった。

3　難波・狭山・昆陽

摂津での活動

土塔の造営は神亀《じんき》五年（七二八）になっても続いた。知識の人々が参加しやすい工法をとり、徐々に積み上げられていった土と瓦のピラミッドは、さほどの時を要せずして完成したらしい。やがて年号が天平と変わり、同二年（七三〇）になると、行基は突如として摂津国に赴き、社会事業を次々に展開した。

『行基年譜』の実録的記事によれば、西成郡津守村に川堀院（善源院）・尼院、兎原《うはら》郡宇治郷に船息《ふなどまり》院・尼院、島下《しましも》郡穂積《ほづみ》村に高瀬橋院・尼院、河辺郡楊津《やないづ》村に楊津院が建てられた。行基寺院には僧院・尼院のセットがしばしば見られ、国分寺《こくぶんじ》・国分尼寺《こくぶんにじ》の先蹤《せんしょう》と言われることもあるが、天平二年にはそれがとりわけ顕著であった。しかも、これらの僧院・尼院の創建は土木工事と連動していた。川堀院は淀川河口部の運河（比売島堀川・白鷺島堀川）に、船息院は今の神戸港内にあった港湾施設（大輪田《おおわだ》船息）に、高瀬橋院は淀川下流の橋梁（高瀬大橋）に、それぞれ関わるものである。楊津院も猪名《いな》川河口部の津に関連する寺院らしい。淀川下流から神戸に至る水陸の交通施設を、行基は多大な労力をかけて整備したわけである。

それではなぜ、このような事業を行なったのだろうか。おそらく行基の主な意図は、聖武天皇による難波京《なにわきょう》建設を支援することにあった。聖武は神亀二年（七二五）に難波へ行幸し、この地を気に入ったらしい。翌三年にも行幸し、藤原宇合《うまかい》を「知造難波宮事」に任命して、いわゆる後期難波宮の建設を始めた。七世紀の難波宮と同じ場所に新王宮が建てられ、それとともに条坊制をもつ都城の造営が進められた。天平《てんぴょう》四年（七三二）春には宇合らが褒《ほう》賞《しょう》をうけているから、工事はこのあたりで一段落したらしい。天平六年には聖武が難波宮を検分し、官人には難波京の宅地が支給された。天平十年代に一時首都となったのは、こうして建設された難波京だったのである。

行基の活動が、難波宮・難波京の造営に関わることは、時期と場所から見て明らかであろう。多数の人々が難波に集まり、物資の流通も盛んになったため、難波につながる地域に運河・港湾・橋梁の建設を行なったのである。例のごとく、交通施設には僧院・尼院が付設され、行き交う民衆への布教の場となった。ただし、登美院・高渚院などとは違い、難波周辺の道場ではしっかり財源が確保されていたらしい。

聖武天皇に寄りそうような社会事業と布教活動――晩年の行基に特徴的な行動様式が、天平二年の難波において起動した。すでに述べたように、こうして王権に協力・奉仕することは、行基の基本理念と決して矛盾するものではなかった。

行基集団公認

天平三年（七三一）八月に発布された聖武天皇の詔《みことのり》は、行基にとって大きな意味をもつものであった。そこでは、長年「行基法師」に付き従ってきた在家信者のうち、法のごとく修行する者については、優婆塞《うばそく》（男）は六一歳以上、優婆夷《うばい》（女）は五五歳以上であれば、すべて出家を許すと述べられていた。勝手に乞食行などを行なってはならないという条件はついているが、「小僧行基」とその弟子たちを糾弾するような口調は見られず、要するにこのとき天皇・朝廷は行基集団を公認したのである。

養老六年（七二二）七月の弾圧から九年、平城京には官寺・氏寺が建ち並び、仏都としての秩序も落ち着いてきた。その仏都からかつて放逐された行基は、難波京建設に大きく貢献している。朝廷はこうした状況をにらんで、行基の活動を認め、彼と弟子たちの力を用いようとしたのであろう。「弾圧から公認へ」という転換は、藤原四卿政権になって政策が変わったというだけの話ではなく、難波周辺における行基の社会事業が評価されたものであった。

行基はその年の十月、大倭国添下郡に隆福尼院（登美尼院）を建立した。これは養老二年の隆福院（登美院）とペアになる道場で、公認をうけた行基が、平城京周辺での布教活動を再開したことを物語っている。『日本霊異記《にほんりょういき》』には、「富尼寺《とみのあまでら》」に法邇《ほうに》という尼がおり、彼女の娘が「生馬山寺《いこまさん》」に住む行基に仕えていたという伝承が見える。

このころ行基集団がどれほどの規模であったのか、正確なことはわからない。土塔の知識が大鳥郡周辺の人々からなるものであったとすれば、手がかりはいよいよ乏しくなる。ただ、『続日本紀』が「行基を慕って追従する道俗の信者は、ときに数千人に及んだ」と述べるように、おそらく公認のころから、行基集団は大きな広がりをもったと思われる。行基没後の史料に「十弟子」「翼従弟子千有余人」「故侍者千有余人」「親族弟子百有余人」がいたと記すものがあり、最終的な人数と構成がうかがわれる。仏都平城京を中心とする八世紀の畿内地域は、このような宗教集団を生み出す社会だったのである。

狭山池院

天平三年（七三一）の行基の活動はめざましかった。公認までに狭山池院《さやまいけ》・崐陽池院《こやいけ》という溜池に関わる道場を開き、公認後は山背国《やましろ》に現われ、檜尾院《ひのお》（法禅院）・河原院・大井院・山崎院などを建立。そして隆福尼院の創建がこれに続いた。

まず、狭山池院について見てみよう。遺跡ははっきりしないが、寺名から考えて、狭山池に関わる施設であることは疑いない。狭山池は河内国丹比郡の南西部（現大阪府大阪狭山市）に現存する大きな溜池である。記紀伝承によれば崇神《すじん》朝、または垂仁《すいにん》朝に築造されたというが、近年の調査研究によって、現位置に狭山池の堤が構築されたのは七世紀初頭であることが判明した。西除川《にしよけがわ》の谷が高さ五・四メートル、基底幅二七メートルの堤にせきとめられ、面積二六ヘクタールに及ぶ溜池を形作り、その水が田畠に供給された。丹比郡は台地が卓越する地域であるが、狭山池築造によって安定した耕地が増えた。

行基はこの狭山池を改修し、池守の役割を兼ねる狭山池院を創建したのである。発掘調査によれば、行基の改修工事では基底幅が広げられず、堤が六〇センチかさあげされ、総高六メートルとなったらしい。その後、天平宝字《てんぴょうほうじ》六年（七六二）には河内国司がのべ八万三〇〇〇人を動員して狭山池を修造した。堤の高さを九・五メートル、基底幅を五四メートルに拡大する大土木工事であり、貯水量は約二倍に増えた。これに比べれば、行基の狭山池改修はまことにささやかなものであった。古代国家が膨大な労働力を徴発して行なった土木工事とは、とても比較にならないのである。行基や行基集団の力量を考える場合、こうした事実をしっかり念頭におく必要があるだろう。

翌天平四年、河内国司は狭山下池を築造した。下池とは狭山池のすぐ北にある太満池《たいまいけ》のことと見られ、狭山池の余水を溜め、灌漑を強化する機能を果たした。狭山下池は丹比郡条里に基づく大規模な堤をもっており、ここでも行基の改修とは比べものにならない大工事が行なわれたのであろう。しかし、行基がその呼び水の役割を果たしたことを忘れてはならず、行基と国家の土木工事が連動していたとも評価できるのである。

狭山池の灌漑エリアは泉北丘陵の北東に広がっていた。丹比郡は大鳥郡に隣接しており、行基の弟子や信者も多かった。狭山池から土塔まで、歩いて約一時間半。河内・和泉国境をなす西高野街道を行くと、行基や弟子たちの思いを感じとれる気がする。

崐陽池院

兵庫県伊丹《いたみ》市に昆陽池《こやいけ》という大きな池がある。渡り鳥が多く、市民の憩いの場となっているが、これも行基が築造した溜池であった。『行基年譜』の実録的記事によれば、行基は摂津国河辺郡山本里に崐陽上池・崐陽下池・院前池・中布施屋池・長江池という五つの池を築いた。天平三年（七三一）には「崐陽施院」が創建されたが、同じ河辺郡山本里にあることから推して、「崐陽池院」の誤りとするのが穏当であろう。狭山池院と同じ年、行基が摂津国に建立した崐陽池院は、おそらく崐陽上池・下池などの築造と連動したものと考えられる。

ただし、崐陽池院には狭山池院と大きく異なるところがあった。周辺遺跡の状況から考えて、昆陽における溜池の築造はこれが初めてだったらしいこと、溜池へ天水を導くために長大な溝が掘られたこと、すぐ南の河辺郡崐陽里に「崐陽布施屋」が建てられ、大野寺と同じような総合開発が行なわれたこと、などである。

まず池と溝について見ると、今の昆陽池は行基の崐陽上池にあたる。下池は西方の「池尻」付近にあったが、中世に消滅してしまった。この二つの池に水を引いたのが崐陽上池溝・下池溝である。上池溝は現在の天神川、下池溝は天王寺川のことと考えられ、ともに一二〇〇丈（約三・六キロ）もの長さをもち、北方の山麓地帯から延々と水を導いてきた。このあたりは伊丹台地といって、猪名《いな》川・武庫《むこ》川にはさまれた南北に長い台地地形になっている。伊丹台地のほぼ中央には「昆陽池陥没帯」という帯状の窪地が東西に走り、それより南は用水の便がきわめて悪かった。そこで行基はこの陥没帯に池を築き、北方の水を溜めて南方に流すことにより、荒れ地を広々とした水田に変えたのである。

昆陽池から南一キロのところに昆陽寺がある。昆陽寺は西国街道に面しているが、この道は古代第一の駅路・山陽道の後身である。また、難波から有馬温泉に向かう古代直線道路は、昆陽寺付近で山陽道にクロスしていた。つまり難波から山陽道を下って行く場合、昆陽を経るのが最短ルートだったことになる。このような立地から見れば、昆陽寺は崐陽布施屋の後身と考えるのが妥当であり、難波京造営に関わって建設されたものと推定できる。しかも崐陽布施屋の位置は、崐陽上池の灌漑エリアのほぼ中心部にあたっていた。

要するに、昆陽の池・溝・寺・布施屋は総合的な施設として築造され、耕地開発・造都支援という二つの機能を実現していたのである。驚くべき企画力と言うほかない。

惸独田

建造物でないためであろうか、『行基年譜』には何の記載もないが、昆陽ではもう一つ重要な事業が行なわれていた。「惸独田《けいどくでん》」と呼ばれる水田の開発である。『日本後紀』によれば、惸独田は摂津国にあって総面積は一五〇町。行基が身よりのない人々を救うために設置したのだという。別の史料から、河辺郡（河辺北条）に一二六町余り、武庫郡（武庫東条）に二三町余り存在したことがわかり、両郡条里の境界付近に立地していたことが明らかである。その場所として最もふさわしいのは、現昆陽寺を中心とする崐陽上池・崐陽下池の灌漑エリアである。つまり、二つの池の築造によって水田化された伊丹台地南部において、最も水利のよい場所が惸独田に選ばれたと考えられる。

　昆陽は交通の要衝であったから、身よりのない、貧しい人々もたくさん行き交ったことであろう。行基はそうした人々を救済すべく、昆陽総合開発の一環として、惸独田を置いたのである。その管理・経営にあたったのが崐陽池院であったか、崐陽布施屋であったかは不明であるが、中世の昆陽寺は惸独田を「院家の総領せる空閑荒野」と称し、領有権を主張していた。一つの可能性として、惸独田のただなかにある崐陽布施屋が、混陽院（『延喜《えんぎ》式《しき》』）・昆陽寺へと発展し、惸独田の管理と経営を担い続けたと推測しておきたい。

　ちょうど同じころ、やはり窮民救済を志した人物がいた。光明《こうみょう》皇后である。彼女が悲田《ひでん》院《いん》・施薬院《せやくいん》を設置し、「天下飢病の徒」を救済したのは『続日本紀』が明記するところであるが、皇后宮職に施薬院が置かれたのは天平二年（七三〇）のことであった。光明は父不比《ふひ》等《と》の家政機関を受けついだため、その遺財と自分の収入を用いて薬草を購入し、病人の療養に用いたのである。彼女の行為は仏教信仰に基づく利他行《りたぎょう》と考えられ、その意味で行基の惸独田と通じるところがあった。この共通性を時代の趨勢と言うべきか、実際に何らかの影響関係があったのか、残念ながら確かなことは何もわからない。

『延喜式』によれば、惸独田と混陽院の経営には摂津国司が関与していた。もしかすると、行基が昆陽の総合開発を行なったときから、摂津国による何らかの支援があったのかもしれない。開発の規模からすれば、その可能性もあながち否定できないように思われる。

4　疫病大流行の前後

行基寺院の転換

朝廷から活動を認められると、行基は精力的に寺を建てていった。『行基年譜』の実録的記事によれば、天平三年（七三一）に八寺、五年に二寺、六年に五寺。「四十九院」と呼ばれる畿内行基寺院のうち、三分の一近くがこの時期に集中している。さらに、公認につながった難波周辺での活動（天平二年）から数えれば、実に二二もの寺院が創建されているのである。まさに行基の最盛期と言うべき数年間であった。

ところが、天平七年・八年には寺院創建が全くなかった。九年になって鶴田池院と菩提《ぼだい》院・尼院が建てられるが、天平十年・十一年はふたたびゼロ。その後も恭仁《くに》遷都・難波遷都に呼応して、山背や難波に寺院が建てられることはあったが、天平六年までのような広域性・活発性は見られなくなった。つまり、天平七年頃に転換があったと考えられるのだが、その要因として想定できるのは、天平七年・九年の二度にわたって、列島社会に甚大な被害をもたらした疫病大流行である。行基が寺院建立を休止したのは、疫病蔓延によって民衆が著しく疲弊し、社会事業を進めることが困難になったためではなかろうか。

そう考えた場合、問題となるのは天平九年に建てられた三つの寺院である。鶴田池院はこの二月、鶴田池の管理施設を兼ねて創建されたが、時期的には疫病再流行の直前にあたる。前年（天平八年）の畿内地域は不作であった。行基は疫病がもはや終息したと見て、社会復興の一助として鶴田池・鶴田池院を建造したのであろう。そして、これが故郷大鳥郡で確認できる、行基の最後の足跡となった。

一方、菩提院・尼院は天平九年九月、大惨事の余韻おさまらぬ時期に建てられた。かつての生馬《いこま》院や登美《とみ》院と同じように、経営基盤となる寺田をもたず、天平年間の行基寺院としてはきわめて異例であった。菩提院とは一体、いかなる寺院だったのであろうか。

菩提院

菩提院は大倭国添下《そうのしも》郡矢田岡本村に創建され、法号を頭陀《ずだ》院と言った。奈良県大和郡山市の西南端、斑鳩《いかるが》町に接するところに「菩提山」という小丘陵があり、平安時代にはその南麓に興福寺領菩提荘が存在した。「岡本」というのは菩提山の西に続く地域で、斑鳩三寺のひとつ、法起《ほっき》寺（岡本寺）が建っている。したがって、菩提院はこの菩提山近辺にあったと考えるのが自然であるが、菩提山では奈良時代中期の小型軒丸瓦が採集されており、こうした想定をよく裏付けてくれる。「菩提院」とは生馬院や登美院と同じく、地名に基づく寺号であった。

ではなぜ、菩提院（頭陀院）は斑鳩の東端に建立されたのであろうか。そもそも「頭陀」とは心身を錬成して煩悩を捨て去ることを言い、そのための宗教的実践として、乞食行をはじめとする「十二頭陀行」が行なわれた。乞食行は行基集団を特徴づける修行形態であったが、頭陀院・尼院とはその拠点となる道場だったのではあるまいか。疫病流行によって生みだされた数多くの貧窮民を救済し、彼ら・彼女らに乞食行を勧めたと考えるのである。

ここで注目されるのは、『日本霊異記《にほんりょういき》』に見える聖徳太子伝承である。聖徳太子が「岡本宮」に住んでいたころ、片岡村に遊行して一人の乞食に出会った。やがてその乞食が死ぬと、太子はていねいに葬儀を行ない、「岡本時寺」の東北にある守部山に埋葬させた。後日調べてみると墓はもぬけの殻で、かの乞食は実は聖人だった、という伝承である。片岡山説話のバリエーションのひとつであるが、問題となるのは、ここに語られた乞食の墓所である。「岡本時寺」は「岡本村法林寺」とする写本もあるが、おそらくは「岡本寺」の誤りであろう。墓所はその北東の山にあったというから、菩提山と見事に重なってくるのである。とすれば、行基は岡本の地に乞食者の聖蹟《せいせき》を見出し、そこに乞食行の道場を建てて「頭陀院」と命名した、と推測することが可能である。

あるいは、菩提院ができてから、これに片岡山説話が結びつけられたのかもしれない。しかし、斑鳩東端という場所、天平九年という創建年次を考えれば、決して荒唐無稽《こうとうむけい》の考えとは言えないのである。ちょうどこの時期、斑鳩地域を舞台として、聖徳太子信仰がにわかに高まっていたからである。その中心となった人物は、光明皇后であった。

太子信仰

聖徳太子は、大臣蘇我馬子《そがのうまこ》とともに推古《すいこ》朝の政治を領導した有力王族である。彼は斑鳩宮に住んだが、飛鳥と斑鳩は「太子《たいし》道《みち》」と呼ばれる道路で直結されていた。斑鳩宮とならんで創建された斑鳩寺（法隆寺）は、軒瓦の分布から見て、飛鳥時代有数の主導的寺院であったことが明らかである。聖徳太子が強い政治力をもつとともに、仏教信仰に篤い人物であったことは疑いようがない。彼は推古三十年（六二二）に死去したが、その後も追慕・敬仰が捧げられ、やがて太子信仰に発展していくのである。

法隆寺には、県犬養橘三千《あがたいぬかいたちばなのみち》代《よ》が結縁《けちえん》していたという伝承があり、それに関わる文物も残されている。天平五年（七三三）に彼女が死ぬと、娘の光明皇后が興福寺西金堂を建て、追善供養を行なったことはすでに述べたが、法隆寺とのつながりも受けつがれたらしく、周忌法会の直後に光明はさまざまな資財を施入している。そして、それが太子信仰高揚の契機となった。このころ行信という僧がいたが、斑鳩宮の廃墟を見て悲嘆にくれ、光明皇后に働きかけて、宮の跡地に聖徳太子の供養施設を建てたのである。これが夢殿を中心とする法隆寺東院である。「法隆寺東院資財帳」「法隆寺東院縁起」などによれば、東院建設への動きは天平七年の暮れに始まったらしく、翌天平八年二月二十二日（太子の忌日）には皇后宮職官人を動員した、大規模な法華《ほけ》経《きょう》講説が行なわれた。九年二月にも、光明皇后が収集した「上宮聖徳法皇御持物《じょうぐうしょうとくほうおうぎょじぶつ》」と称する経典七七九巻が施入され、太子信仰は急激に高まっていった。東院の竣工は天平十一年四月のことと伝えられる。

このように行信の勧めをうけて、天平七年末から十一年にかけ、光明皇后は東院創建に深く関わり、太子信仰を高めていった。この点を考古学的に裏付けるのが軒瓦の文様である。法隆寺東院に葺《ふ》かれた軒平瓦は、六六九一Aという型式番号を与えられているが、この瓦の履歴がきわめて興味深い。まず法華寺下層遺跡、ついで法隆寺東院で用いられ、東大寺上院地区で使われた後、最終的に恭仁宮の創建瓦になったというのである。法華寺下層遺跡とは光明の皇后宮の跡であり、東大寺上院地区では光明発願の福寿寺が天平十〜十三年ころに創建されている。つまり六六九一Aは元来「光明皇后の軒平瓦」だったと考えてよい。それが東院の創建に用いられたという事実は、東院造営の中心人物が誰であったかを明白に物語るものである。さらに面白いことに、この軒平瓦は法起寺でも出土している。斑鳩には聖徳太子一族や近侍氏族の寺院が建ち並んでいたが、光明は東院創建とともに、こうした斑鳩諸寺の修理を進めていったのである。

法起寺は菩提院のすぐ西隣にあった。しかも光明皇后が法起寺を修理した時期は、菩提院の創建とほとんど一致している。してみればやはり、行基は光明による太子信仰の高揚にいざなわれ、乞食者の聖蹟《せいせき》と伝えられる（もしくは聖蹟だと主張できる）場所に頭陀行《ずだぎょう》の道場を創建した、と考えるのが最も自然であろう。

光明の太子信仰は、行信の勧めによるものであったが、その時期から考えて、彼女には疫病大流行を鎮める意図があったと推測される。日本仏教の祖師・聖徳太子に祈りを捧げ、未曾有《みぞう》の社会的危機からの救済を願ったのではないだろうか。また行基が目にしたのも、疫病被害に苦しむ民衆たちであった。聖なる乞食者は、そうした困窮民のモデルとされたに違いない。かくして天平九年、行基と光明皇后の間に確かな接点が生まれた。

国分寺建立

天平七年・九年（七三五・七三七）の疫病大流行が仏教にどのような影響を与えたかを考える場合、行基よりも光明皇后よりも、もっと重要な人物がいる。聖武天皇その人である。列島社会の甚大な被害と、議政官組織の壊滅に直面した聖武は、国王として適切な方策を探らねばならなかった。疫病は人々に精神的打撃を与えるため、復興には宗教的救済が不可欠である。このような理由により、疫病大流行を境にして、聖武天皇は急速に仏教への傾倒を深めていった。仏教は律令体制の思想的基盤であったが、それが天平十年前後から格段に強化されるのである。しばらく行基から離れて、聖武天皇の仏教政策を追ってみよう。

社会復興のための仏教政策として、第一に挙げるべきは国分寺の建立である。国分寺建立の詔は天平十三年二月十四日に発布された。聖武は言う。「ちかごろ凶作がうち続き、しばしば疫病がはやるのは、みな朕《ちん》の政治が悪いからである。神仏に加護を祈ったところ、たしかに霊験があった。そこで、全国に最勝王経《さいしょうおうきょう》・法華経《ほけきょう》を根本経典とする国分寺・国分尼寺を創建し、国分寺には七重塔を造立して、金字の金光明《こんこうみょう》最勝王経を安置せよ」と。

しかし、国分寺政策はこのとき初めて打ち出されたものではない。天平九年三月、諸国に釈迦《しやか》三尊像を造顕し、大般若経《だいはんにやきよう》一部六百巻を書写するよう命じたのが、その第一歩であった。国分寺建立詔はこの政策を「去歳」のこととし、そのおかげで「今年の春から秋まで気候は順調で、実りも豊かであった」と述べているから、どうやら詔文の原案は天平十年の冬に作成されたものらしい。さらに天平十二年六月、その一部が施行され、諸国に法華経の書写と七重塔の建設が命じられた。そのうえで天平十三年二月、国分寺建立詔の全体が正式施行されたのである。このように国分寺政策の起点は天平九年春にあり、当初の根本経典は大般若経であったが、天平十年冬に計画が練り直され、大般若経にかわって金光明最勝王経が重視されるようになったと考えられる。

「大般若経から金光明最勝王経へ」という変化はなぜ生じたのだろうか。これを疫病大流行のプロセスに重ね合わせてみよう。行基が鶴田池院を建てたのと同じ天平九年の春、一度目の流行が終息したと見て、聖武は大般若経による社会救済を志した。ところがその直後に二度目の流行が始まり、列島社会は大混乱に陥った。これをうけて同年十月、大極殿《だいごくでん》で金光明最勝王経の講説が行なわれたが、おそらくこの史上初の大極殿法会のあと、一気に疫病は下火になった。かくして大般若経と金光明最勝王経の優劣がはっきりし、「国分大般若寺」計画は「国分金光明寺」計画に切り替えられたのであろう。国分寺政策の立案と変更、そのいずれにも疫病流行の影響が看取されるのである。

それでは、聖武天皇に国分寺建立を献策したのは誰だったのであろうか。『続日本紀』は「東大寺と諸国国分寺の創建を勧めたのは光明皇后である」と述べる。そう言えば、国分寺本尊の製作費には、藤原不比等《ふひと》がかつて返上した食封《じきふ》三〇〇〇戸が用いられたが、不比等の遺産を受けついだのは光明であり、ここに彼女の影がほの見えるのである。国分寺政策に光明皇后の意向がはたらいていたのは、おそらく事実であろう。そして光明の背後には、彼女のブレーンとなった遣唐留学僧、玄昉《げんぼう》がいる。玄昉が帰国したのは天平七年、殊遇を与えられたのは天平八年二月、仏教界のトップである僧正になったのは天平九年八月である。時期と経歴から推して、国分寺政策が玄昉の発案であった可能性は高い。その際、武則天《ぶそくてん》による大雲寺《だいうんじ》の制がモデルにされたことも、十分に考えられる。

大養徳国金光明寺

詔《みことのり》で命じられても、ただちに国分寺建設が進んだわけではない。全国的に見れば、それには一〇年から二〇年の時間が必要であった。しかし、王権お膝元の大養徳《やまと》（大和、当時の表記による）国では、既存の山林寺院を転用することにより、いちはやく国分寺が生まれた。

大養徳国金光明寺が正式発足したのは、天平十四年（七四二）七月のことであった。のちの東大寺の地にあった二つの山林寺院、すなわち聖武天皇が某王追善のために建てた金鍾寺《こんしゅじ》と、光明皇后が阿倍《あべ》内親王の安寧を祈って建てた福寿寺が統合され、金光明寺と呼ばれるようになったのである。しかし、両寺を国分寺とする構想はもう少し早くからあった。天平十三年六月、興福寺西金堂の金光明最勝王経がどちらかの寺に移されており、建立詔の発布後まもなく、国分寺としての機能が付与されたことを推定できる。それにしても、三千代・光明に関わりの深い西金堂の経典が用いられたことは、何とも興味深い。その後も光明の皇后宮職は、金光明寺の造営・経営に関わり続けていくのである。

天平十五年正月から四九日間にわたって催された金光明最勝王経の転読《てんどく》法会は、大養徳国金光明寺のオープニングセレモニーと言うべきものであった。大徳《だいとく》四九人が招かれた「殊勝の会」（すぐれた法会）は諸国国分寺の模範とされた。このために金光明寺の住僧が増員され、選考書類「優婆塞貢進解《うばそくこうしんげ》」が皇后宮職に集められたことも判明している。そして、この法会を契機として、金光明寺では良弁《ろうべん》が台頭するとともに、聖武天皇と直接のつながりを持ちはじめるのである。当時の王都は恭仁京《くにきょう》であったが、聖武の関心はすでに紫香楽《しがらき》に向かいつつあった。

行基は何をしていたか。『行基年譜』の実録的記事によれば、恭仁京建設が始まった天平十二年、彼は発《ほっ》菩提院（泉橋院）を建立している。行基は恭仁京右京の中枢部に泉大橋を架け、発菩提院にその橋守を担わせたのである。翌天平十三年、左京域で行なわれた架橋工事に「畿内および諸国の優婆塞」が動員され、竣工とともに七五〇人もの出家が許された。通説のように、彼らの多くは行基の弟子・信者であったと見られる。このように行基は、またしても聖武天皇の都城造営に協力し、見返りを得た。聖武天皇の視線には、知識集団を基盤とする行基の活動がはっきり捉えられていたはずである。

また、天平十五年のものと考えられる「優婆塞貢進解」のうち一通は、行基が作成したものであった。ここに行基と金光明寺・光明皇后のつながりを見出すことができる。ちなみに、東大寺で最も山深いところに立地する天地院には、行基をその開祖とする伝承があった。本当であれば面白いのだが、それを確かに裏付ける史料はまだ見つかっていない。

5　盧舎那大仏

知識寺行幸

天平十二年（七四〇）と言えば、秋に藤原広嗣《ひろつぐ》が反乱を起こし、聖武天皇が東国行幸の末に恭仁宮に入った年であるが、その二月、彼は難波宮に赴いていた。行きか帰りに、聖武は河内国大県《おおがた》郡を通り、知識寺《ちしきじ》（智識寺）の盧舎那《るしやな》仏を礼拝した。この仏像はのちに日本三大仏に数えられる巨大な塑像で、知識寺の名のとおり、大県郡の人々が知識を形成し、造寺・造仏を行なったものらしい。のちの述懐によれば、聖武天皇はいたく感銘を受け、自分も同じように仏像を造りたいと思ったという。

知識寺は現在の大阪府柏原市にあった。古代の大和川は大阪平野に出ると、石川と合流して北西方向に流れていたが、その合流点の北東である。この信貴山《しぎさん》西麓地域、郡名で言えば大県郡・高安《たかやす》郡には古代寺院が多く、知識寺のほかにも山下《やました》寺・大里《おおさと》寺・三宅寺・家原《えばら》寺・鳥坂《とつさか》寺の名が知られている（河内六寺）。このうち、家原寺でも知識が結ばれていたらしく、「医王寺経」と呼ばれる奈良時代写経には「奉仕知識家原里」云々という奥書《おくがき》がある。それによれば、万福・花影という僧侶にいざなわれた家原里の人々は、力を合わせて大部の経典を書写するとともに、大和川にかかる河内大橋の建設に貢献したらしい。家原寺がこの知識集団によって整備されたことも、たやすく想定できよう。このように、河内国中部は仏教がきわめて盛んな土地柄で、造寺・造仏・写経、さらには社会事業までが知識の手によって行なわれていたのである。聖武天皇は盧舎那仏の偉容に驚いただけでなく、それが知識の力によって完成されたことに感じ入ったのであろう。

奈良時代には知識写経がしばしば行なわれ、実例も二〇例近く伝わっている。それらを調べてみると、知識はやはり河内国を中心とする畿内地域に顕著であって、伊勢・美濃《みの》・播磨《はりま》などの周辺諸国にも広がっていた。仏都平城京の影響圏と言ってもよく、行基の活動範囲と重なり合う。行基の布教活動はこうした地域性ゆえに可能だったのであろう。そして彼と同じような「ミニ行基」が畿内・近国の各地で活動し、仏都と地域社会を往還する官大寺僧と提携しながら、豪族や民衆を仏道に導いていたと考えられる。

大仏造顕

天平十五年（七四三）十月十五日、聖武天皇は紫香楽宮において盧舎那大仏建立の詔を発した。知識寺行幸からすでに三年半が経ち、この間に国分寺建立が命じられたわけだが、大仏建立詔がこの時点で出されたのは何故であろうか。一つには、紫香楽という盧舎那仏造顕にふさわしい地を、聖武がようやく見出したためかもしれない。また、盧舎那大仏が華厳経《けごんきょう》の教主と見なされたことからすれば、天平十二年以来、審祥《しんじょう》らを請じて華厳経学を修めていた良弁《ろうべん》が、天平十五年に至って聖武との結びつきを深めたことも、教学面での要因として十分想定できるところである。

聖武は次のように述べる。

仏法によって天下に幸いをもたらしたく、朕は菩薩の大願を発して、盧舎那仏の金銅像を造りたてまつる。国の銅を尽くして鋳造し、大山を削って堂を構えるが、その際には人民をあまねく「朕が知識」とし、ともに利益を蒙り、悟りに至るようにしたい。朕の力だけでもことは成就しようが、それでは形だけのものとなる。ついては、知識に加わる者たちよ、ぜひとも至誠を発し、思いを込めて協力してほしい。

聖武の基本理念は、知識の力で大仏を造顕すること、これに尽きていた。

四日後、聖武天皇は盧舎那大仏を造るため、寺地造成に着手した。このとき行基は弟子たちを率い、人々に協力を勧めたという。難波京・菩提院・恭仁京と、徐々に王権に接近してきた行基が、ついに聖武天皇と直接のつながりを得たのである。知識による造仏という理念を実現するためには、行基の存在は不可欠だったのであろう。大仏建立の思想的基盤は華厳経と知識であり、それぞれの推進力が良弁と行基だったと言ってもよい。

天平十六年になると、紫香楽の地は甲賀宮・甲賀寺を中心とする〈仏都ミニマム〉として整備されるが、まさにそれに対応して、玄昉《げんぼう》僧正の発言力が奪われていった。同年九月、僧《そう》綱《ごう》政の自律性を剥奪《はくだつ》する詔が出されたが、それは僧綱をたばねる玄昉の失権を意味している。翌天平十七年正月、行基が大僧正に抜擢され、玄昉の上位に位置づけられた。さらに同年十一月、玄昉は筑紫観世音寺に左遷される。またたく間の失墜は、おそらくは大仏建立への非協力的態度によるものであろう。聖武天皇はみずからの意志によって、玄昉の権力を奪い、良弁と行基を登用したものと思われる。「四聖《し しょう》御影《のみえ》」の構図はこうして組み立てられていった。

東大寺の成立

盧舎那大仏はブロンズの巨像であった。粘土を用いて大仏の原型となる塑像を造り、そこから外型をとり、さらに塑像を薄く削って内型とし、この外型・内型の間に銅を流し込んで鋳造《ちゅうぞう》するのである。紫香楽の大仏は天平十六年(七四四)十一月、塑像の心柱が立てられたことまでは確認できるが、その後どれほど工事が進んだかはわからない。翌十七年四月・五月になると山火事や地震が相つぎ、聖武天皇はついに紫香楽を去る。大仏原型の塑像が完成したことさえ、疑問としなければなるまい。

平城宮に戻った聖武は、全くあきらめていなかった。平城京東郊にあった大養徳国金光《やまとのくにこんこう》明寺《みょうじ》の地に大仏を造顕する計画を立て、還都後まもない天平十七年八月、さっそく工事を始めた。山林寺院であった金光明寺は根本的に改造された。壮大な平地伽藍《がらん》をもつ寺院に生まれ変わり、国分寺・大仏鎮座《だいぶつちんざ》寺院という二重の機能を付与されたのである。この地が選ばれたのは、聖武の信任あつい良弁が、華厳道場としての実績を着々と積んでいたことを思えば、きわめて自然なことではあった。行基もむろん造営に参画したと思われるが、その一方、難波宮に行幸した聖武につき従い、西成郡御津《みつ》村・津守村に御津院（大福院）を始めとする五寺院を建立している。これが行基四十九院の掉尾《とうび》を飾ることになった。

大仏殿から鐘楼に向かう「猫段《ねこだん》」を登ればよくわかるように、盧舎那仏が建立された平坦地は、東方から伸びてきた尾根を削って造成されたものである。いかに大工事であったかがしのばれるが、作業は着々と進んだらしく、天平十八年十月には聖武天皇・元正《げんしょう》太上天皇・光明《こうみょう》皇后が行幸し、盧舎那仏の燃灯《ねんとう》供養が行なわれた。一万五〇〇〇をこえる灯火がゆらめくなか、数千の僧侶が讃歎し、大仏の周囲を行道した。これは大仏原型塑像の完成を祝う儀と見られ、粘土製の盧舎那仏を拝した聖武は、深夜まで供養の場を去らなかった。

翌天平十九年九月、いよいよ大仏鋳造が開始された。金光明寺は封一〇〇〇戸という手厚い財源を施され、同年冬には「東大寺」という寺号に改められた。金鍾寺《こんしゅじ》・金光明寺と続いてきた聖武勅願《ちょくがん》寺院は、こうして日本最大の官大寺「東大寺」に変貌した。

鋳造作業はその後、二年にわたって続いた。長門国長登《ながのぼり》銅山から海上輸送された銅は、八度にわたる鋳造工程において四〇万斤（約二六八トン）以上が使用された。大仏殿近くで出土した木簡《もっかん》により、その一部が皇后宮職の銅であったこと、施薬院による治療がなされていたことなどが判明している。光明皇后も大仏建立に協力していたのである。そのほか全国の豪族からさまざまな物資や田地が寄進され、なかには位階・官職目当ての者も多かっただろうが、聖武天皇の「知識」理念は確かに実現されていたのである。

八幡入京

大仏建立に協力したのは人間だけではない。豊前《ぶぜん》の宇佐八幡《うさはちまん》神が託宣し、天神地祇《てんじんちぎ》を率いて援助することを約束したのである。宇佐八幡の祝部《はふりべ》が天平二十年（七四八）八月に叙位されているから、託宣は鋳造作業の最中のことであったらしい。天平勝宝《てんぴょうしょうほう》元年（七四九）十月に鋳造が終わると、八幡神は平城京に向かった。十二月、神は京内の梨原宮《なしはらのみや》に迎えられ、祝部の大神杜女《おおみわのもりめ》が東大寺に赴いて大仏を拝した。その後、神社が東大寺境内、鏡池の東方の地に建てられたが、治承《じしょう》四年（一一八〇）、平重衡《たいらのしげひら》の南都攻撃によって焼亡したため、千手院岡に移された。これが東大寺鎮守《ちんじゅ》・手向山《たむけやま》八幡宮の始まりである。

宇佐八幡神（に奉仕する神職団）の行動は、神仏習合《しんぶつしゅうごう》という思潮にのり、それを加速したものと言える。神祇が仏教を信じ、仏教によって救われるという考え方は、八世紀前期には各地で行なわれていたようだが、宇佐八幡神は大仏造顕への協力を王権から認められ、褒賞されたのである。神仏習合の国家的公認と言うべき出来事であり、これ以後、新しいイデオロギーとして深く列島社会に浸透していくことになった。

思えば、疫病大流行の前後から、実にさまざまなイデオロギーが登場したものである。長屋王の怨霊を公認した御霊《ごりょう》信仰、光明皇后による聖徳太子信仰、宇佐八幡神によって盛り上げられた神仏習合、さらに仏教については、金光明最勝王《こんこうみょうさいしょうおう》経による護国、行基に代表される知識運動の体制化、そして良弁《ろうべん》の華厳《けごん》教学。すべてが疫病の直接的影響とは言えないにせよ、大打撃を受けた列島社会の救済・復興に関わるものではあった。これらは四字年号時代から平安初期にかけてさらに深化し、新たな宗教体系を作り出していった。

新薬師寺

天平十七年（七四五）秋、難波宮に赴いた聖武天皇は体調を崩し、ついに重態となった。平癒を願って種々の方策がとられたが、なかでも注目されるのが、京畿内の諸寺・名山で薬《やく》師《し》悔過《けか》を勤修《ごんしゅ》せしめるとともに、全国に命じて六尺三寸の薬師仏七体の造像、および薬師経七巻の書写を行なわせたことである。

諸国がどのように対処したかは判然としないが、天平十九年三月、いまだ健康を回復できない聖武天皇のために、光明皇后が行動を起こした。彼女はおそらく天平初年ごろ、春日山中に香山《こうぜん》堂（香山寺）という山林寺院を建てていたが、それを山麓の平地伽藍へと発展させ、七仏薬師像を本尊とする新薬師寺《しんやくしじ》（香山薬師寺・香薬寺）を創建したのである。天平勝宝八歳（七五六）の「東大寺山堺四至図《とうだいじさんかいしいしず》」には長大な「新薬師寺堂」が描かれている。七体の薬師如来《やくしにょらい》を安置するため、浄瑠璃寺《じょうるりじ》（京都府木津川市）の九体阿弥陀堂《くたいあみだどう》がそうであるように、新薬師寺金堂はどうしても横長の堂宇《どうう》にならざるを得なかった。

この金堂は、十二神将《じゅうにしんしょう》像で知られる現在の新薬師寺本堂ではない。かねてより金堂はその西方にあったと考えられてきたが、二〇〇八年にまさしくその場所、奈良教育大学のキャンパス内で基壇遺構が発見された。いまだ全貌は判明していないが、推定される基壇規模は東西約六八メートル、南北約二五メートル。建物は単層で、正面の柱間が一三間、側面が四間と考えられる。確かに細長い堂宇であるが、基壇の正面（東西）幅は現在の大仏殿（江戸時代再建）とほぼ同じで、当時としても最大級の規模であった。そこに「七仏浄土」と表現される薬師群像、日光《にっこう》・月光《がっこう》菩薩像、十二神将像などが安置されたのである。ちなみに春日山の前身寺院・香山堂は、『延暦僧録』にその壮麗さが讃えられているが、こちらの遺跡も実に大規模で、杉林の中に平坦地や礎石が累々と残っている。

新薬師寺はこのようにして創建されていったが、視線を北方に移せば、そこでは東大寺の造営工事が続いていた。つまり八世紀半ば、平城京東郊の春日山麓では、南北二つのプロジェクトが同時進行していたのである。東大寺と新薬師寺はともに山林寺院が平地伽藍に発展したものであった。東大寺は天下の安寧を願い、新薬師寺は聖武の健康を祈る寺院であり、天平末年における聖武天皇・光明皇后の政治的役割をよく象徴していた。新薬師寺はほどなく「造東大寺司」という東大寺造営機構によって整備されるようになるが、それがいかなる政治的意味をもつのか、これからの調査・研究が期待される。

行基の入滅

天平二十一年（七四九）二月二日の夜、大僧正行基が入滅した。時に八二歳。聖武天皇に重用されても修行・布教を怠らなかった彼は、死に臨んで、右脇を下にして臥し、心乱れることがなかったという。終焉の地は平城京右京の菅原寺であった。大野《おおの》寺《でら》土《ど》塔《とう》の檀越《だんおつ》である土師《はじ》氏が、平城京内に営んだ氏寺と推定される。行基が知識の人々を率いて協力した大仏建立は、鋳造作業の最終段階に入っており、右京からもその火と煙は望見されたであろう。大仏開眼を見ることなく、行基は亡くなったのである。

二月八日、行基は慣れ親しんだ生駒の地で火葬された。おそらく生馬《いこま》院の一角であったろう。遺骨・遺灰は銅製の骨蔵器に収められ、多宝塔の地下に埋められた。数千と称された弟子たちは嘆き悲しみ、この塔への礼拝を欠かさなかった。彼らは行基の教えをよく守り、数十年経っても道場を護持して、修行と布教に努めたと考えられる。

竹林寺の行基墓　堺市文化財課提供

多くの民衆を仏教信仰にいざない、土木事業によって社会に便をもたらした行基は、やがて伝説化されていった。鎌倉時代には行基への信仰がいっそう高まり、その墓が開掘され、遺骨が拝されることになる。生馬院は中世律宗《りっしゅう》寺院竹林寺《ちくりんじ》に生まれ変わり、行基を慕う高僧がしばしば来訪した。行基墓には多宝塔が再建され、近世に文殊堂《もんじゅどう》に変わった。竹林寺に現存する行基墓は方形の高まりをもつが、これは中世・近世の建物基壇らしく、したがって天平末年に行基が葬られた位置をそのまま伝えていることになる。

知識による大仏造顕を願った聖武天皇にとって、行基の入滅はつらい出来事であったろう。前年夏に元正太上天皇が亡くなり、このたびは仏教の先達を失ってしまった。失意の聖武のもとに思いがけない朗報が届くのは、それから二〇日後のことであった。

第五章　四字年号時代

1　陸奥産金のインパクト

小田郡の黄金

天平《てんぴょう》二十一年(七四九)二月二十二日、黄金が出たという緊急報告が陸奥《むつ》国から届いた。東大寺大仏の鋳造はすでに最終段階にさしかかっていた。ブロンズ像が完成すれば、次に鍍《と》金《きん》(金メッキ)作業に移ることになる。しかし、これまで日本列島でまともに黄金が採れたことはなく、朝廷はさまざまに手を尽くしたが、いまだ必要量を確保できていなかった。光り輝く盧《る》舎《しゃ》那《な》大仏の完成が危ぶまれるなか、突然の朗報を得て、聖武天皇の歓喜はいかばかりであったろうか。

四月一日、聖武天皇・光明《こうみょう》皇后・皇太子阿倍《あべ》内親王はそろって東大寺に赴き、大仏鋳造現場に仮設された「前殿」に着いた。天子は南面するものであるが、このとき聖武は北面して大仏に相まみえ、みずからを「三宝《さんぼう》の奴《やっこ》」(仏教に仕えまつる者)と称して、陸奥産金を報告し、大仏の慈悲のたまものと感謝した。また、随行した群臣に対しては、国分寺建立・大仏造顕という二大事業を振り返りつつ、三宝と神祇《じんぎ》、および歴代天皇霊のおかげで金が出たのだと述べた。産金によって聖武の仏教信仰が深まり、さまざまな神霊の最上位に三宝が位置づけられたことが明らかである。四月十四日にはふたたびの東大寺行幸があり、このとき「天平感宝《かんぽう》」への改元がなされた。そして四月二十二日、陸奥守である百済王敬福《くだらのこにきしきょうふく》が平城京に上り、黄金九〇〇両を献じたのである。

　金が出たのは、当時の陸奥国のほぼ最北端、小田郡の地であった。現在の宮城県遠田《とおだ》郡涌《わく》谷《や》町に黄金山《こがねやま》神社があり、『延喜式《えんぎしき》』にその名が見える古社であるが、現地では「黄金宮」と呼んでいる。社殿には古代のものとおぼしき礎石が用いられ、周辺では多賀《たが》城や陸奥国分寺と同じ文様をもつ軒瓦《のきがわら》が見つかっている。また「天平」という文字を刻んだ、おそらく円堂頂部に据えられた宝珠や丸瓦も採集された。神社のそばを流れる「黄金沢」では今でも砂金が採取でき、ここが天平産金遺跡であることは疑いない。産金の地でこれを祝賀・感謝する仏堂が陸奥国司によって建てられ、神社がこれに並置されたのであろうか。

　陸奥守の百済王敬福は、百済王族の末裔である。そのもとで探索が続けられたところ、丈部大麻呂《はせつかべのおおまろ》・朱牟須売《しゅのむすめ》らが金を見つけ、戸浄山《へのじょうせん》が冶金《やきん》にあたった。彼らとともに、小田郡の私度僧《しどそう》や金を出した山の神主も褒賞《ほうしょう》を受けており、天平産金遺跡の仏堂・神社との関係がうかがわれる。百済王氏・朱氏・戸氏はいずれも渡来系氏族なので、産金が外来の技術によるものではないかという推測もなされている。

　陸奥産金をうけて定められた新年号は、とても斬新であった。聖武は「御代の年号に文字を加える」と言っており、「天平」に「感宝」を加え、宝の出現を祝ったのである。四字年号は中国の武則天《ぶそくてん》の事績をまねたものだが、日本では以後二二年にわたって用いられ続けた。特色あるひと続きの時代、「四字年号時代」がこのようにして開幕した。

太上天皇沙弥勝満

聖武天皇の三宝への帰依はいよいよ深まった。実は陸奥産金に先立って、現在知られる限りで二つ、新しい仏教政策が発令されていた。その一つが、天平二十年（七四八）八月に発《ほっ》願《がん》された諸国夏《げ》安居《あんご》である。夏安居とは毎年四月十五日から七月十五日まで、寺院にとどまって勉学・修行に励む行事であるが、聖武は諸国で夏安居を行ない、最勝《さいしょう》王経《おうきょう》を講説するよう命じた。その実施は翌天平感宝元年（七四九）からであり、改元の翌日が夏安居初日に当たっていた。

二つ目は、この年正月に始修された天下諸寺の悔過《けか》会《え》である。正月の七日間、本尊に罪過を懺悔《ざんげ》し、天下安穏を祈る法会《ほうえ》で、同時に金光明《こんこうみょう》経《きょう》が転読された。これを吉祥悔過とみる学説もある。ともあれ、こうした全国レベルの法会を発願したところ、三宝の加護と言うべき陸奥産金が起きたのであり、聖武の信仰心がいっそう高まったことは言をまたない。

夏安居のさなかの天平感宝元年閏五月、聖武は大安寺《だいあんじ》・薬師寺・元興寺《がんごうじ》・興福寺・東大寺ほか十二大寺に資財・墾田を施して、華厳経《けごんきょう》を根本とし、一切経《いっさいきょう》を転読・講説するための財源とした。注目すべきは、その詔《みことのり》において、聖武がみずから「太上天皇沙弥勝満《だいじょうてんのうしゃみしょうまん》」と称したことである。この点については、詔書の原本（大安寺宛のものらしい）が静岡県平田寺《へいでんじ》に伝わり、やはり同じ表現が見られる。つまり、詔書の日付である閏五月二十日には、出家して天皇位を退く意志を固めていたことが確認されるのである。そして二十三日、聖武は「薬師寺宮」に移った。出家の身として平城宮を離れ、薬師寺に入ったと考えられる。『扶桑略記《ふそうりやつき》』は同年正月十四日、聖武は平城宮中島院において行基《ぎようき》から菩薩戒《ぼさつかい》を受け、勝満と称したとする。それが事実としても、在家信者のままでいればよいことで、出家・譲位を行なう必要はない。『続日本紀《しよくにほんぎ》』に見える聖武の行動を追っていくと、やはり陸奥産金を直接のきっかけとし、閏五月二十日詔の発令に際して、出家と譲位を決意・表明したと考えるのがよさそうである。譲位の儀礼は七月二日に行なわれた。聖武の宣命《せんみよう》が述べ聞かせられ、これをうけて阿倍内親王が大極殿《だいごくでん》に即位し、孝謙《こうけん》天皇となった。聖武の薬師寺宮遷居から四〇日、その間に天皇聴政《ちようせい》がどう処理されたかは全くわからない。

こうして聖武は男性天皇として初めて譲位を行ない、史上初の男性太上天皇となった。出家して俗事に携わらない、つまり天皇権力に何ら関与しない太上天皇が出現したのである。天皇後見を重要な役割とした女性太上天皇とは、全く異質の存在と言ってよい。文武《もんむ》天皇が果たせなかった譲位を決行させた原動力は、聖武の篤い仏教信仰であったが、それを後押ししたのが「陸奥産金のインパクト」だったのである。

大仏開眼

大仏の鋳造作業は天平勝宝《しようほう》元年（七四九）十月に完了した。鋳造は下から順に、八度にわ

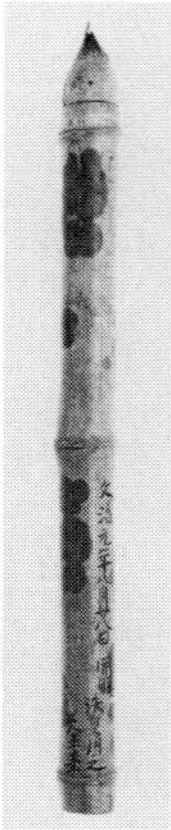

大仏開眼供養会に用いられた墨と筆、結縁の絹紐
墨は長さ52.5cm、筆の管長は56.6cm。
藍染の絹紐は、束の状態で伝わっており、全長は約198mと推定されている。正倉院宝物

たって鋳込んでいき、そのたびに外枠を固める土の山を高くしていったから、最終段階になると大仏は土の中に埋もれてしまう。聖武が陸奥産金を報告したとき、大仏は顔から上だけが見えていたはずである。そして二年正月から、この山を崩しながら仕上げ作業が行なわれた。湯道《ゆみち》や鋳バリなどの不要部分を取り除き、うまく銅が回らなかった部分には補鋳が加えられた。さらに四年三月、仕上げの終わった部分から、鍍金《ときん》作業が始まった。仏頭に螺髪《らほつ》を取りつけ、台座を鋳造する作業もこれに並行して行なわれた。仕上げ作業が完了したのは天平勝宝七歳正月のことであり、鍍金作業は天平宝字《ほうじ》六年（七六二）前後に終わったと推定される。使われた黄金の総量は一万四四四六両であった。

　大仏開眼は天平勝宝四年四月九日に行なわれた。まだ鍍金が始まったばかりであり、お

そらく仏顔だけが金色に輝くという状態だったと思われるが、仏教公伝二〇〇年目にあたる七五二年、そして仏陀が誕生した四月八日がわざわざ選ばれたのである。一日ずれて九日に開催された理由は不明であるが、『東大寺要録』には開眼師などを招請する文書が載せられ、そこには本来の予定日「四月八日」が明記されている。

この日、聖武太上天皇・光明皇太后・孝謙天皇は東大寺に行幸し、文武百官が付き従った。法要には一万人の僧侶が集められた。人々が座に着くと、開眼師の菩提僊那《ぼだいせんな》が仏前に進み、太い筆にたっぷり墨を含ませて大仏の眼を描いた。筆には絹紐がつけられており、参列者はその端をにぎって開眼に結縁《けちえん》した。ついで講師隆尊《りゆうそん》・読師延福《えんぷく》が高座に登り、華厳経の講説を行なった。さらにさまざまな楽舞が奏され、集まった僧俗の耳目を楽しませた。『続《しょく》日本紀《にほんぎ》』はこの儀について、「所作の奇偉なること、あげて記すべからず。仏法の東に帰してより、斎会《さいえ》の儀、いまだ嘗《かつ》てかくのごとく盛んなるはあらず」と最大級の讃辞を連ねている。なお、この開眼供養会に用いられた筆や紐、装束や楽器などは正倉院に現存し、近年、一万人の僧侶の名簿が残っていることも明らかにされた。

大仏の造顕とともに、東大寺の大伽藍《がらん》も着々と整備されていった。まず金堂（大仏殿）であるが、大仏鋳造終了後に建設が始まり、『東大寺要録』によれば天平勝宝三年に竣工した。高さが約四五メートル、正面幅が約八六メートルあって、今の大仏殿よりもずっと間口が広い建物であった。国分寺であることを象徴する七重塔は、西塔が天平勝宝五年、東塔が天平宝字末年に落成した。ともに一〇〇メートル（異本によれば約七〇メートル）近い高さをもつ巨塔で、このうち西塔は小丘のような基壇が現在もよく残っている。大仏殿が竣工すると、その北側で講堂と僧房の建設が始まった。講堂の完成は天平勝宝八歳ごろのことらしく、それから食堂《じきどう》や僧房が建てられていったのである。これらの工事を一手に担ったのは、前章でもふれた「造東大寺司」という大規模な令外官《りょうげのかん》であった。

金資源の確保

大仏の鍍金作業は天平宝字六年（七六二）前後に終わったらしいと述べたが、これは『東大寺要録』に見える作業工程から推算したものである。実際には、もっと前から完成のめどが立っていたようで、天平宝字四年に古代日本唯一の金銭「開基勝宝《かいきしょうほう》」が発行されたのも、陸奥の黄金を用いることが前提であったと思われる。このように七六〇年代になると、年間貢進額である九〇〇両前後の黄金が自由に利用できるようになり、王室財政は年々豊かになっていった。ここで「王室財政」と書いたのは、金・銀・珠・玉などの財宝類は天皇のもとに集積され、内蔵寮《くら》という内廷官司がこれを管理していたためである。その使用や下賜は天皇の意によって行なわれたから、陸奥産金は王権の経済力と威信を高める結果をもたらしたのである。

黄金が自由に使えるようになってきたころ、朝廷は東北政策を転換し、版図拡大をめざす姿勢をあらわにした。その目的の一つは、古代日本国のフロンティアであり、蝦夷《えみし》社会と境を接していた陸奥《むつ》国小田郡の金資源を確保し、あわよくば小田郡以北で新たな産金地を獲得することにあったと思われる。このため陸奥国では、天平宝字二年に桃生城《ものう》、神護景雲《じんごけいうん》元年（七六七）に伊治城《これはる》が造営された。桃生城は天平産金地の東一二キロ、伊治城は北二五キロにあり、まさしく産金地を防備するとともに、それぞれ海道（三陸海岸）・山道（北上川流域）の蝦夷を支配する拠点となったのである。ちなみに小田郡の北から北東にかけての地域には、中世～近世の金山や砂金採取地が広く分布しており、この方面に金資源を求めるのは確かに合理的な選択であった。

積極策への転換は出羽《でわ》国でも行なわれ、陸奥・出羽を直結する道路をおさえるべく、雄勝《おがち》城が建設された。雄勝と桃生の支配は歩調を合わせながら進められたが、実は雄勝の確保は、天平年間の版図拡大策を受けついだものであった。この事業は天平九年（七三七）の疫病流行によって中止され、天平宝字年間になって二〇年ぶりに再開されたのである。つまり、東北政策の転換は「疫病からの復興」を受けて行なわれたことになるが、新たに桃生城・伊治城を建設したことは、それだけでは説明しきれない。陸奥産金は朝廷の目をふたたび東北に向けさせ、資源確保をねらう新展開をもたらしたと考えられる。

しかし、朝廷の積極策はそれまでの「国境線」を踏みこえた侵略にほかならず、蝦夷社会の動揺と反発をまねいた。しかも蝦夷は北方交易の民でもあったから、金の価値をよく知っていたはずであり、産金とその全面収奪は大きな波紋をもたらしたであろう。やがて宝亀《ほうき》五年（七七四）、海道の蝦夷が桃生城を攻撃し、北辺地域は大混乱に陥った。宝亀十一年には蝦夷勢力が伊治城を襲撃し、按察使《あぜち》であった紀広純《きのひろずみ》を殺害、さらに余勢をかって国府多賀《たが》城を陥落させた（伊治呰麻呂《これはるのあざまろ》の乱）。こうして日本王朝と蝦夷勢力は全面戦争に突入し、「三十八年戦争」と呼ばれる長い戦いが続くことになった。因果の糸をたどれば、東北蝦夷戦争もまた「産金のインパクト」の結果なのであった。

黄金郷の原像

王権のもとに集められた黄金は、その後、何に使われたのだろうか。一部は器物や仏像などの製作に用いられたであろうし、また臣下に下賜されることも少なくなかったと思われる。このうち八〜九世紀の史料によく見えるのは、遣唐使や留学僧に対して、滞在費や文物購入費にあてるため賜与したという例である。宝亀七年（七七六）、前入唐大使の藤原清河《きよかわ》に砂金一〇〇両を与えたのが初見で、その後も価値が高く、携帯に便利な砂金は、唐土に赴いた人々にしばしば下賜されたのである。

言葉を換えれば、これは黄金が対外支払いに用いられたということである。さらに時代が下ると、博多に来航する中国海商への支払いに金が用いられるようになった。とりわけ顕著なのは「天皇の買い物」である。海商が到着すると、大宰府《だざいふ》は貨物リストを作成し、京に報告する。宮廷では必要物品を選び、進上を命じる。そして品物が届くと「返金使」が大宰府に赴き、金で決済したのである。天皇が先買いした後、一般の貴族・官人たちも交易を許されたが、彼らも支払いには金や絹を用いた。このように対外支払い手段（輸出品と言ってもよい）として金が用いられることは、八世紀後葉から始まり、九世紀を通じて拡大・一般化し、平安時代の国際交易システムの基本形となった。

その結果、日本は「黄金郷」として知られることになる。アッバース朝の地理学者イブン・フルダーズビーが九世紀に著した『諸道路と諸国の書』には、中国の東方にあるワークワークは黄金が豊かで、犬の鎖や猿の首輪まで金でできている、と書かれている。ワークワークとは「倭国」のことらしく、つまり九世紀の日本は金産出国として著名で、その評判がイスラム世界まで伝わっていたのである。マルコ・ポーロ『東方見聞録』が伝える黄金郷ジパングは、その原像が九世紀まで遡《さかのぼ》ると言ってもよい。

黄金郷イメージを生み出したのは金を用いた国際交易であり、それを可能としたのが陸奥産金であった。聖武天皇が悩んだように、八世紀前半までの列島社会では金が採れず、朝鮮諸国から輸入するしかなかった。朝鮮半島は金銀に満ちた地であるというのが、日本（倭）の伝統的認識だったのである。しかし、陸奥産金を契機にそれは百八十度転換し、金は輸入品から輸出品へと変わった。金のおかげで最新の文化が取り入れられ、ぜいたくな「唐物《からもの》」が宮廷を飾り、それがまた王権の威信を表わすことにもなった。

黄金による対外支払いは、八世紀後葉になって、全く別の方向で王権に求心力を与えることになるのだが、それについては後に述べよう。この点を含め、「陸奥産金のインパクト」は実にさまざまな側面で古代日本の社会・王権に影響をもたらしたのである。

2　光明皇太后と藤原仲麻呂

紫微中台

七四九年七月二日、聖武天皇の譲りをうけた皇太子阿倍内親王は、大極殿に即位して孝謙天皇となった。即位とともに改元がなされ、「天平勝宝《しょうほう》」という新しい四字年号が定められた。

聖武の譲位宣命には「政務が繁多なため、身体が耐えられない」とあるが、それまでに念願の出家をとげていたことはすでに述べた。このことに関し、称徳《しょうとく》天皇（孝謙重祚《ちょうそ》）は神護景雲《じんごけいうん》三年（七六九）になって、父の言葉を次のように伝えた。「朕（聖武）に仕える者たちは、同じような心で皇太后（光明）に仕えよ。そして朕の一粒種である皇太子にも二心なく仕え、護り助けまつれ。朕は身体がつらいので、皇太子に天皇位を譲る」とおっしゃった、と。光明皇后も天平勝宝九歳、「朕（聖武）が退位した後は、太后（光明）によく仕えよ」との言葉を伝えている。このように聖武天皇は譲位に当たり、皇后と皇太子の二人によく仕えまつれ、と官人たちに命じたのである。

それはなぜか。推察するに、自分は太上天皇となっても孝謙天皇を後見できないから、それに代わる後見者として光明皇太后を指名し、彼女の意志を何よりも尊重するよう命じたということなのであろう。これまで女性太上天皇が果たしてきた役割を光明皇太后が担い、娘の孝謙天皇の治世を支えるという構図である。光明は即位こそしなかったが、実質的には女性太上天皇と同じような国政権限を掌握したことになる。天皇権力の象徴である駅鈴《えきれい》・天皇御璽《ぎょじ》が皇太后宮に置かれたことも、光明の権力をよく物語っている。

光明皇太后のこうした権能を支えるため、紫微中台《しびちゅうだい》という官司が設けられた。皇后時代の光明には皇后宮職という家政機関が仕え、紫微中台はその職務を引き継いだが、新たに重大な職掌が付与された。それは「中に居りて勅を奉《うけたま》わり、諸司に頒《わか》ち行なう」と表現されるように、光明皇太后の執政を補佐し、その意志を伝達することであった。このため紫微中台は、孝謙天皇を輔弼《ほひつ》する太政官につぐ位置付けがなされ、のちに官名が改められた際にも、乾政官《けんせいかん》（太政官）―坤宮官《こんぐうかん》（紫微中台）と乾坤（天地）のセットで呼ばれたのである。紫微は唐の紫微省（中書省）、中台は中台（尚書省《しょうしょしょう》）に倣ったものらしいが、そもそも「紫微垣《えん》」とは天帝の座のことであり、天皇大権に関わる組織にふさわしい名称であった。

紫微中台は孝謙の即位後まもなく発足し、その長官紫微令《しびれい》には藤原仲麻呂《なかまろ》が任じられた。仲麻呂は武智麻呂《むちまろ》の次男、天平末年から頭角を現わしてきた新鋭の議政官で、このとき大納《だいな》言《ごん》・中衛大将《ちゅうえ》を兼任していた。政治的意欲に満ちた仲麻呂は、光明皇太后の信任を得て、やがて左大臣 橘 諸兄《たちばなのもろえ》や兄の右大臣豊成《とよなり》をしのぐ権力を獲得する。四字年号時代前半の政治史は、こうして光明皇太后―藤原仲麻呂を軸に動いていくのである。

聖武太上天皇の死

出家・譲位したのちも、聖武太上天皇の体調ははかばかしくなかった。天平勝宝七歳（七五五）の冬から病が重くなり、翌八歳になっても快復することはなく、ついに五月二日、聖武は五六年の生涯を終えた。『続日本紀』は「寝殿」で死去したと記しており、いつしか薬師寺から平城宮に戻っていたのであろうか。

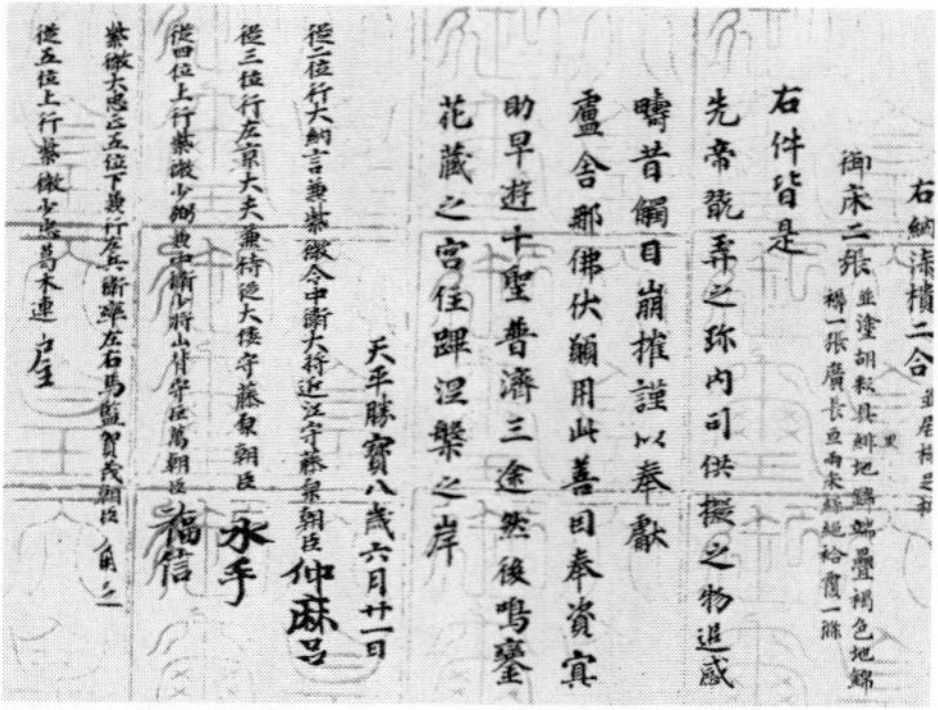
右納漆櫃二合
御床二張 並塗胡粉具緋地錦端疊褐色地錦 褥一張廣長並両床絁袷覆一條
右件皆是
先帝翫弄之珍内司供擬之物追感
曩昔觸目崩摧謹以奉獻
盧舍那佛伏願用此善因奉資冥
助早遊十聖普濟三塗然後鳴鑾
花蔵之宮住蹕涅槃之岸
天平勝寶八歳六月廿一日
従二位行大納言兼紫微令中衛大将近江守藤原朝臣仲麻呂
従三位行左京大夫兼侍従大倭守藤原朝臣永手
従四位上行紫微少弼兼中衛少将山背守巨萬朝臣福信
紫微大忠正五位下兼行兵部少輔左右馬監賀茂朝臣角足
従五位上行紫微少忠葛木連戸主

「国家珍宝帳」の結び　仲麻呂や永手の署名も見える。正倉院宝物

五月十九日、聖武はおそらく火葬され、佐保《さほ》山陵《やまのみささぎ》に葬られた。その儀礼は「仏に奉るがごとし」と評されたように、仏具や宝幢《ほうどう》・華鬘《けまん》などが供えられ、葬送の道では行道《ぎょうどう》の曲が奏でられたという。彼は出家の身であったから、歴代天皇のように諡《おくりな》が奉られることはなかった。「勝宝感神聖武皇帝《しょうほうかんじんしょうむこうてい》」という尊号《そんごう》、「天璽国押《あめしるしくにおし》開豊桜彦尊《はらきとよさくらひこのみこと》」という諡が追上されたのは、天平宝字《ほうじ》二年（七五八）八月のことである。

光明皇太后の悲しみは深かった。七七日《しちしちにち》にあたる六月二十一日、彼女は聖武遺愛の宝物を東大寺盧舎那《るしゃな》大仏に献上した。それは聖武が着ていた袈裟《けさ》九領に始まり、赤漆文欟木厨子《せきしつぶんかんぼくのずし》以下、書巻・楽器・大刀・弓箭《きゅうせん》・よろい・鏡・屛風などからなる、六百数十点の品々である。その目録「国家珍宝帳《こっかちんぼうちょう》」の結びには、「往時を思い出させる品ばかりで、目にすればくずおれてしまう」との思いが綴られ、大仏奉献によって聖武の往生・涅槃《ねはん》に資したいという願いが記されている。これらの珍宝は大仏殿に安置されたのち、正倉院北倉に収納され、その多くは正倉院宝物の優品として今に伝えられている。

東大寺に対しては、このほかにも手厚い措置が施された。春日奥山から春日野に至る広大なエリアが寺域と定められ（東大寺山堺四至図《さんかいしいしず》）、聖武の離宮や勅旨田《ちょくしでん》（御料田）が施入されて数多くの東大寺領荘園が生まれた。こうしたことは、すべて光明の意によるものと推定してよいであろう。紫微中台は天皇家家産の管理機構でもあり、聖武の遺産は光明によって管理・処分されたと考えられるからである。

六月二十二日、聖武太上天皇の周忌法要を東大寺で行なうこと、それまでに大仏殿回廊を完成すべきことが命じられた。諸国国分寺についても、一周忌までに本尊・金堂を造り終えることが厳命され、周忌法要に用いる幡《ばん》の頒布も行なわれた。国分寺と東大寺は、こうして聖武の死とともに格段に整備されることになった。晩年を仏教信仰に捧げた彼にとって、それはこの上ない供養だったと言うべきであろう。

廃太子と立太子

聖武の死の前後から、〈孝謙―光明―仲麻呂〉による国政掌握を良しとしない空気が漂い始めた。橘諸兄《たちばなのもろえ》は謀反を密告され、天平勝宝八歳（七五六）二月、左大臣の職を辞した。

その子の奈良麻呂《ならまろ》は同年四月、ふたたび大伴《おおとも》氏・佐伯《さえき》氏を糾合し、黄文《きぶみ》王を擁立する計画を練ったが、決行に至らなかった。聖武の死の直後には大伴古慈斐《こしび》・淡海三船《おうみのみふね》が左遷された。このとき家持《やかもち》は「族を喩《さと》す歌」を作り、大伴氏一族の自重を促している。

政変を予期したのか、聖武はその遺詔によって、新田部《にいたべ》親王の子・道祖《ふなど》王を皇太子に立てるよう命じたという。問題があれば廃太子《はいたいし》してもよい、という条件付きだったとされるが、皇太子擁立運動を押しとどめ、王権を安定させる方策ではあった。ただし、草壁《くさかべ》から続いてきた直系皇位継承を断念することも、この立太子は意味していた。

ところが天平勝宝九歳三月、道祖王は皇太子を廃された。皇太子らしからぬ言動をとったというのが名目であった。孝謙天皇と光明皇太后は群臣を召し、聖武の遺詔を示して廃太子に同意させた。さらに四月、新しい皇太子には誰がよいかと問うたところ、塩焼《しおやき》王（道祖王の兄）や池田王（舎人《とねり》親王の子）を推す者もいたが、孝謙は大炊《おおい》王を皇太子に立てることに決めた。大炊王も舎人親王の子で、立太子は〈孝謙―光明―仲麻呂〉ラインの意志によるものであった。仲麻呂には真従《まより》という息男がおり、粟田諸姉《あわたのもろね》を妻としていたが、真従が早世すると、仲麻呂は大炊王をこの諸姉と結婚させ、自分の邸宅に住まわせたのである。仲麻呂にとって大炊王はわが子と同様の存在であり、意のままに操れる傀儡《かいらい》であった。紫微令《しびれい》という地位を利用して光明皇太后を動かし、孝謙天皇を賛成させ、立太子を成功させたというのが実情であろう。なお、大炊王は「聖武天皇の皇太子」と位置づけられており、光明は彼を「吾が子」と呼び、自分が立太子・即位させたと述べたこともあるらしい。実質的な意志決定が、仲麻呂と光明によって行なわれたのは明らかである。

大炊王の立太子により、藤原仲麻呂の権力はいよいよ高まった。聖武太上天皇の周忌法要も終わった五月二十日、仲麻呂は紫微内相《しびないしょう》に任命された。その職掌は「内外の諸兵事」とされ、武官の頂点にあって軍事権を一手に握るポストであった。ただし、その名称は紫微中台《しびちゅうだい》長官にして内相（内大臣《ないだいじん》）でもあるというもので、光明皇太后・孝謙天皇を輔弼する職能は、仲麻呂の権力の源泉として、もちろん確保されていたはずである。

同じ日、養老《ようろう》律令が施行された。それは法制上の要請によるものではなく、養老律令を編纂した藤原不比等《ふひと》を顕彰する意味合いが強かった。また、仲麻呂が就任した内相（内大臣）は藤原鎌足《かまたり》の極官《きょっかん》（任じられた最高の官職）であり、鎌足が近江令を編纂したことも思い出される。仲麻呂は養老律令の公式解釈をみずから定め、鎌足・不比等が行なってきた法制整備を継承する姿勢を示したのである。ついで五月二十六日には、「鎌足」「不比等」という名を称することが禁じられた。仲麻呂は権力を握るとともに、藤原氏の祖先顕彰をすすめ、自分自身をその延長上に位置づけたわけである。数年後、藤原氏の『家伝』（鎌足伝・武智麻呂伝）を編纂したのも、同じような意図によるものと考えてよかろう。

橘奈良麻呂の変

不穏な情勢はなお消えなかった。天平勝宝九歳（七五七）六月、平城京に戒厳令が出され、氏の集会や武器携行などが禁じられた。しかしこの月、橘奈良麻呂は三度にわたって謀議を重ねており、二十八日、ついに山背《やましろ》王が謀反を密告した。

七月二日、孝謙天皇は反乱をいましめる詔を発した。さらに光明皇太后が、血縁関係にある藤原氏・橘氏、および「内の兵」である大伴氏・佐伯氏らに対して、懇々と教え諭した。ところが、奈良麻呂らの決起はその夜に予定されていた。それは、①田村宮《たむらのみや》（田村第）を包囲して内相藤原仲麻呂を殺し、皇太子大炊王を退ける、②光明皇太后の宮を襲撃し、天皇大権を裏付ける鈴印（駅鈴《えきれい》・天皇御璽《ぎょじ》）を奪う、③右大臣藤原豊成《とよなり》に政権を委ね、塩焼王・安宿《あすかべ》王・黄文《きぶみ》王・道祖《ふなど》王のいずれかを即位させる、といったものである。夕刻、上道斐太都《かみつみちのひだつ》という中衛舎人《とねり》の密告をうけて、藤原仲麻呂はクーデタ計画を掌握し、上奏して平城宮諸門を警衛した。さらに斐太都を誘った小野東人《おののあずまひと》を捕縛するとともに、廃太子道祖王の邸宅を包囲した。翌三日、右大臣藤原豊成らが小野東人を勘問したが、自白は得られない。密告された塩焼王・安宿王・黄文王・橘奈良麻呂・大伴古麻呂《こまろ》の五人は、御在所（皇太后宮か）に呼び出され、光明皇太后からふたたび諭された。それは「お前たちが謀反などするはずがないと思う。罪を許すから今後はこうしたことのなきように」という詔で、職務として伝えたのは藤原仲麻呂であった。光明皇太后は、それまでにも佐伯全成《またなり》の勘問を押しとどめたことがあり、寛大な措置をとるのが彼女の方針であった。

しかし翌日、小野東人がすべてを自白した。仲麻呂が徹底的な取り調べを命じたためらしい。先の五人以下、名前が挙がった者たちが召し出され、勘問を受けた。その結果、謀反のさまは明白となり、加担者が次々に捕縛された。さらに過酷な拷問が行なわれるうちに、黄文王・道祖王・大伴古麻呂・小野東人ら六人が叩き殺された。獄中に死ぬ者、配流に処される者も相次ぎ、処罰者は四四三人にのぼったという。首謀者奈良麻呂の死の様子がわからないのは、のちに仁明《にんみょう》天皇の曾祖父として復権し、『続日本紀』が改変されたためであろうか。また、右大臣藤原豊成も反乱を知っていたとして、大宰員外帥《だざいのいんがいのそち》に左遷された。辞職した左大臣橘諸兄もすでに世を去っており、仲麻呂はついに筆頭公卿の座に就いたのである。関係者の処罰、功労者の褒賞など、事後処置は着々と進められていったが、民間には「亡魂」、つまり怨霊に仮託してあれこれ噂を流す者もあったらしい。

天平宝字

橘奈良麻呂の変から一月ほど経った天平勝宝九歳（七五七）八月十三日、「五月八日開下帝釈標知天皇命百年息」という謎の文字列をなす、蚕の卵が献上された。さっそく解読（解説）が行なわれたところ、「神異」によってめでたい「霊字」が出現したということになり、第三の四字年号「天平宝字」への改元がなされた。まさしく、藤原仲麻呂の専制権力の確立を象徴する出来事と言うべきであろう。

それからしばらく、仲麻呂が主導した国政はめざましいものであった。重い租税負担であった雑徭《ぞうよう》を半減し、東国からの防人《さきもり》派遣を中止し、調庸運脚夫《ちょうよううんきゃくふ》に食料を与えるなど、民衆救済の措置をとるとともに、諸国の財源（公廨稲《くがいとう》・論定稲《ろんていとう》・義倉《ぎそう》）のシステムを整えた。問民苦使《もんみんくし》という諸国巡察の使者を派遣したのも、同じように地方政治を重視する意図によるものである。また、学問や武芸を奨励する制度を設けたり、かつての功臣の勲業を改めて宣揚することも行なっている。これらの多くは儒教的政治理念に立脚しながら、現実の政治・社会を改良しようとする積極的な施策であった。その際には唐の制度がよく参考にされており、中国文明を尊重した仲麻呂の面目躍如たるものがある。

天平宝字二年（七五八）八月、孝謙天皇が譲位し、皇太子大炊王が即位して淳仁《じゅんにん》天皇となった。長く天皇位にあると労苦が大きく、母の光明皇太后にお仕えすることもできないので位を譲る、と孝謙は述べた。このころ光明は病気がちで、孝謙はしっかり孝養を尽くしたいと考えたのである。むろん藤原仲麻呂にも歓迎すべきことであった。傀儡そのものの淳仁天皇を輔弼《ほひつ》する形式で、天皇大権を掌握できるからである。仲麻呂は大保《たいほ》（右大臣）となり、藤原恵美押勝《えみのおしかつ》の名を与えられた（本書ではこれ以後も「藤原仲麻呂」と表現する）。その後も唐風官名の採用、東北支配の拡大、新羅《しらぎ》侵攻の準備など、積極的な政治が続けられた。

なお、淳仁即位の直後、聖武天皇に「勝宝感神聖武皇帝」という尊号が奉られた。翌天平宝字三年には「聖武天皇」という呼称が見え、「聖武」はすぐに漢風諡号《しごう》として用いられるようになったらしい。それまでに存在した漢風諡号は「文武」だけであった。淡海三船によって「神武《じんむ》」から「元正《げんしょう》」に至る漢風諡号が一斉に撰進されたのは少し後、天平宝字末年のことと考えられ、ここにも中国文明への傾倒をうかがうことができる。

それでは、淳仁朝において、光明皇太后・孝謙太上天皇はどのような権能をもっていたのだろうか。この点を示唆するのが、淳仁が父の舎人親王に崇道尽敬皇帝《すどうじんけい》、母の当麻山背《たぎまのやましろ》に大《だい》夫人《ぶにん》の号を追贈した詔である。それによれば、この施策は光明が提案したものであったが、淳仁が孝謙に相談すると、御遠慮申し上げよ、との返事であった。しかし、度重なる光明の慫慂《しょうよう》によって、ついに追号を決めたという。儀礼的な部分もあるだろうが、天皇の意志形成に光明・孝謙の両者が口入したことは事実であろう。光明は立太子・即位を実現した「制度上の母」として、孝謙は女性太上天皇の通例として、それぞれ淳仁天皇への後見機能を果たしたと考えられ、傀儡天皇のまわりで〈孝謙―光明―仲麻呂〉の意見調整がなされ、国家意志が定立されていたのである。大保となって太政官に軸足を移した仲麻呂が、紫微中台《しびちゅうだい》といかなる関係にあったかは判然としないが、光明こそが究極の後ろ盾であることに変わりはなかった。

光明皇太后の死

天平宝字四年（七六〇）正月、孝謙太上天皇と淳仁天皇の臨席のもと、藤原仲麻呂は従一位を授けられ、さらに孝謙みずからの勅により大師《だいし》（太政大臣《だいじょうだいじん》）に任ぜられた。太政大臣は適格者がいないと置かれない「則闕《そっけつ》の官」で、高市《たけち》皇子以来、実に七〇年ぶりの任命である。おそらくこれが仲麻呂の絶頂期であった。

この正月の『続日本紀』には、孝謙と淳仁がいっしょに行動している記事がいくつか見える。その理由はおそらく、光明の病状悪化であろう。光明皇太后の執政が困難になったため、淳仁天皇への後見機能が、孝謙太上天皇に一元化されていったと考えられるのである。

光明の快復を祈って、三月に天神地祇《てんじんちぎ》の祭祀、閏四月に諸寺への喜捨が行なわれたが、効験はなかった。そして六月七日、光明は六〇歳にしてその生涯を閉じた。

聖武と同じく、光明は佐保山に葬られた。『延喜式』によれば、聖武の佐保山南陵の東に接して光明の佐保山東陵が営まれたらしい。戦国時代、多聞山城が築かれた際にかなり改変をうけたようだが、二人の山陵はいまも佐保川を望む丘陵に相並んで鎮まっている。ちなみに光明と藤原宮子の「御墓」が「山陵」と称されたのは天平宝字四年十二月のことで、藤原氏出身の皇太后《こうたいごう》・太皇太后《たいこうたいごう》を天皇に準ずる扱いにしたのである。

光明の追善のため、さまざまな仏教的施策が行なわれた。七七忌は東大寺と平城京諸寺で行なわれ、全国には阿弥陀《あみだ》浄土画像の製作と、称讃浄土経の書写が命じられた。また一周忌に向けて、光明ゆかりの平城法華寺《ほっけじ》には阿弥陀浄土院が造営され、諸国の国分尼寺では阿弥陀三尊が造顕された。光明の篤い仏教信仰は、国家的には国分寺・東大寺の建立をもたらし、興福寺や法隆寺の整備にも寄与したが、彼女の個人的な願いは、母の三千代と同じく、阿弥陀浄土への往生だったのであろう。阿弥陀浄土院は浄土を思わせる美麗な施設であったが、現在ではその庭園の立石が一つ、水田のなかに遺るのみである。

3　空前の専制君主、称徳天皇

保良宮での不和

光明皇太后の死の前後、二つの王宮が史料上に現われてくる。その一つは近江国の保良《ほらの》宮《みや》、もう一つは大和国の小治田《おはりだ》宮である。

保良宮は滋賀県大津市の石山寺《いしやまでら》近くにあった王宮で、天平宝字《てんぴょうほうじ》三年（七五九）十一月に造営が始まった。しかし、その後しばらく保良宮の動静はわからなくなる。これに代わって、四年八月、淳仁《じゅんにん》天皇は小治田宮（小治田岡本宮）に行幸し、翌年正月まで滞在した。小治田宮は飛鳥北方、雷丘《いかずちのおか》の東麓にあり、飛鳥古京は「新京」と称された。大史局《たいしきょく》（陰陽寮《おんみょうりょう》）の奏上をうけて行幸したというが、光明の死後、平城宮の改造が始まったらしく、それに関係するものであろうか。その後、飛鳥の尼寺（小治田寺・葛木寺《かずらきでら》・豊浦寺《とゆらでら》・橘寺）に封戸《ふこ》が施入されたことから推せば、おそらく孝謙太上天皇も同行したのであろう。五年正月、淳仁らが平城宮に戻ると、今度は「保良京」の宅地が官人たちに班給された。そしてその冬、淳仁・孝謙はそろって保良宮に行幸した。平城宮の改作のための移動であったが、保良京は「北京《ほくきょう》」と呼ばれ、近辺二郡は「畿県《きけん》」として特別扱いをうけた。

こうして首都平城京・陪都《ばいと》難波京のほかに保良京が造営され、唐（三京ないし五京）や渤《ぼっ》海《かい》（五京）にも似た複都制が整備されていった。北京を近江国に置いたのは、藤原仲麻呂がこの国と深い関係をもっていたためと考えられている。
しかし天平宝字六年五月、保良宮で深刻な事件が起きた。淳仁天皇と孝謙太上天皇が不和に陥ったのである。保良宮で病気になった孝謙を、僧道鏡《どうきょう》が看病して治療したため、孝謙は道鏡に深く帰依《きえ》するようになったのだが、それを淳仁があれこれと批判し、ついに関係が決裂したという。淳仁は平城宮中宮院に、孝謙は尼になって法華寺に入った。そして六月初頭、孝謙は五位以上官人を朝堂院に召し集め、次のように宣告した。

光明皇太后は、草壁《くさかべ》皇子以来の皇統が絶えるのを案じ、女性ではあるが朕に天皇位を継がせて下さった。その後、今の帝を立てたが、朕に礼儀正しく従うこともなく、言うまじきことを言い、すまじき行ないをした。そうしたことを言われる道理はなく、別宮に暮らすほかはない。ただ、朕も拙劣だったのであろうし、菩提心を発すべき機縁だとも思って、出家し仏弟子となったのである。しかし国政については、今の帝は「常の祭祀と小事」だけを行なえ。「国家の大事と賞罰の二柄」は朕が行なう。

孝謙太上天皇の怒りはかくも激しく、尼の姿となりながら、国家大事と賞罰の決定という天皇大権の中枢部分を奪い取ったのである。第三章で述べたように、女性太上天皇による後見とは、案件決裁と人事処置の両面において天皇を輔弼《ほひつ》することであったが、孝謙はまさにその双方について、最終決定権を自己のもとに回収したと言えよう。天皇後見という女性太上天皇の役割は、こうして憤怒とともに投げ捨てられたのである。

藤原仲麻呂の乱

藤原仲麻呂《なかまろ》にとって、後ろ盾であった光明皇太后の死去に続き、淳仁天皇が権限を剝奪されたことは大きな痛手となった。淳仁を操ったとしても小事しか決められないし、光明を通じて孝謙太上天皇の意向を左右することもできない。もはや臣下の上首として、大権を握る孝謙に向き合うしか方策はなかった。とは言え、仲麻呂と孝謙の関係はさほど悪化していなかったから、仲麻呂は議政官をたばね、孝謙を輔弼《ほひつ》するという形式で、自分の意志をそれなりに実現することはできた。天平宝字六年（七六二）八月、藤原訓儒麻呂《くずまろ》らが中宮院に侍し、淳仁の勅旨を伝達することになったが、それ以外の上級官人はみな孝謙に侍候《じこう》し、彼女の意志の形成・発動に携わったと考えられる。

天平宝字六年十二月、藤原訓儒麻呂・朝獦《あさかり》が参議に加わった。先に任じられていた真先《まさき》とあわせ、仲麻呂息男のうち三人が議政官に列したことになる。しかし、人事異動や物故者を広く見わたすと、このころから仲麻呂の勢力が大きく下降し始めたのは明らかであった。危機感を抱いて工作したものか、八年正月の人事では、大伴家持・石上宅嗣《いそのかみのやかつぐ》・佐伯今毛人《いまえみし》といった反対勢力が左遷され、仲麻呂一族が衛府《えふ》や関国司（美濃守・越前守）に任じられた。さらに九月、仲麻呂は孝謙にそれとなく申し出て「都督四畿内三関近江丹波播磨等国兵事《ととくしきないさんげんおうみたんばはりまとうのくにへいじ》使《し》」に就任し、畿内・近国の軍事権を一手に握ろうとしたのである。

このとき仲麻呂は諸国にあてた文書を改竄《かいざん》し、自分の兵力を増強しようと謀った。また、淳仁の兄弟にあたる船《ふね》親王・池田《いけだ》親王と密議をこらし、クーデタを計画していた。ターゲットはむろん孝謙太上天皇である。しかし、策謀はすぐ漏れた。密告を受けた孝謙は中宮院の鈴印を奪い、仲麻呂が諸国に号令できないようにした。これを知った仲麻呂は、一族・与党を率いて近江国府をめざし、軍事拠点にしようとしたが、追討軍にさえぎられて断念。ついで越前国に向かうも、敗退を重ねた。このとき仲麻呂は氷上塩焼《ひかみのしおやき》を天皇に擁立し、自分の息子たちに品位（親王の位）を与えたらしい。やがて近江国高島郡（滋賀県高島市）の琵琶湖岸において、反乱勢力と追討軍は最後の激戦を繰りひろげたが、ついに仲麻呂は捕縛され、首をはねられた。斬首された妻子・徒党は三四人にのぼったという。

太政大臣《だいじょうだいじん》正一位として栄華を極めた藤原仲麻呂は、一夜にして逆賊となり、秋の西近江路で悲惨な最期をとげた。一方、孝謙太上天皇は機敏な初動、そして腹心吉備真備《きびのまきび》のすぐれた軍事作戦によって反乱を鎮圧し、いよいよ強大な権力を手にした。十月、孝謙は中宮院を包囲させ、淳仁天皇を廃位した。淳仁は親王となって淡路《あわじ》国に幽閉され、また仲麻呂に通じた船親王・池田親王もそれぞれ隠岐《おき》国・土佐《とさ》国に流された。こうして孝謙太上天皇はふたたび天皇位についた。重祚《ちょうそ》後の彼女を、ふつう称徳《しょうとく》天皇と呼んでいる。

称徳天皇と道鏡

藤原仲麻呂の乱によって、議政官に大変動が起きた。大師仲麻呂、息男の真先《まさき》・訓儒麻《くずま》呂《ろ》・朝獦《あさかり》、弟の巨勢麻呂《こせまろ》（以上参議）、さらに中納言氷上塩焼が殺され、代わって右大臣藤原豊成《とよなり》が復権し、藤原永手《ながて》（房前男）・白壁王《しらかべおう》（後の光仁《こうにん》天皇）・藤原真楯《またて》（房前男）・吉備真備らが廟堂に顔を連ねた。称徳に忠実な者ばかりである。

しかし何よりも注目すべきは、僧道鏡が「大臣禅師《だいじんぜんじ》」に任じられたことである。称徳は「朕は髪をそり、袈裟を着ているが、国政を執らないわけにはいかない。天皇の出家は経典にも説かれているところで、何の支障もない。天皇が出家している世には、出家した大臣もあるべきだと思う」と述べている。仏教への信仰心が昂じて、尼の天皇に僧の大臣という前代未聞の政権が生まれたのである。

このとき、称徳天皇を後見する者は誰もいなかった。父母はともに亡く、知《ち》太政官事《だいじょうかんじ》をつとめるような有力な皇親も存在しない。草壁直系の皇位継承はすでに破綻し、「女性天皇による中継ぎ、女性太上天皇による後見」というシステムも機能停止していた。この上ない高貴な血統と藤原仲麻呂をひねりつぶした政治的実力によって、称徳は空前の専制権力を打ちたてたが、彼女を導き護ってくれるのは仏法の師、道鏡だけであった。

称徳はまた、淳仁天皇を廃した詔において、「わが先帝は朕に『天下をお前に授ける。王を奴《やっこ》とすることも、奴を王とすることも、すべてお前の自由なのだ』とおっしゃった」と語った。これは彼女の切り札と言うべき言葉であり、聖武天皇の権威を前面に押し出しながら、自分の意のままに天皇を廃立すると宣言したのである。天平宝字八年（七六四）十月、しばらく皇太子を定めないと述べたのも、専制の一端にほかならない。

翌年正月、内乱平定は神霊の加護によるものであるとして、四番目の四字年号「天平神《じん》護《ご》」への改元が行なわれた。この年も多難であった。二月、淡路《あわじ》公《こう》(廃帝大炊《おおい》親王)が逃亡を企て、その復権をめざす勢力の動きが察知された。八月になると、舎人《とねり》親王の孫である和《わ》気《け》王の謀反が露見した。怨敵の「男女二人」(道鏡と称徳)の死を願い、呪詛を行なったという。和気は伊豆に流される途上で絞殺された。与党はみな許され、称徳はそれを「朕が師大臣禅師」の教えによるものだと言ったが、道鏡を持ち上げるための演出か、あるいは実際の補佐・教導によるものか、よくわからない。そして十月、称徳が紀伊国に行幸したところ、紀淡海峡の向こうでは淡路公が逃亡し、国司に捕らえられて死んだ。計画的な暗殺であろうか。数日後、和泉国日根郡の深日《ふけひ》行宮に称徳が着いたところ、淡路島の方角は暗がりわたり、すさまじい風雨が吹き荒れたという。

　こうして不満分子の排除は順調に進んだ。そこで天平神護元年(七六五)閏十月、称徳天皇は道鏡を太政大臣禅師に任命し、さらに翌二年十月、隅寺《すみでら》(海竜王寺)で仏舎利が出現したというので、それを理由として彼を法王《ほうおう》位につけた。月料(衣食の供献)は天皇に準ずることとされ、道鏡の居所は「法王宮《ほうおうぐう》」と呼ばれることになった。

　称徳天皇の治世はよく「道鏡政権」と呼ばれる。「政《まつりごと》の巨細《こさい》、決を取らざるはなし」と評されたように、道鏡が称徳の意志形成に関わったことは事実であろう。しかし、大臣禅師に任命したとき、称徳は「これは仏法を盛んにするためであり、禅師を俗務に煩わせることはしない」と述べており、実際にも道鏡が太政官政務に関わった形跡は見られない。天皇大権は専制君主称徳が掌握しており、そのなかで道鏡の意を汲んだ仏教政策が展開され、一方で藤原永手や吉備真備の建言をうけて、儒教的・現実的な施策が行なわれたというのが実情ではなかろうか。唐風官名の廃止、勤務評定システムの変更など、藤原仲麻呂の政策を否定することも少なくなかったが、外来文化を重んじる積極的政治を行なった点では、称徳天皇は仲麻呂と同じスタンスをとっていたのである。

宇佐八幡神託事件

天平神護三年（七六七）の六月から八月にかけ、しばしば瑞雲《ずいうん》が現われた。称徳天皇は神祇《じんぎ》・天皇霊・仏教のたまものと喜び、「神護景雲《じんごけいうん》」と改元した。この最後の四字年号において、「天平」の二文字はついに消えてしまった。

神護景雲三年（七六九）の朝賀《ちょうが》儀は称徳が大極殿《だいごくでん》に出御《しゅつぎょ》して行なわれたが、翌日、道鏡は西宮《さいぐう》前殿において大臣以下の拝賀を受けた。さらに七日節会は、称徳が法王宮に御して行なわれ、禄《ろく》としての摺衣《すりごろも》は道鏡から下賜された。このように道鏡が天皇と相並ぶような儀礼行為を行なうことは、それまで全く見られなかったところである。

夏五月、不破《ふわ》内親王（聖武皇女、氷上塩焼《ひかみのしおやき》の妻）と県犬養姉女《あがたいぬかいのあねめ》が結託し、称徳天皇を呪詛《じゅそ》したとの密告があった。佐保川にころがる髑髏《どくろ》に称徳の髪を入れて呪ったというから、彼女が尼削ぎ姿であったことが推察されるが、それはともかく、反対勢力はなお健在だったようである。のちに冤罪とされた事件であるが、ことの真相は闇の中にある。

その秋、大宰府で神祭りを行なっていた中臣習宜阿曾麻呂《なかとみのすげのあそまろ》が、宇佐八幡神の意向を伝えてきた。道鏡を皇位につければ天下太平となろう、というのである。称徳は和気清麻呂《わけのきよまろ》を宇佐に派遣し、神託を承ってくるよう命じた。しかし、神宮において、清麻呂の前に出現した身長九メートルもある神の言葉は、「国家開闢《かいびゃく》以来の君臣秩序を重んじよ。天皇家以外の者を即位させてはならぬ。無道の人はすみやかに排除せよ」というものであった。九月末、清麻呂がそれをそのまま奏上したところ、称徳と道鏡は激怒した。そして称徳は、清麻呂の報告を偽の神託と断定し、彼に別部穢麻呂《わけべのきたなまろ》という姓名を与え、大隅《おおすみ》国に配流したのである。

これが宇佐八幡神託事件のアウトラインである。道鏡を即位させよ、という最初の神託を誰が仕組んだのか、いろいろと議論がある。いずれにせよ、道鏡の待遇・行動は天皇に準ずるものとされつつあり、そうしたなかで称徳天皇は道鏡即位を望んだのだが、古来の皇位継承法とあまりに齟齬《そご》するため、支配層全体の無言の圧力を受け、不成功に終わったのである。〈称徳―道鏡〉の意に沿った斬新な皇位継承計画は、こうしてあっけなく潰えた。

称徳は心底から悔しかったらしく、数日後に長大な詔を発した。自分の地位は元正天皇と聖武天皇から与えられたものであること。天皇廃立を自由に行なってもよいと聖武から言われたこと。天皇位は求めて得られるようなものではないこと。くどくどと未練がましく述べた上で、金字で「恕」と書いた紫綾の帯を五位以上に下賜し、忠誠を求めたのである。みずからの地位と行為の正当性を再確認し、皇位をうかがう者を改めて抑圧する――道鏡即位を断念させられた称徳にとって、今できることはそれしかなかった。

称徳天皇の死

神護景雲三年（七六九）十月、称徳天皇は由義宮《ゆぎのみや》に行幸した。由義宮は河内国若江郡にあり、かつて弓削《ゆげ》行宮《あんぐう》と呼ばれていた。道鏡は俗姓を弓削氏と言い、この地は彼の故郷だったと見られる。称徳は由義宮を中心とする地域を「西京」とし、河内国を「河内職」に改称した。藤原仲麻呂の「北京」に対応する施策であったが、道鏡ゆかりの地を王都としたのは、宇佐八幡神託事件へのリベンジ、あるいは将来への布石であったのだろうか。

翌四年二月、称徳はまたも由義宮に赴いた。文武百官だけでなく、十二大寺の僧が付き従ったのはきわめて異例なことだった。「万世の宮」と讃えられた「西の都」には、由義寺（弓削寺）・龍華寺といった寺院が建ち並び、由義寺には新しく塔が建てられた。紫香楽《しがらき》の「新京」が甲賀宮・甲賀寺のセットを中心としたのと同じように、もしかするとこの「西京」も由義宮・由義寺を両軸とする〈仏都ミニマム〉だったのかもしれない。

しかし、称徳天皇は由義宮で体調を崩した。四月上旬に平城宮に戻ったが、すっかり病気がちとなり、聴政もできなくなった。群臣の謁見は許されず、吉備由利《きびのゆり》という女官だけが寝室に出入りし、国政案件の上奏を取り次いでいた。六月になると、左大臣藤原永手《ながて》・右大臣吉備真備《まきび》に七衛府を統轄させたが、万一に備えた措置だったのであろう。さまざまな方策も空しく、称徳天皇は神護景雲四年八月四日、平城宮西宮《さいぐう》の寝殿で死去した。

皇位継承をどうするかは、神託事件以来、全く方向が見えなくなっていた。しかし、藤原永手・吉備真備・藤原宿奈麻呂《すくなまろ》（のち百川《ももかわ》）といった政府首脳部は、平城宮内で緊急会議を開き、大納言白壁王《しらかべおう》を擁立することを決めた。永手は「遺宣」なるものを読み上げ、白壁王の立太子は先帝称徳の認めたところである、と言挙げした。

八月十七日、称徳天皇は高野山陵《たかののみささぎ》に葬られた。彼女を「高野天皇」と呼ぶのはこのためである。称徳を失った道鏡の運命は、もはや明らかであった。高野山陵で追善の祈りを捧げていたところ、皇太子白壁王の令旨で糾弾され、皇位をうかがう奸計《かんけい》ありとして下野《しもつけ》国薬師寺に左遷された。坂東の地で道鏡が死んだのは翌々年四月のことである。

『続日本紀《しょくにほんぎ》』は称徳の治世をこう総括する。「天皇は仏道を重んじ、つとめて刑罰を軽くした。最初の在位中には倹約を旨としたが、重祚《ちょうそ》ののちは道鏡に乗ぜられ、寺院造営に力を入れて財政難をまねいた。刑罰も厳しくなり、みだりに人を殺した」と。孝謙朝と称徳朝は全く異なり、倹約が浪費に、慈愛が厳罰に変じたというのである。しかし、称徳朝を否定しがちな桓武《かんむ》朝に書かれたこの評言を、どれほど信じてよいのか。悪いのはほんとうに道鏡なのか。評価は総合的・客観的に行なう必要があるが、現段階にして認められるのは、重祚後の称徳天皇が「空前の専制君主」であったという、その一点である。

4　変貌する王宮とイデオロギー

天平感宝元年《てんぴょうかんぽう》（七四九）に始まり、神護景雲《じんごけいうん》四年（七七〇）に終わった四字年号時代。ここまでその流れを、光明《こうみょう》皇太后・孝謙（称徳）天皇・藤原仲麻呂の動向に注目しながら追ってきた。四字年号時代の時代相として明らかに認められるのは、王権の専制化と中国文明への傾倒であった。それは政治や宗教にも深刻な影響を与え、平安時代につながるさまざまな要素を生み出すことになった。

後期平城宮

まず、平城宮の変化を見てみよう。第二章では前期平城宮の状況を述べたが、天平十二年（七四〇）に恭仁《くに》宮造営が始まると、平城宮も変化を余儀なくされた。王都は恭仁・難波《なにわ》・紫香楽《しがらき》を転々とし、平城に都が戻ったのは天平十七年五月である。それ以後を「後期平城宮」と呼ぶことにするが、前期から後期への変化には二つの方向性があった。

第一は、恭仁宮造営にともない、中央区の大極殿《だいごくでん》が撤去されたことの影響である。前期平城宮には二つの巨大ブロックがあり、中央区が「大極殿院—朝堂院《ちょうどういん》」、東区が「内裏《だいり》—朝堂院」からなっていたが、それが根本的に見直された。東区では、「内裏外郭正殿」が大極殿に生まれ変わり、その南の朝堂院とあわせて、瓦葺《かわらぶ》き・礎石建ちの建物になった。藤原宮によく似た「内裏—大極殿院—朝堂院」が再生したと言ってもよい。一方、中央区では大極殿

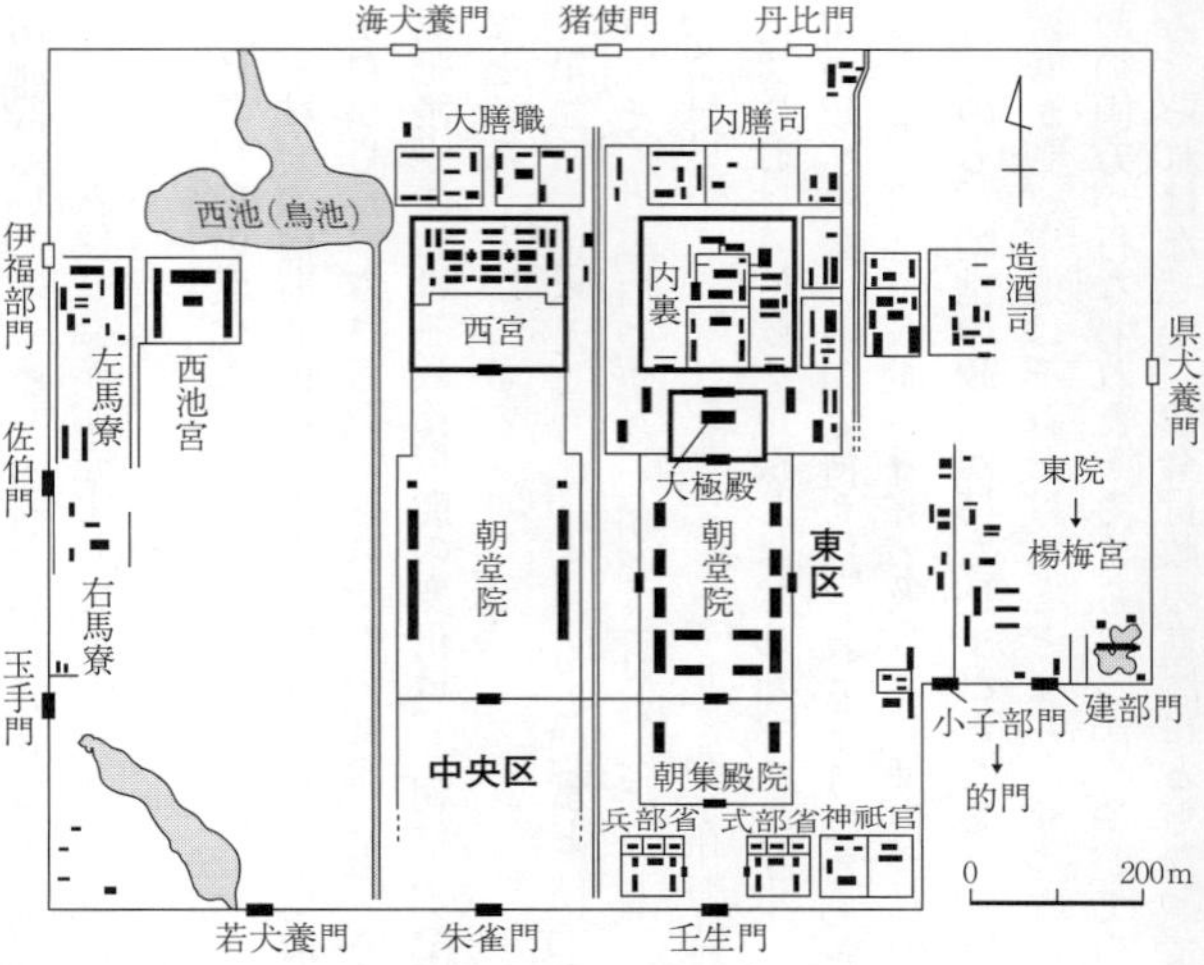

後期平城宮図　『岩波日本史辞典』を参考に作成

院が居住施設に改造され、朝堂院だけがほぼそのまま残された。その結果、同じ大きさの居住施設が、中央区と東区に並び立つことになった。東区のそれは天皇が暮らす「内裏」であるが、中央区の居住施設は「中宮院《ちゅうぐういん》」、のちに「西宮《さいぐう》」と呼ばれ、内裏と同じようなレベルの「御在所」であったと考えられる。

第二の方向性は、曹司《そうし》が充実してきたことである。巨大ブロックである中央区・東区の変化に連動して、曹司が移転されることも少なくなかったが、むしろ注目すべきは、曹司の改造である。建物に瓦葺き・礎石建ちのものが現われ、それらをコの字型に配置するなど、儀礼空間としての整備が行なわれたのである。厨房施設もいっそう整えられていったらしく、曹司の果たす役割が大きくなったのに比例して、その威儀や機能が充実していった様子がうかがわれる。

政務形態の変化

平城宮の構造変化は、考古学的調査によって解明されてきたところである。そして、文献史料から推察される政治システムの変貌とも、それはよく符合しているように思われる。八世紀後半における政務形態の変化は、「朝堂から内裏・曹司へ」「口頭から文書へ」の二点にまとめることができる。

第二章で述べたように、もともと朝堂とは「五位以上官人が天皇に侍候《じこう》する空間」であり、そこで「口頭決裁」がなされたのに対し、「律令官司の実務空間」であった曹司では「文書行政」が行なわれた。しかし、四字年号時代から王権の求心力が強まり、上級貴族は内裏における侍候を重視しはじめた。その結果、朝堂への参集は衰退していき、太政官・諸司の政務決裁は曹司に持ち込まれるようになった。「侍候は内裏へ、政務は曹司へ」というふうに、朝堂の機能が分解・吸収されていったのである。後期平城宮で曹司の威儀が整えられたのも、朝堂の政務が持ち込まれたことと無関係ではないだろう。

しかし、事態はそれだけにとどまらなかった。後期平城宮の曹司では、口頭決裁と文書行政の両方が行なわれたと考えられるが、やがて口頭決裁が形式化・儀礼化していったのである。それはなぜか。律令行政の進展にともなって、処理すべき案件は飛躍的に増え、法令や先例に沿った判断を下すことがますます求められるようになった。そうしたとき、「口頭の上申に対して口頭の決裁を下す」という、悠長でアバウトな方式ではとても立ち行かない。そこで決裁者が文書そのものをしっかり黙読し、次々に決裁を下していくという、全く新しい決裁方式が採用されたのである。こうした「口頭から文書へ」という変化は八世紀後半に始まり、九世紀前葉に完了した。それは律令文書制度の発達、すなわち文字文化の浸透によってもたらされたものなのである。

太政官《だいじょうかん》の聴政《ちょうせい》は曹司において、天皇の聴政は内裏において、文書を黙読する形式で進められるようになった。それぞれ平安時代には「南所申文《なんしょもうしぶみ》」「官奏《かんそう》」と呼ばれたが、これらの政務では議政官のトップが重要な役割を果たした。とりわけ天皇聴政においては、筆頭大臣はひとり天皇と対面し、国家意志の形成・伝達に関わったのである。そうしたことは天平宝字八年（七六四）の冬、つまり藤原仲麻呂の乱の直後に始まったらしい。称徳天皇の勅命を大《だい》納言《なごん》藤原永手《ながて》が奉じて、太政官符《だいじょうかんぷ》（太政官の命令文書）として施行したと推定されるのだが、もしかすると、この新しい政務形態を採用したのは称徳その人であったのかもしれない。臣下のトップを呼び寄せ、敏速かつ厳密に王権の意志を定め、即座に施行させることー―それはまさしく新時代の専制君主にふさわしい聴政のあり方であった。

次侍従

上級官人が朝堂でなく、内裏に侍候することは、八世紀を通じて進んでいった。最初は天皇側近官である「侍従《じじゅう》」や、天皇を護衛する衛府《えふ》官人が内裏侍候していたが、四字年号時代ごろから議政官にも広がっていったらしい。紫微中台《しびちゅうだい》の「中に居りて勅を奉《うけたま》わり、諸司に頒《わか》ち行なう」という職務は、天皇に対する太政官（議政官）の役割に通じるものであろうし、「中宮院」に侍候して淳仁《じゅんにん》天皇の勅旨を伝える官人が定められたのも、内裏侍候の進展を物語っている。議政官がしばしば内裏に詰めるようになると、そのための舗設・補佐・記録などが必要になるから、関係する下級官人も内裏に赴かざるを得なくなる。こうして内裏は、男性官人が日常的に出入りする空間になっていった。男子禁制が解かれた〈開かれた内裏〉は、後期平城宮において成立したと考えられる。

男性官人の内裏侍候を考える上で忘れてはならないのが、「次侍従《じじじゅう》」の制度である。律令で定められた侍従八人の制が拡大され、一〇〇人もの五位以上官人が選ばれて、天皇側近で奉仕させることが始まったのである。次侍従が初めて史料に見えるのは神護景雲四年（七七〇）で、やはり四字年号時代の出来事であった。

次侍従については、二点ほど留意しておくべきことがある。第一点は、五位以上官人の増加である。五位以上は「マヘツキミ」（天皇の御前〔ここでは朝堂〕に仕える者）と呼ばれ、八世紀初頭に約一五〇人であったものが、天平末年には二〇〇人前後となり、称徳朝になると三〇〇人を超えた。称徳天皇の積極的な官人登用によるものと考えられるが、ここまで多くなると、特権的な「マヘツキミ」の性格が薄れてしまう。そこで、そのなかから一〇〇人を選び、日常的に内裏侍候を行なわせて、王権の直接的基盤としたのであろう。言わば、「五位以上の朝堂侍候」が「次侍従の内裏侍候」に変化したのである。

第二の留意点は、次侍従に「節禄《せつろく》」が給付されたことである。節禄とは、年中行事である節会《せちえ》の参加者に与えられた禄のことで、年に数回もらえれば、かなりの収入になった。その支給は五位以上官人、とりわけ次侍従に手厚くされており、節禄制は次侍従制と不可分一体のものとして構想された可能性が高い。節禄には、大宰府《だざいふ》から貢上される綿（マワタ）が用いられたが、大宰府の貢綿システムは神護景雲三年に整備されており、次侍従制の始まりとぴたり時期が一致するのである。ではなぜ、大宰府の綿であったのか。それは四字年号時代の末ごろから、綿の役割が低下してきたためであろう。日本（倭）では古くから、海外の文物を購入するために綿を用いてきたのであるが、陸奥で黄金が出たことにより、支払手段は徐々に金へと転換していった。対外窓口である大宰府では、大量の綿を備蓄しておく必要が薄らぎ、京に送って有効活用しようということになったのであろう。つまり、陸奥産金によって大宰府の綿が京に呼び込まれ、それが天皇権力を支える次侍従制の財源になったと考えられる。陸奥の黄金はさまざまな方面で王権に求心力を与えたが、次侍従・節禄の制度もその一環だったのである。

神仏の混交

四字年号時代には、宗教面でも特筆すべき変化があった。基軸となったのは仏教である。儒教とならぶ国家イデオロギーであった仏教が、このころ顕著な展開を見せた。それは疫病大流行の前後に現われた動向がいっそう加速されたものであった。

まず、神仏習合《しんぶつしゅうごう》の深まりについて述べよう。神祇祭祀《じんぎさいし》は倭国のイデオロギー支配制度であり、祭祀権と統治権は切り離しがたいものであった。律令体制にもそれは引き継がれ、朝廷・王権は全国の神祇祭祀を統轄することにより、国土支配の伝統性・正当性を確保したのである。しかし、新たに仏教・儒教が国家イデオロギーの根幹に据えられると、古くからの神祇祭祀との間に軋轢《あつれき》が生じた。そこで有力な神々が仏教に帰依する、あるいは仏教を護持するという言説を用いて、新旧イデオロギーの調整がはかられた。やがて大仏造顕に宇佐八幡神が全面協力し、天平勝宝《てんぴょうしょうほう》元年（七四九）に平城京に入ると、神仏習合は国家公認の考え方となった。列島各地にめばえていた神仏習合の動きは、ここから一気に拡大し、社会に深く浸透していくことになる。

とは言え、神・仏のマツリはもともと時間・場所・奉仕者を異にしていた。だから、古代天皇がみずから神祇祭祀を行なっても、それが仏教信仰と交わることはなかった。仏に仕えるのはあくまで僧尼だったのである。聖武天皇が「沙弥勝満《しゃみしょうまん》」と自称すると同時に、天皇位を退いて薬師寺に入ったのも、神仏の混交を避けたものであろう。ところが天平宝字《ほうじ》六年（七六二）、孝謙《こうけん》太上天皇が出家し、尼として天皇大権を掌握したことが転換点となった。このときは淳仁《じゅんにん》天皇が神祇祭祀を行なったが、二年後に孝謙が重祚《ちょうそ》し、尼姿のまま称徳《しょうとく》天皇となると、神祇祭祀と仏教奉仕の関わりが深刻な問題となった。

おそらく最初の天皇親祭だったのであろう、天平神護《じんご》元年（七六五）の大嘗祭《だいじょうさい》にあたって、称徳天皇は次のように言い放った。

このたびの大嘗はいつもと違う。朕が仏弟子であるからだ。朕はまず仏法に奉仕し、次には神祇を敬い、さらに王臣・人民を慈しもうと、天皇位に復したのである。お前たちのなかには、神と仏は接触してはならないものだと考える者もいよう。しかし経典には、仏法を護り尊ぶものは神々だ、と書いてある。だから、僧尼と俗人が一緒になって神祇に奉仕しても、問題はない。今までのように忌む必要などないのだ。

「護法善神《ごほうぜんしん》」という仏教的知識を用いて、神仏の混交が正当化されている。稀代の専制君主は新しい神仏関係を提唱し、国家イデオロギーを整序しようとしているのである。道鏡の即位も、こうした考え方の延長線上にあった。仏教に奉仕する王権、仏教と王権を護持する神祇――「天平神護」とはまことに象徴的な四字年号であった。

神仏習合の深まりとは、日本古来の神祭りが、外来宗教である仏教によって「文明化」されたことの証しである。これを受容し、あるいは反発するうちに、「神道の自覚過程」が訪れる。神祇祭祀に特有のものが新たに見出され、やがて中世につながる神国意識が形作られていった。それはイデオロギー面における「国風文化」の生成であった。

仏堂としての大極殿

四字年号時代における天皇と仏教の関係を考える際に、どうしても見落とせないのは、大《だい》極殿法会《ごくでんほうえ》の問題である。

古代王宮での仏教法会は、大化改新直後の難波長柄豊碕宮《なにわながらとよさきのみや》に始まり、飛鳥諸宮や大津宮に受け継がれたが、藤原宮になるとあまり見えなくなる。恒例仏事は続けられていたはずだが、大がかりな国家的仏事はむしろ官大寺《かんだいじ》で行なわれるようになった。そうした状況は前期平城宮にも継承された。しかし、聖武朝に入るころからふたたび王宮法会が盛んになり、天平九年（七三七）には疫病流行を鎮めるため、大極殿で金光明最勝王経《こんこうみょうさいしょうおうきょう》が講説《こうせつ》された。これがおそらく史上初の大極殿法会であったと考えられる。

しかし、大極殿法会が一般化したのは四字年号時代のことであった。天平神護三年（七六七）正月、後期平城宮の大極殿において金光明最勝王経が講説されたが、その効験が認められたものか、翌神護景雲二年（七六八）から恒例行事になったのである。この法会はそのまま平安時代に受け継がれ、「大極殿御斎会《ごさいえ》」「宮中最勝会《きゅうちゅうさいしょうえ》」などと呼ばれた。正月八日から十四日までの七日間、諸大寺の僧侶を招いて金光明最勝王経の教義を説き、その年の安穏と豊穣を祈る行事であった。なお、昼に最勝王経講説がなされただけでなく、夜に吉祥悔過《きっしょうけか》が行なわれたことも特徴的で、これも天平神護三年に遡《さかのぼ》るのである。

大極殿御斎会の意味を知るためには、その空間構造を把握する必要があるが、幸いにも平安時代の儀式書に詳しい記事が見える。それによれば、御斎会の本尊は盧舎那《るしゃな》三尊《さんぞん》の檀像で

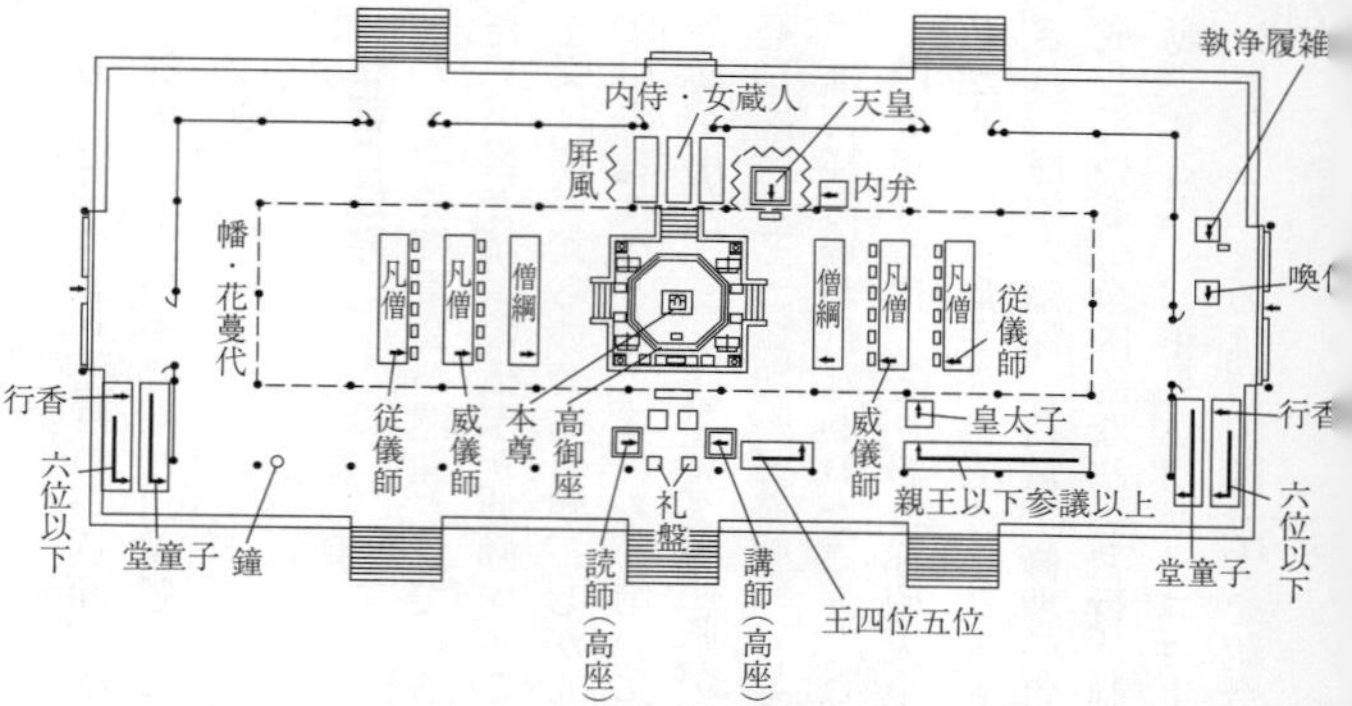

大極殿御斎会の空間構造　『奈良文化財研究所紀要2004』山本崇氏による

あった。この本尊仏は大極殿の中心にある高御座《たかみくら》、すなわち天皇位そのものと言うべき八角形の座に安置された。玉座が仏座に転用されたというわけである。また、高御座は方形の壇の上に据えられていたが、この壇には四天王の座、聖僧の座、金光明最勝王経を置く机などが設置され、まさしく須弥壇《しゅみだん》のような様相を呈した。さらに大極殿の内部は僧侶が居ならぶ内陣と、官人たちが聴聞するための外陣とにわかたれ、外陣のうち高御座の北東には、天皇の座（畳の御座）が南向きに敷かれた。あたかも仏教を護持する国王の立場を表わすかのようである。このように御斎会の期間においては、天皇支配を象徴する大極殿は、盧舎那仏を本尊とする巨大な仏堂に変貌していたのである。

御斎会にあたっては、大極殿を取りまく朝堂院回廊に、招請された僧侶たちの僧房が設けられた。また、彼らが食事するための食堂《じきどう》もすぐ近くにあった。つまり正月の一週間、講堂（大極殿）を中心におき、僧房と食堂をそなえる仮設寺院が、王宮の中心部に出現したことになる。こうした空間構造はおそらく称徳朝まで遡るものであろう。

仏都の爛熟

大極殿で御斎会が開催されている間、全国の国分寺でも金光明最勝王経の転読《てんどく》が行なわれた。王宮と諸国の仏事が連動することは、持統《じとう》九年（六九五）に始まった金光明経の読経会を受け継いだものであるが、しかし天平神護三年（七六七）にはいくつかの新しい要素が付け加えられたと考えられる。第一に「仏堂としての大極殿」には官大寺僧、国分寺には国分寺僧が出仕するという分業体制が確立したこと、第二にその分業に大極殿での講説（講経）、国分寺での転読（読経）というレベル差がつけられたこと、第三に王宮・諸国とも夜には吉祥悔過が行なわれたこと、などである。

四字年号時代、とりわけ称徳天皇の時代は国分寺制度の確立期であった。諸国国分寺は大仏建立や聖武周忌法会とともに整備されたが、称徳朝になると国分寺関係の法令が次々に出され、財源の確保、造営・修理の督促などが進められたのである。かくして諸国国分寺が完成していき、全国的な法会執行体制が整えられた。これをうけ、王宮仮設寺院と国分寺を連動させるべく、正月仏事がリニューアルされたものと考えられる。してみれば、王宮中枢部に仮設されたのは諸国国分寺を統合する寺院、すなわち「総国分寺」と評価できるのではないだろうか。ちなみに、中世には東大寺を「総国分寺」とする言説が現われるが、古代東大寺が諸国国分寺を総括・統合した形跡は全くない。

「大極殿―国分寺」という法会の連動は、国政が「大極殿―国庁」で統轄されることとも照応していた。正月の朝賀、毎月の告朔《こうさく》（行政報告）といった儀礼は、大極殿と国庁でほぼ同時に行なわれていた。つまり、大極殿は聖・俗両世界における全国統合装置であったと考えねばならない。正月の一週間、天皇は大極殿の玉座を盧舎那《るしゃな》仏に譲り、後方から護持・聴聞しながら、仏国土の統合と安寧を祈ったのである。

ここで平城京に目を向けてみると、遷都からすでに半世紀が経ち、仏都としての爛熟期が訪れていた。官大寺や氏寺が甍《いらか》をならべ、檀越《だんおつ》としての天皇・貴族だけでなく、広く都市民衆の信仰を集めていた。なかでも目を引くのは、厳密には仏都の内ではないが、清らかな東の山辺に建てられた東大寺と、平城宮の西方に新造された西大寺《さいだいじ》である。東大寺は四字年号時代に整備が進んだ。大仏殿と東西七重塔を中心とする大伽藍では、華厳経《けごんきょう》・金光明最《こんこうみょうさい》勝王経《しょうおうきょう》の教義に基づく鎮護国家の法会が執り行なわれた。二月堂・三月堂・天地院などの山林堂宇は、東大寺前史を受け継ぎ、悔過《けか》や講説を行なう場として独自の地位を保っていた。一方、西大寺は天平宝字八年（七六四）、藤原仲麻呂《なかまろ》の乱を鎮圧するため、孝謙太上天皇が四天王像の造顕を発願したことに始まる。その後、称徳朝を通じて造営が推進され、薬師金堂・弥勒金堂・東西五重塔をもつ華麗な伽藍が姿を現わしていった。西大寺とセットになる尼寺として、西隆寺《さいりゅうじ》も建てられた。現在、西大寺・西隆寺の伽藍のほとんどは市街地になってしまったが、西大寺は中世律宗《りつしゅう》寺院として再生し、法灯を今に伝えている。本堂前の巨大な東塔基壇は、かつての偉容をしのばせるに十分である。

四字年号時代とはこのような時代であった。疫病からの復興が進められ、耕地開発と陸奥産金によって財政は豊かになっていった。王権への権力集中、仏教・儒教文化への没入がこれに連動し、きわめて創造的・先鋭的な営みが続いた。称徳天皇の到達点は「奈良時代の袋小路」などではなく、「平安時代へと続く高い尾根」だったのである。

第六章　桓武天皇

1　光仁から桓武へ

光仁天皇

七七〇年十月一日、皇太子白壁《しらかべ》王は大極殿《だいごくでん》に即位し、光仁《こうにん》天皇となった。これとともに宝亀《ほうき》改元が行なわれ、四字年号時代は名実ともに終わった。

光仁天皇は天智《てんじ》天皇の孫である。父は施基《しき》親王、母は紀橡姫《きのとちひめ》と言い、天武《てんむ》天皇の血を全く受けていなかった。四字年号時代は政変が相次ぎ、皇親たちが次々に排除されるなか、白壁王は酒に溺れて器量を隠していたという。それが本当かどうかはともかく、彼は天平宝字《てんぴょうほうじ》年間になって昇進を重ね、同六年（七六二）に中納言《ちゅうなごん》に就任した。称徳《しょうとく》死去の時点では正三位大納言《だいなごん》として、左大臣藤原永手《ながて》・右大臣吉備真備《きびのまきび》につぐ地位にあった。

藤原永手らが白壁王を擁立した理由は、その妻が聖武《しょうむ》天皇の皇女・井上《いのえ》内親王であり、二人の間に他戸《おさべ》という子がいたことであろう。聖武の子孫はもうほとんど残っていなかった。夫人県犬養広刀自《あがたいぬかいのひろとじ》が産んだ井上内親王・不破《ふわ》内親王、そして井上の子に他戸、不破の子に氷上真人志計志麻呂《ひかみのまひとしけしまろ》・川継《かわつぐ》（二人は同一人物か）がいるだけである。ところが、不破と志計志麻呂は厭魅《えんみ》事件で処罰されており、聖武の血を引くまっとうな皇親は井上・他戸のみであった。「夫が生存している女性天皇」は前例がないため、井上内親王が即位することも難しく、そこで永手らは気心の知れた白壁王をかついだものと考えられる。このとき光仁天皇は六二歳、井上内親王は五四歳。光仁が先に死去した場合、井上が中継ぎの女性天皇に立つことも十分あり得たであろう。

宝亀元年十一月、光仁天皇は施基親王に天皇号を追尊するとともに（御春日宮《かすがのみや》天皇）、井上内親王を皇后に立てた。さらに翌二年正月、他戸親王を予定どおり皇太子とした。平城宮の調査研究によって、光仁朝から内裏《だいり》の構造が変化し、内部に初めて皇后宮が設けられたことが判明している。井上内親王の御在所は内裏のなかに置かれたわけだが、これを皇后権力の独立性が奪われたと評価するか、はたまた皇后が内裏に確固たる基盤をもったと考えるか、興味深い問題と言えよう。

光仁は即位後しばらく、四字年号時代の政策を否定することが少なくなかった。令外官《りようげのかん》を廃止したり、山林・寺院での私的法会《ほうえ》を許したり、墾田永年私《こんでんえいねんし》財法《ざいほう》の停止を解くなど、その内容は多岐にわたった。橘 奈良《たちばなのなら》麻呂《まろ》の乱や藤原仲麻呂《なかまろ》の乱による処罰者をすべて赦すことも行なっている。また、諸国の吉祥悔過《きつしようけか》も停止されたが、これはわずか二年で復活した。大極殿御斎会《ごさいえ》はそのまま存続したと考えられるし、西大寺《さいだいじ》・西隆寺《さいりゆうじ》の造営も着々と進められていた。つまり、四字年号時代が根本から否定されたわけではなく、多くの施策は時代の趨勢にかなったものとして、光仁朝以降にも継承されていったのである。

山部親王の立太子

光仁朝初頭の皇位継承計画は、しかしすぐに挫折した。宝亀三年（七七二）三月、何度も光仁天皇を呪詛《じゆそ》したとして、井上内親王が皇后を廃された。ついで五月、謀反《むほん》大逆人の子であることを理由に、他戸親王が皇太子を廃され「庶人」となった。それをうけて四年正月、山部《やまべ》親王が皇太子に立てられたが、このことについては後に述べる。四年十月、光仁の姉である難波《なにわ》内親王が死去すると、やはり井上の呪いのせいであるとされ、彼女は他戸とともに大和国宇智《うち》郡（現奈良県五條市）に幽閉された。そして六年四月、井上・他戸は同じ日に死亡したが、暗殺であることは言うまでもなかろう。

皇位継承の構想がかくも簡単に変更されたのは、なぜであろうか。二人を排除するプロセスを見れば、主な標的が井上内親王であったことは明白である。死後、井上ばかりが御霊《ごりよう》として恐れられたのもそのためであろう。立后後まもなく、聖武皇女の高貴な血統がなんらかの理由で問題化したものと考えられる。『日本後紀《にほんこうき》』によれば、他戸は暴虐な皇太子で、母后とともに、光仁とはきわめて不仲であったという。それが事実の一端を伝えているとすれば、最高の尊貴性を自他ともに認め、今後の王権を左右しうる井上内親王が、老帝の早い死を望む、またはそう邪推されることが、実際にあったのかもしれない。彼女は「皇子をもつ称徳天皇」になりたかったのであろうか。

議政官のメンバーも替わっていた。井上内親王の立后から廃后までの間に、左大臣藤原永《なが》手《て》が死去し、右大臣吉備真備は老年のため退任した。かわって大中臣清麻呂《おおなかとみのきよまろ》が右大臣に任ぜられ、藤原氏では良継《よしつぐ》が内臣、魚名《うおな》が大納言、縄麻呂《ただまろ》が中納言に進み、継縄《つぐただ》・田麻呂《たまろ》のいる参議の末席に百川《ももかわ》が加わった。このうち良継・百川はともに藤原式家《しきけ》に属し、光仁天皇から厚い信頼を得たが、彼らは光仁の皇子・山部親王に目をつけ、接近した。とりわけ百川は、権謀術数をめぐらせて山部の立太子に尽力したらしく、その故事は寛平《かんぴょう》二年（八九〇）、太政大臣藤原基経《もとつね》から宇多《うだ》天皇に綿々と語られている。

山部親王は天平九年（七三七）、白壁王と和新笠《やまとのにいがさ》の間に生まれた。新笠が出た和氏は、百済武寧王《くだらぶねいおう》の末裔と称する渡来系氏族で、当時の意識では劣った血統であった。父白壁王も天智天皇の孫王であったから、山部が天皇になることなど、本来はありえなかった。しかし他戸が廃太子されたとき、聖武系皇親で皇太子にふさわしい者はおらず、それ以外の天武系皇親も死亡、または臣籍降下した者ばかりであった。そこで次善の策として、光仁天皇の皇子から候補が選ばれ、三七歳の山部親王が立太子したのであろう。

ここに至って、皇統は天武系から天智系に移ることがほぼ定まった。〈天武―草壁―文武―聖武〉と続いた血統も絶えかけていた。しかし、天智系皇統に権威が備わったわけでは全くなく、光仁天皇は議政官たちと協調しなければならなかった。国政上はそれが功を奏した。藤原百川・縄麻呂・良継らの建言を用い、中央でも地方でも無駄を省きつつ、財政・民政・軍政にわたる積極的な政策が展開されていったのである。

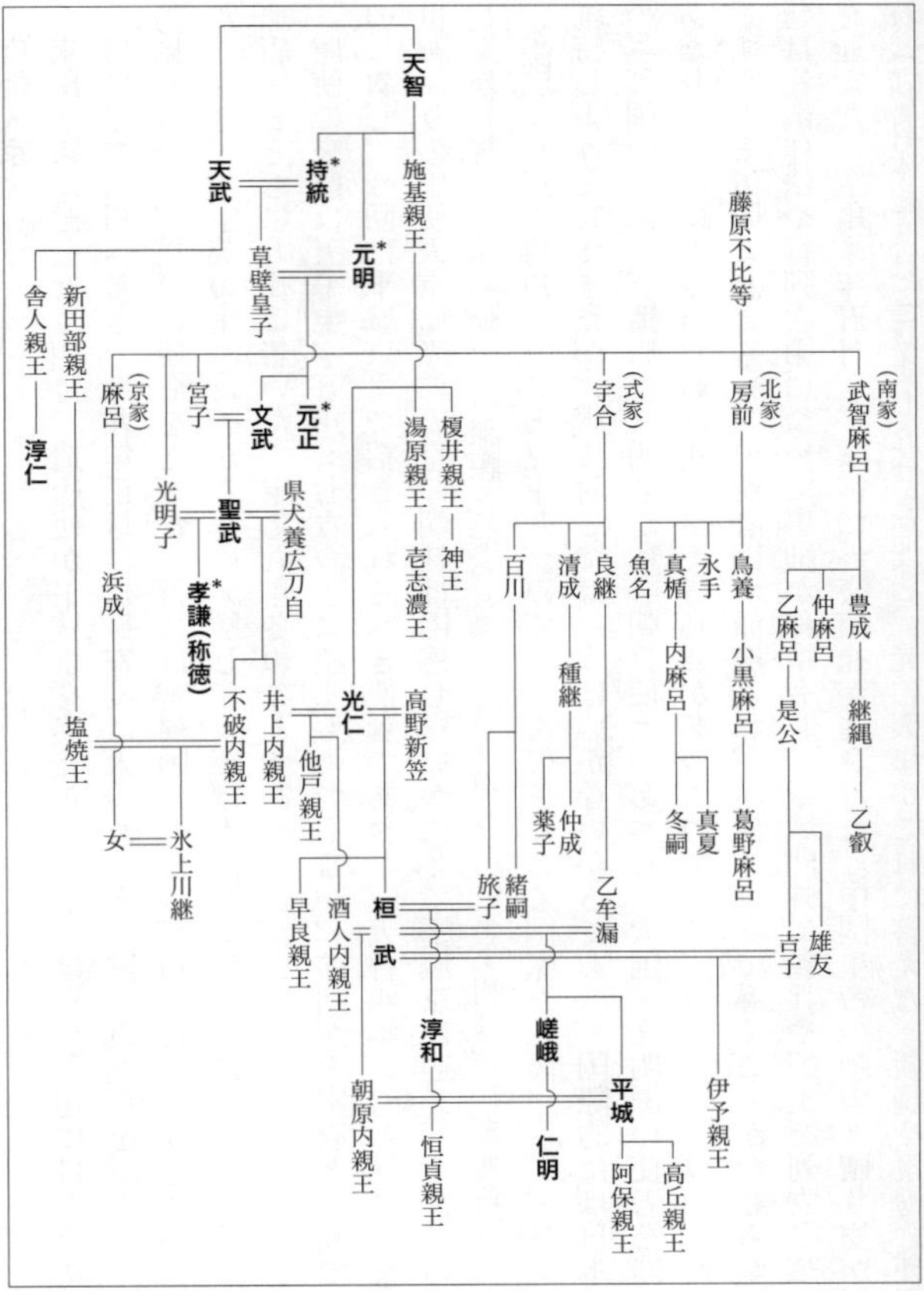

天皇家と藤原氏の関係図　＊は女性天皇

唐使入京

宝亀八年（七七七）四月、遣唐使が平城京を出発した。彼らは六月下旬に日本を離れ、一〇日ほどで揚州《ようしゅう》へ着き、翌九年正月には長安城に入った。大明宮《だいめいきゅう》で貢進物を献上し、代宗《だいそう》に謁見するなど、無事に使命をとげた一行には、帰国にあたって趙宝英《ちょうほうえい》という送使がつけられた。帰途、趙宝英の乗った船が二つに分解し、宝英は水没してしまったが、彼の部下たちが遣唐使とともに九州に着いた。宝亀九年冬のことである。

唐使の来航は天平宝字《てんぴょうほうじ》五年（七六一）に続くものであるが、前回が大宰府《だざいふ》どまりであったのに対し、今回は平城京まで招き入れるべき使者であった。天智四年（六六五）以来、約一世紀ぶりの唐使入京に光仁天皇の朝廷は困惑し、いかにして平城京に迎え、王宮での外交儀礼を執り行なうかが喫緊の課題となった。と言うのも、日本王朝はこれまで新羅《しらぎ》・渤海《ぼっかい》を「蕃国《ばんこく》」（野蛮な周辺国家）と見下し、みずからを優位にある国家と位置づけて、外交関係を維持しようとしてきたが、唐に対してはそうはいかないからである。国際的には日本こそ唐の「蕃国」であり、遣唐使は明らかに「朝貢使《ちょうこうし》」であった。大国・文明国の使者を迎えるにあたり、それにふさわしい儀礼を整える必要があったのである。

すぐさま労問（ねぎらい）の使者団が派遣され、唐使を京まで導くことが命じられた。朝廷は礼儀作法や行列次第について事細かに指令し、羅城門《らじょうもん》外に騎兵や蝦夷《えみし》を列立させて一行を迎えた。宝亀十年五月、平城宮で外交儀礼が催された。中国皇帝の勅書と贈り物が下賜され（『続日本紀』は「貢上した」と記す）、光仁天皇がこれに答えた。新羅や渤海の使者であれば、天皇は大極殿高御座《たかみくら》について君臨するが、この日は「藩国の儀」（日本を藩国とした儀礼）を用い、光仁は御座から降りた、と記す史料がある。唐の儀礼では、こうした場合は唐使が南面し、蕃国の王が北面する規定であるから、光仁天皇は高御座を降りて北面したのではないか、との推測もなされている。

それが事実だとすれば、儀礼に参列した貴族・官人は強い衝撃を受けたはずである。天皇はこれまで外国使節に対し、帝国の君主のようにふるまってきたが、唐から見ればただの蕃国王にすぎないという、冷厳な現実を見せつけられたのだから。「唐も蕃国なみに扱えばよい」という意見もあったが、安史《あんし》の乱による唐王朝の弱体化を見すえた冷徹な建議ではなく、日本国内でのみ通用する外交論理に搦めとられていただけのことであろう。

唐使は饗宴でもてなされ、禄物《ろくもつ》を受け取り、新船に乗って帰っていった。彼らが史上最後の唐使となったが、新羅王朝からの使者も、同じ宝亀十年をもって断絶した。天皇が蕃国・夷狄《いてき》に君臨するというフィクションは、そろそろ時代遅れになりつつあった。

桓武天皇の即位

宝亀八年（七七七）三月、王宮で怪異が続くというので、大祓《おおはらえ》が行なわれた。その年末から皇太子山部親王は重病となった。すぐさま井上内親王を改葬しているのは、彼女の御霊《ごりょう》が恐れられた証拠である。それから数ヵ月の間、山部はずっと病床にあった。淳仁《じゅんにん》の墓を山陵に格上げしたり、伊勢神宮に奉幣《ほうべい》したりするうち、宝亀九年冬になってやっと治癒し、山部はわざわざ伊勢までお礼参りに出かけた。宝亀十年に周防《すおう》国で他戸皇子と自称する者が現われたのも、死霊の託宣だったのであろうか。こうした御霊のうごめきは、光仁天皇・皇太子山部の政治的不安定さの表現にほかならなかった。

天応《てんおう》元年（七八一）四月、光仁天皇は高齢で体調が悪く、療養に努めたいと言って、皇太子に皇位を譲った。山部親王は即位して桓武《かんむ》天皇となり、同母弟の早良《さわら》親王が皇太弟に立てられた。しかし光仁の「風病」はどんどん悪化し、同年十二月に死去した。やはり男性太上《だいじょう》天皇《てんのう》は、病気や出家によって、国政から離脱した存在だったのである。一人残された桓武には、そこから試練の日々が始まった。

光仁の死を聞いた桓武は慟哭《どうこく》し、中国と同じように三年間にわたる服喪を願ったが、群臣の諫言によって六ヵ月と定めた。しかし数日後にこれを撤回し、孝誠のあかしとして一年の服喪を命じた。翌天応二年七月、議政官は再三にわたって上奏し、災異が相次ぐのは服喪によって神々が祟っているのであり、早く釈服（喪明け）しないと天皇の身体が危ういと述べた。そこで桓武は意見を容れ、八月一日をもって釈服としたのである。

この服喪八ヵ月の間に、大きな政変が連続した。第一が、氷上川継《ひかみのかわつぐ》の謀反《むほん》事件である。川継は父が天武系の塩焼《しおやき》王（氷上塩焼）、母が聖武皇女の不破《ふわ》内親王で、聖武の血を受けた最後の男性であった。塩焼王亡きいま、不破にも川継にも即位の可能性が残されていた。謀反が発覚したとして、川継は伊豆三島、不破内親王とその皇女たちは淡路に配流されたが、それだけではすまなかった。藤原浜成《はまなり》・大伴家持《おおとものやかもち》・坂上苅田麻呂《さかのうえのかりたまろ》など、川継と姻戚関係・交友関係にある四十数人が処罰され、ここに聖武系皇統とその支持勢力は根こそぎ粛清されたのである。第二が左大臣藤原魚名《うおな》の罷免事件である。左大臣が解任され、大宰府に左遷されるという衝撃的事件であるが、罪状ははっきり書かれていない。おそらく魚名が光仁天皇の寵臣として重きをなしていたため、桓武天皇と衝突したものと思われる。桓武即位から光仁の死までに右大臣大中臣清麻呂《おおなかとみのきよまろ》が退任し、大納言石上宅嗣《いそのかみのやかつぐ》が死去していた。それに次ぐ左大臣の罷免によって、前代の重臣たちはほぼ姿を消したのである。

光仁服喪の八ヵ月間は、桓武にとって権力闘争の日々であった。聖武系皇親とその支持勢力、そして前代の重臣を排除することに成功し、天皇としての地位を確固たるものにした。このような激烈なプロセスが必要だったのは、桓武に天皇としての権威が備わっていなかったためであろう。天武・聖武の血を受けず、渡来系氏族を母にもつという血統、高貴な井上内親王を排斥して得られた皇太子の地位——これらのマイナスを克服するため、桓武はみずからの実力によって、権力集中を果たさねばならなかったのである。

喪明けから一月も経たない八月十九日、「延暦《えんりゃく》」への改元が行なわれた。桓武朝の本格的な出発を宣言するものと言ってよいであろう。

天智直系皇統

桓武天皇はこうして勝ちとった専制権力を背景に、天智系皇統を権威づける作業に取りかかった。天智天皇は奈良時代にも聖君とされていたが、それを基礎にして〈天智—施基《しき》—光仁—桓武〉という直系皇統を称揚《しようよう》しようというのである。

手始めは光仁天皇の改葬であった。光仁は天応二年（七八二）正月、「天宗高紹《あまむねたかつぎ》天皇」という和風諡号《しごう》を贈られ、広岡山陵に葬られた。広岡山陵は「後《のちの》佐保山陵」とも呼ばれ、平城京左京の北郊、聖武天皇「佐保山陵」のすぐ西に造営された。ところが喪明けとともに改葬計画が発動され、同年八月、平城京東方山中にあった施基親王「田原山陵」に近接する地が選ばれた。この「後田原山陵」に改葬されるのは四年後であるが、ともあれ桓武の権力集中とともに「佐保山陵（聖武）—後佐保山陵（光仁）」という関係が破棄され、「田原山陵（施基）—後田原山陵（光仁）」という関係が重んじられるようになったことは明らかである。それは聖武天皇からの離脱、天智直系皇統の重視を意味していた。

山陵と言えば、重要事件が山陵に報告された事例を調べると、天智直系を重んずる姿勢が明瞭である。すなわち桓武朝には、延暦四年（七八五）の廃太子報告、延暦十二年の遷都報告のいずれもが天智陵・施基陵・光仁陵に対して行なわれており、〈天智—施基—光仁—桓武〉をつなげる意識をはっきり読み取ることができる。

このほか光仁・桓武の実名（白髪部《しらかべ》・山部）を避けさせ、天智の近江大津京の近くに梵釈《ぼんしやく》寺《じ》を創建したことなども、天智直系皇統を称揚する政策と言ってよい。また、平城廃都・長《なが》岡《おか》遷都も「天武系の王都から天智系の王都へ」という文脈で読むべきであろう。

思えば、聖武天皇と桓武天皇はさまざまな面で対照的であった。天武直系皇統が聖武のために用意されていたのに対し、天智直系皇統は桓武がみずから確立させた。聖武にはつねに後見者がいたのに、桓武はすべて自分でやらねばならなかった。子宝に恵まれない聖武と、知りうるだけで三五人もの皇子女をもうけた桓武。そして平城京と平安京。鮮やかなコントラストは、桓武自身が主体的に選び取り、創り出したものであった。「聖武朝的なるもの」の否定が、桓武の王権の一面をよく表わしているように思われる。

2　百済王氏と交野

高野新笠

桓武天皇は自己の権威づけのため、父方の天智直系皇統を称揚した。それが一段落したころ、今度は母方氏族の権威を高める作業が始まった。

桓武生母の和新笠《やまとのにいがさ》は、光仁朝に高野朝臣《たかののあそん》の姓を賜わり、桓武即位に際して「皇太夫人」となったが、彼女は百済系渡来氏族の出身であった。甥にあたる高野家麻呂《いえまろ》が議政官になって「蕃人の相府に入るは、これより始まる」と評されたように、渡来系氏族を「蕃人」として区別する意識が存在したが、それは新笠にも、桓武にも向けられたはずである。

しかし、延暦八年（七八九）末に高野新笠が死去すると、桓武は「天高知日之子姫尊《あめたかしらすひのこひめのみこと》」という諡《おくりな》を奉り、「皇太后《こうたいごう》」を追尊した。この諡は、河伯《かはく》（河の神）の娘が日の精に感じて都慕王《とぼおう》を産んだという、百済王家の始祖伝承に基づくものである。こうして新笠が百済王族の末裔であることが揚言されたが、それは桓武の権威を高める手段でもあった。和氏（高野氏）の氏族系譜は、新笠が和気清麻呂《わけのきよまろ》に命じて製作させた『和氏譜《やまとしふ》』で再構成、または造作された可能性があり、桓武はこの系譜書をいたく喜んだという。

その直後の延暦九年二月、百済王一族に対して叙位が行なわれた。「百済王氏《くだらのこにきし》」については後に詳しくふれるが、このとき桓武天皇は「百済王らは朕《ちん》の外戚なり」と述べ、母方において百済王族の血を引いていることを明言した。新笠への諡に引き続き、このころになって急に言挙げされてきた認識である。父方は天皇家、母方は百済王家。桓武は両国の王家の血を受けた、インターナショナルな尊貴性をもつ君主、ということになる。なにやら怪しげな言説によって、母方血統の弱さを逆転しようとする試みであった。

母方氏族についても、さらに述べるべきことがある。高野新笠の母は土師真妹《はじのまいも》といい、百舌鳥《もず》を本拠地とする土師氏の出身であった。行基《ぎょうき》の土塔《どとう》建立を支援した、あの土師氏である。新笠が長岡京北郊の大枝《おおえ》山陵に葬られると、その延暦九年の暮れ、「毛受腹《もずばら》」の土師氏には「大枝朝臣」という新姓が与えられた。ただし、土師氏にはほかに三つの「腹」（支族）があり、彼ら・彼女らには「菅原《すがわら》朝臣」「秋篠《あきしの》朝臣」が賜姓された。こうして天皇霊への奉仕という「凶事」を伝統的職務としてきた土師氏は、平安文人官僚が輩出する大枝（大江）氏・菅原氏・秋篠氏へと転成していくことになった。

平安遷都ののち、京北の地に平野神社が創祀された。もともとの祭神は三柱あり、そのうち今木神《いまきのかみ》は和氏（高野氏）、久度神《くどのかみ》・古関《ふるせき》（古開とも）神は土師氏がまつる神であった。つまり、高野新笠に深く関わる神社なのであるが、平野祭は創祀とともに公祭に与《あずか》ることになり、天皇家から篤く尊崇された。また、皇太子時代に桓武が参詣した伊勢神宮も、皇祖神としての地位をいっそう高めつつあった。父方・母方双方の祭祀を重んじることによって、桓武天皇はその地位を安定化しようとしたのであろうか。

百済王氏

桓武が「朕の外戚」と呼んだ百済王《くだらのこにきし》氏は、正真正銘の百済王族である。皇極《こうぎょく》二年（六四三）、百済の義慈《ぎじ》王は王子余《よ》豊璋《ほうしょう》・余禅広《ぜんこう》（善光）らを倭へ遣わし、政治的連携を保つための「質」とした。斉明《さいめい》六年（六六〇）、義慈王が唐に敗れて連行されると、豊璋は百済復興のために帰国したが、白村江《はくそんこう》の戦いで望みを絶たれた。倭に残った余禅広とその子孫は、百済王権を伝える王族として尊重された。天智三年（六六四）に難波を本拠地として与えられ（のちの摂津国百済郡）、持統朝には「百済王」という号を賜わった。

八世紀にも百済王氏は勢力を保ち、官人として活躍したが、やがて百済王敬福《きょうふく》（六九八〜七六六）が出て、聖武天皇の信任を得た。陸奥《むつ》守として黄金産出を報じた人物である。八世紀後半、おそらく敬福の生存中かと思われるが、百済王氏は河内国交野《かたの》郡に移住し、新たな本拠地とした。交野郡は河内国の北端、現在の大阪府枚方《ひらかた》市・交野市にあたり、淀川の左岸に「交野ヶ原」と呼ばれる高燥な台地が広がっている。百済王氏は台地西部の一等地に一族の居館を建て、すぐ近くに百済寺という寺院を建設した。百済寺跡（枚方市中宮西之町）は綿密な発掘調査が進められ、薬師寺式伽藍《がらん》配置をもつ寺院であったことが判明している。遺跡公園の西隣には「百済王神社」がいまも鎮座する。百済王氏一族の居館跡は、百済寺の北方から北西にかけて広がる禁野本町《きんやほんまち》遺跡がそれにあたり、移住にあたって計画的な街並みが施工されたらしい。淀川の流れを見下ろすうるわしい交野ヶ原、それが百済王氏の新天地だったのである。

外戚云々と言いたてる前から、桓武天皇は百済王氏と親しい関係をもっていた。延暦十四年(七九五)四月の小宴において、女官トップの尚侍《ないしのかみ》をつとめる百済王明信《みょうしん》に対し、桓武は古歌を詠みかけた。

いにしへの　野中古道《のなかふるみち》　改めば　改まらんや　野中古道

昔からの気持ちを私は変えることができない、という意味である。返歌をためらった明信に代わって、桓武はみずから唱和してみせた。

君こそは　忘れたるらめ　にぎ玉の　たわやめ我は　つねの白玉

あなたはもうお忘れかもしれませんが、私は白玉のまま変わっておりません、というのである。『日本後紀』は、百済王明信が桓武天皇の寵愛《ちょうあい》をこうむったと明記しているが、それは「野中古道」に喩えられるほど古い関係だったのである。明信が尚侍の任にあったのも、桓武の深い信頼の現われであろう。また、桓武には皇后・妃・夫人を含め、三〇人近いキサキがいたが、そのなかに百済王教法《きょうほう》・教仁・貞香《じょうきょう》が含まれており、後宮《こうきゅう》においても百済王氏は無視できない存在であった。

交野行幸

百済王氏の本拠地である交野《かたの》に、桓武天皇はしばしば行幸した。父光仁《こうにん》天皇も宝亀《ほうき》二年（七七一）、難波宮に赴く途中に立ち寄ったことがあるが、桓武は実に一三回もの交野行幸を行なっており、その多くは鷹狩りのためであった。

最初の行幸は延暦《えんりやく》二年（七八三）十月で、初冬の交野ヶ原で鷹狩りが行なわれた。行宮《あんぐう》に供奉《ぐぶ》した百済王氏に位階が与えられ、百済寺にも喜捨がなされた。平城宮からわざわざ交野に出向いたことから、長岡遷都の最終検分とみる考え方もあるが、いずれにせよ、百済王氏が交野行幸に関わったことは明らかである。また、鷹狩りと百済王氏の関係にも注意すべきであろう。『日本書紀』によれば、日本で初めて鷹を飼ったのは「百済王の族」の酒君《さけのきみ》で、その鷹が仁徳《にんとく》天皇の百舌鳥野遊猟に用いられたという。もしかすると、延暦二年にも百済王氏が桓武に鷹狩りを勧め、自分たちの狩り場を提供したのかもしれない。鷹狩りは国土支配権を象徴する特権的行為であり、百済王氏は故国での習慣を保っていたのだろうか。その後、桓武は実にしばしば遊猟に出かけた。大の鷹好きにもなり、毎日政務が終わると鷹を呼びよせ、自分で餌をやり、爪やくちばしの手入れをしたという。鷹を飼うのを好まなかった聖武天皇や称徳天皇とは、まさしく正反対であった。

延暦六年の二度目の交野行幸では、事態がさらにはっきりする。このときも鷹狩りが催されたのだが、桓武は大納言《だいなごん》藤原継縄《つぐただ》の別業《べつぎょう》(別荘)を行宮《あんぐう》とした。継縄は百済王氏を率いて楽曲を演奏し、最後に百済王氏や継縄近親に位階が与えられたのである。以後の交野行幸でもしばしば継縄別業が行宮とされ、継縄は百済王氏とともに行動しているが、それは彼がかの「野中古道」、百済王明信《みょうしん》の夫だったからである。つまり、継縄は百済王氏のムコなのであって、その別業とは百済王氏の居館群の一つだったに相違ない。藤原継縄は右大臣に至った人物であるが、妻の百済王明信とともに桓武の殊遇を受けた。交野行幸は親密な人間関係を生み出し、維持するために、またとない機会であった。「百済王らは朕の外戚なり」という言説も、そうしたなかで育まれたものではないだろうか。

桓武の交野行幸は、長岡《ながおか》・平安遷都後も盛んに行なわれたが、延暦十一年ころから桓武がさまざまなエリアで遊猟するようになると、交野は数多くの狩り場の一つになっていった。延暦十五年に継縄が死去すると、いよいよ寂しさは増した。百済王権と桓武の関係において、それは何を意味していたのだろうか。ちなみに、交野がふたたび脚光を浴びるのは嵯峨《さが》天皇の時代であった。のどかな春の行幸に百済王氏が供奉したが、そのころ百済王慶命《けいめい》という嵯峨の寵妃《ちょうき》がいて、彼女の存在が大きな意味をもったのである。

冬の交野ヶ原では、桓武朝に二度、文徳《もんとく》朝に一度、天神《てんじん》の祀りが行なわれた。祭儀はみな同じと考えられ、時期は仲冬十一月、場所は交野の柏原《かしわばら》である。円丘を構築し、天神（昊天《こうてん》上帝＝天帝）と光仁《こうにん》天皇の位牌を据え、玉帛《ぎょくはく》・犠牲・穀物を供物として祭祀が執り行なわれた。天皇は内裏《だいり》で潔斎《けっさい》し、円丘で読み上げられる祭文にサインをし、玉器をもって天を拝したあと、使者を派遣して祭儀にあたらせたのである。

この祭祀は日本古来のカミマツリではなく、中国の「郊祀《こうし》」を導入したものである。中国の歴代王朝は王都南郊に円丘を設け、冬至と正月に昊天上帝を祀った。これは北郊方丘（皇地祇の祭壇）・東郊日壇・西郊月壇における夏至・春分・秋分の祀り、さらに大社・太廟・皇帝陵の祀りなどとともに皇帝祭祀の体系を形作ったが、なかでも円丘祭儀は最も重要視されてきた。唐長安《ちょうあんじょう》城の南門である明徳門《めいとくもん》の東南には直径約五〇メートルの円丘が現在も残り、また北京の天壇《てんだん》もこれとほぼ同規模で、明朝・清朝の郊祀のさまをよく伝えている。

桓武が最初に天神祭祀を行なったのは、延暦四年（七八五）の冬至であった。かねてよりの祈願が叶ったことに報いたのだというが、前年十一月に実現した長岡遷都の御礼だったのであろうか。二度目の延暦六年冬至の祭祀については、唐にならった祭文の内容が伝わっている。それによれば、交野柏原まで赴き、祭儀を執行したのは藤原継縄《つぐただ》であった。おそらく一度目もそうだったのであろう。彼が派遣されたのは、交野や百済王氏と密接なつながりを持っていたためであるが、よく考えてみると、交野は長岡京の南南西一〇キロの場所にあり、円丘を設けるには遠すぎる。それなのにわざわざ交野を選んだのは、〈百済王氏―藤原継縄〉のラインによって天神祭祀が推進されたからであろう。『三国史記』によれば、百済国王は毎年四回、壇を築いて天地の神をまつっていた。こうした伝統をふまえ、百済王氏が中国的祭祀を桓武に勧め、継縄がそれに同調したと考えておきたい。

二度目の祭文によって、光仁天皇が天帝とともに祀られたことも判明する。やはり一度目も同じであったろう。唐では、昊天上帝に配して祀られるのは王朝の創始者、高祖李淵《りえん》であった（のち太祖景帝が加えられた）。してみれば、桓武天皇は父光仁天皇を「新王朝」の始祖に見立てていることになる。ちょうどこのころ、天智直系皇統が称揚されていたことを先に見たが、桓武は天智天皇に始まる皇統を重んじつつ、光仁天皇から「新王朝」が始まったというフィクションを持ち出したわけである。新都長岡京も「新王朝」にふさわしい王都として建設された、という話になるのであろう。

桓武朝の郊祀円丘の遺跡は残っていない。百済寺の北東二キロ、枚方《ひらかた》市片鉾本町《かたほこほんまち》に杉ヶ本《すぎがもと》神社が鎮座するが、昔はその南に「四坪ばかりの墳墓の様な形をして居る円丘」があった。中国と比べるとあまりに小規模で、古代の円丘跡かどうかはわからない。しかし、片鉾に隣接する小倉の地には「柏原」「元柏原」といった地名が残り、この一帯が「交野柏原」であった可能性は高い。茫々《ぼうぼう》と広がる交野ヶ原の北部にあって、天王山をはるか北方に望む勝地である。新都長岡京はその天王山の北東麓、乙訓《おとくに》の地に建設されていた。

3　平城京との訣別

遷都の戦略

阪急電車に乗って京都河原町《かわらまち》から大阪梅田に向かうと、桂川《かつら》を渡り、桂駅を過ぎるころから、西側の車窓には竹林におおわれた低い丘陵が見えてくる。西向日《にしむこう》駅付近まで南北四キロにわたって延々と続く向日丘陵であるが、その形状から古代には「長岡《ながおか》」と呼ばれていた。この向日丘陵の南端部に造られた王宮が長岡宮《ながおかきゅう》であり、通説によれば、長岡宮を北端中央におく南北約四・九キロ、東西約四・三キロの条坊《じょうぼう》制都城が長岡京である。

桓武天皇が長岡京を造営し、新しい王都としたことについては、「平城廃都」と「長岡建都」という二つの側面から考えねばならない。そのプロセスを追ってみよう。

桓武は即位後ほどなく、平城廃都を決意したと考えられる。天武系皇統の都である平城京を捨て、天智系皇統の新たな王都を建設すること。それは彼の初心と言うべきものであったろうが、服喪八ヵ月間の権力闘争に勝利し、専制権力を確立することによって、初めて条件が整った。天応《てんおう》二年（七八二）八月、光仁《こうにん》天皇を田原《たわら》に改葬することを決め、平城京北郊の最高級葬地を否定したのは、平城京そのものとの訣別を意味した。同年四月には造宮省が廃止され、平城宮の大規模な営繕をやめることも示されていた。

その上で桓武天皇は新都予定地の選考に入った。長岡の地を選んだのは、公式には「水陸の便」、つまり交通の便宜を考えたためとされている。確かに長岡京は木津《きづ》川・鴨川・桂川が合流して淀《よど》川となる要地に面し、山陰道・山陽道をおさえ、東行して近江に出れば東海道・東山道・北陸道につながる。まさしく四通八達の地であった。それとともに、天智天皇の近江大津宮に程近いことも意識されたであろうし、よく言われるように、秦《はた》氏や百済王《くだらのこにきし》氏の協力が期待できたのかもしれない。

長岡京建設にあたり、桓武は難波《なにわ》宮の移転という迂回作戦をとった。陪都《ばいと》を解体し、淀川水運を使って長岡宮に移建したのである。延暦二年（七八三）三月、腹心和気清麻呂《わけのきよまろ》を摂津大夫として準備作業を行なわせ、翌三年五月に長岡視察の使者を出し、六月には造長岡宮使を任命して都城・王宮の造作を始めた。工事は急ピッチで進んだ。十一月には桓武天皇が長岡に移り（これがいわゆる長岡遷都である）、翌四年正月の元日儀礼ではもう大極殿が使われている。延暦五年には太政官院（朝堂院《ちょうどういん》）が完成するなど、長岡宮・長岡京の主要部分が竣工したらしい。それは「移されてきた陪都」のはずであった。

ここまでは北京保良宮《ほくきょうほらのみや》や西京由義宮《ゆぎのみや》と同じである。新京を造っても、平城京・平城宮はそのまま温存されていたからである。しかし、遷都から時間が経ち、それが既成事実化したころ、建都は第二段階に入った。延暦七年頃から長岡宮の造営がふたたび活発になり、今度は平城宮を解体・移建しながら、全域にわたり改作の手が加えられたのである。翌八年二月、桓武は難波宮内裏を移した西宮《にしみや》（第一次内裏）から、新しい東宮《ひがしみや》（第二次内裏）に遷居した。さらに延暦十年九月には、平城宮の諸門が長岡宮に移建された。王宮の威儀をただし、

長岡京鳥瞰図　北方上空より南を見る。右下が向日丘陵、右上が天王山、正面は男山。向日市埋蔵文化財センター提供

四周を護る宮城門が消滅したわけであるから、平城宮はこのとき生命を奪われたと言わねばならない。すなわち、平城廃都の宣言であった。

遷都というプロジェクトには、貴族・官人たちを王権の下に結集させる効果があった。大和から山背北部への移動であれば、なおさらであったろう。しかし不用意な遷都は、聖武天皇の例にも見られるように、かえって政治的動揺をもたらす。桓武天皇は周到な戦略によって平城廃都・長岡建都を段階的に実現し、権力基盤をいっそう固めていった。

藤原種継暗殺事件

二段階造営という戦略を用いても、桓武天皇の意気込みは広く伝わっただろうから、長岡遷都、あるいは桓武その人に反発する勢力が出てくるのは当然の成り行きであった。遷都から一年も経たないころ、それが暴発した。

延暦四年（七八五）九月、長岡宮は完成まで程遠く、日夜を問わない突貫工事が続けられていた。二十三日の深夜、藤原種継《たねつぐ》が造長岡宮使長官として、たいまつを手に現場監督にあたっていたところ、闇の中から飛来した二本の矢が彼の身体を貫いた。翌日、種継は息を引き取った。桓武天皇は皇女が伊勢斎宮《さいぐう》に向かうのを見送るため、平城宮に行幸していたが、急を聞いて長岡宮に戻り、ただちに捜査網を張った。藤原種継は桓武の寵臣《ちょうしん》で、長岡遷都を建議したのも彼だったから、暗殺は心底から許しがたかった。

まもなく大伴継人《つぐひと》・竹良《ちくら》らが逮捕され、厳しい取り調べを受けた。自白によれば、首謀者は大伴継人・佐伯高成《さえきのたかなり》らで、死去したばかりの大伴家持《おおとものやかもち》も関与していた。大伴・佐伯氏を糾合して、藤原種継の殺害、桓武天皇の廃位を行ない、皇太弟早良《さわら》親王を即位させる計画だったという。ほとんど橘奈良《たちばなのなら》麻呂《まろ》の変の再現であるが、どこまでが真実であったのか。ともあれ、大伴氏を中心とする数十人が斬刑・流刑に処された。かつて一族の自重を求め、氷上《ひかみ》川継《のかわつぐ》事件の後に復権していた大伴家持は、遺体が埋葬されないうちに罪が露われ、生前の位階を剥奪《はくだつ》された。氏族の伝統を誇った万葉歌人の末路であった。

問題は桓武の実弟にあたる、皇太弟早良親王である。春宮大夫《とうぐうだいぶ》大伴家持、春宮亮《とうぐうのすけ》紀白麻《きのしろま》呂《ろ》、春宮少進《とうぐうしょうしん》佐伯高成、東宮学士《とうぐうがくし》林稲麻呂らが処刑されているから、早良に仕える春宮坊で謀反が進められた、と桓武は断定したのである。こうなった以上、計画が事実であろうがなかろうが、早良親王がそれを知ろうが知るまいが、彼は無傷ではおれない。二十八日、早良は長岡京の乙訓《おとくに》寺に幽閉され、抗議のためであろうか、みずから飲食を断った。十月八日、廃太子の旨が天智・施基・光仁の山陵に報告され、早良は流罪となったが、護送される途中に衰弱死した。遺体はそのまま配流先の淡路に運ばれ、埋葬された。

桓武天皇はこうして不満分子を政界から一掃し、彼らの結集核になりかねない早良親王を排除した。専制権力はいっそう強化され、以後、あからさまな反乱事件は跡を絶った。十一月、桓武の長男である安殿《あて》親王が皇太子に立てられ、天智直系皇統がさらに続くことになる。寵臣の生命と引き替えに、桓武が得たものは実に大きかった。少なくともしばらくの間は、そのように見えたのである。

長岡宮

向日丘陵の長大な尾根筋の先端近くに、畿内でも最古級の前方後方墳、元稲荷《もといなり》古墳がある。墳長約九二メートルの精美な古墳であるが、長岡宮の西限ラインはこのあたりを通り、大極殿はその東方約五〇〇メートル、ゆるやかなスロープを下ったところに立地していた。つまり長岡宮は、「長岡」南端部の東向き緩斜面に造られた王宮であった。

通説によれば、造営が二段階にわたったことにより、長岡宮の規模・構造は途中で大きく変わった。前期造営では、長岡宮は南北二条・東西二坊の正方形王宮として設計され、南正門がそのまま朝堂院南門を兼ねていた。この北に大極殿院・朝堂院が置かれたが、ともに後期難波宮から移建されてきたため、朝堂院は十二朝堂ではなく八朝堂の形式をとり、規模もコンパクトであった。ただし朝堂院南門の左右には、平安宮応天門《おうてんもん》と同じように、南に突出する楼閣が設けられ、王宮正面の威儀を整えた。大極殿院も後期難波宮より大きくなり、儀礼空間にふさわしいものとなった。内裏は、藤原宮・後期難波宮・後期平城宮では大極殿後方に位置したが、長岡宮ではそこに大きな谷がある。かつてはこの谷の北側に内裏があったと考えられていたが、近年では大極殿の西方、宮内で最も高い場所に置かれたとする学説が有力化している。桓武が最初に暮らした「西宮《にしみや》」がこれである。

　ここで注目すべきは、朝堂院が内裏から完全に切り離されたことである。後期平城宮の時代に内裏侍候が進展したため、長岡宮では朝堂院を日常的な天皇侍候空間とせず、儀礼施設として純化させたのであろう。大極殿もかつては内裏外郭に含み込まれていたが（前期平城宮を除く）、長岡宮では朝堂院の正殿として独立させた。こうして大極殿院が内裏の一部ではなくなったため、延暦四年（七八五）正月、大極殿閤門《こうもん》で行なわれてきた「兵衛叫閤《ひょうえきょうこん》」（官人の内裏参入を請う作法）も停止されたのである。

　後期造営にあたっては、これも通説によれば、長岡宮全体が南・北にそれぞれ半条（二町）ずつ拡大されたらしい。朝堂院が二条大路に面するという不具合をカバーするため、王宮前面を南に広げ、正門と朝堂院の間にスペースを設けた。また、大極殿院の東側に「東《ひがし》宮《みや》」を建設し、桓武天皇の新しい御在所とした。この第二次内裏「東宮」は、北真経寺《きたしんきょうじ》（向日市鶏冠井《かいで》町）周辺の地下に埋もれているが、粘り強い発掘調査によって、その構造が徐々に明らかにされてきた。巨大な内裏正殿の前に、東西二棟ずつの脇殿が並ぶが、珍しいことに南側の二棟は東西に長い建物であった。東第二脇殿の跡では、古墳時代後期から奈良時代に至る各時期の甲冑の部品が見つかり、平安宮春興殿と同じように、王権の武器庫という役割をもっていたことが確認された。これらの甲冑は、倭王権以来の歴代王宮に受けつがれ、数々の政変をくぐってきた武具だったのである。また、正殿の北方では皇后宮・後宮とおぼしき建物跡も発見されており、後期平城宮のあり方が継承されたものと考えられる。

しかし、長岡宮全体を正確に理解するためにはまだまだ時間がかかる。近年では、全く新しい復原案も提唱されている。ただ、長岡宮が後期平城宮の性格を受けつぎつつ、儀礼的様相を強め、平安宮につながる要素をもち始めていたことは明らかな事実なのである。

長岡京

長岡京は、南北九条半・東西八坊からなる長方形の都城と考えられている。阪急西向日駅のすぐ北にあった長岡宮の正門から、まっすぐ朱雀《すざく》大路が伸びて羅城門に至っていたことになるが、そこから水陸交通の要衝である山崎橋・山崎津まで、わずか二キロ半にすぎない。平城京と泉木津の間に平城山《ならやま》が横たわっていたのに比べれば、長岡京がきわめて便利な位置にあったことは明らかである。しかしその一方で、左京南部は桂川の流路や氾濫原にあたっており、条坊街区を施工できるような場所ではなかった。

文献的には、延暦三年（七八四）六月、議政官や内親王・キサキたちに長岡京の邸宅を建てる財源が与えられた。同年十二月には、王臣家《おうしんけ》などが山林を独占することを禁じており、木材需要が高まっていた様子がうかがわれる。同じような禁令は天武五年（六七六）、慶雲《けいうん》三年（七〇六）および和銅《わどう》四年（七一一）、延暦十七年（七九八）にも出されており、それぞれ新城（藤原京）、平城京、平安京の造営にともなうものと考えられる。なお、都城の物資流通をまかなう東西市は、延暦五年五月までに稼働していた。長岡京の建設は、これらの本格的都城に匹敵する規模であったと推測できよう。

長岡京には、平城京の寺院は移転してこなかった。そのかわり、「京下七寺」と呼ばれる寺院が存在し、天皇の要請をうけて法会を行なうことがあった。長岡京内の古代寺院としては、遺跡や地名から、左京の川原寺《かわはらでら》、右京の宝菩提院《ほうぼだいいん》廃寺・乙訓《おとくに》寺・吉備《きび》寺廃寺・伊賀《いが》寺・鞆岡《ともおか》廃寺などが想定されており、このうち宝菩提院廃寺・乙訓寺・鞆岡廃寺は白鳳《はくほう》寺院である。遷都以前からこの地にあった寺院を取り込み、造営や修理を援助しながら、新京の仏教秩序が整えられていったのであろう。なお、遷都直後の延暦四年に僧尼統制令が出されているが、平城遷都の時と同じく、王都の仏教秩序の未確立を示すものと見られる。平安遷都直後の延暦十四年にも、この統制令の遵守が命じられている。

長岡京が廃されると、田畠の土地区画である条里制地割が施工された。このため都城の条坊制地割は地表から消え去り、発掘によって検出するほかない。長岡京の復原は、中山修一氏以来のたゆみなき調査研究の成果なのである。ところが近年、推定される北京極のさらに北方から条坊道路が発見されるようになった。御料園地「北苑」の遺構とする説もあるが、その当否を含めて、今後の長岡京の調査研究に期待されることは多い。

国哀と災変

長岡宮の後期造営が始まったころ、延暦七年（七八八）五月に桓武天皇の夫人藤原旅子《たびこ》が死去した。彼女は藤原百川《ももかわ》の娘で、まだ三〇歳であった。翌八年十二月、今度は桓武の母である高野新笠《たかののにいがさ》が亡くなった。さらにその翌年、延暦九年閏三月には皇后藤原乙牟漏《おとむろ》が死去した。藤原良継《よしつぐ》の娘にして、皇太子安殿《あて》親王の母である彼女も、三一歳の若さだった。こうして二年も経たない間に、桓武は母親と二人の妻を失ったのである。延暦九年の春は飢饉を訴える国が多く、桓武は「国哀あいつぎて、災変いまだやまず」という悲惨な状況を変えるべく、大赦を行なった。

しかし、それだけではすまなかった。延暦九年秋になると、大宰府は八万八〇〇〇人もの飢餓者を報告してきたし、京畿内は飢饉・凶作に加えて、実に半世紀ぶりの天然痘流行にみまわれた。疫病は全国に蔓延し、多数の死者を出した。

さらに追討ちをかけるように、皇太子安殿親王が病気になった。延暦九年秋に発病して、ずっと良くならない。翌年冬には一時快復し、伊勢参宮を行なったのだが、しばらくしてまた悪くなった。延暦十一年六月、何が原因かと卜占したところ、廃太子早良《さわら》親王の祟りである、と出た。安殿親王が祟られた理由はよく納得できるが、すでに延暦九年の段階で淡路墓の墓守が置かれたことからすれば、相つぐ不幸や疫病流行についても、御霊《ごりょう》の仕業と考えられていたのであろう。専制権力強化のつけは、こんなところに回ってきたのである。それ以来、早良親王は恐るべき御霊として、桓武天皇を苦しめ続けることになった。

延暦十一年は雨も多かった。そのため六月に式部省南門が倒れ、八月には桂川が氾濫した。桓武は左京の赤日埼《あかひさき》に赴き、じっと濁流を見つめた。ほんとうに、後期造営が始まってから碌《ろく》なことがなかった。母と妻の死、飢饉、疫病、御霊、そして洪水。平城宮から建物を移してきたが、朝堂院は八堂形式のままで、王宮南部が二条大路を分断するなど、不体裁は覆いようがなかった。天災と御霊に悩まされ、長岡宮は費用がかかるばかりで威儀が整わない。桓武はとうとう長岡京を捨てることを決心した。

延暦十二年正月、山背《やましろ》国葛野《かどの》郡宇太《うだ》村で、新京予定地の視察が行なわれた。これで最終決定が下されたらしく、桓武天皇は長岡宮を解体するため、すぐさま東院に移った。彼が長岡京を後にするのは、翌年冬のことである。わずか一〇年の王都――周到な戦略によって建設されたはずの「天智系の都」「新王朝の都」は、あまりにも短命であった。

4　平安の新京

平安京と平安宮

延暦《えんりゃく》十二年（七九三）三月、桓武天皇は葛野《かどの》を巡覧した。東に鴨川、西に桂川が流れる新京予定地には、古くからの集落や田畠が営まれていたが、古代王権はのどかな農村の暮らしをまたもや押しのけ、人工的な都市を築くのである。まもなく新しい王宮と条坊道路の工事が始まり、半年後には早くも宅地が班給された。翌十三年七月には東西市が新京に移転し、いよいよ遷都の近いことを思わせた。そして十月、桓武は新京に行幸して「遷都詔」を発布した。さらに山背国を山城国と改称するとともに、人々が口を揃えてそう讃えているとして、新京を「平安京《へいあんきよう》」と命名した。

このとき、長岡宮から移建された内裏《だいり》は竣工していたが、大極殿《だいごくでん》・朝堂院《ちようどういん》は建設中であった。長岡宮の建物を再利用しつつ、新しい材木や瓦を調達し、遷都から一年が経つ頃にようやく完成した。このように時間をかけたのは、長岡宮のように急ぐ必要はなく、じっくり設計・施工して儀容の整った施設に仕上げたためと考えられる。その後、朝堂院の西隣には国家的饗宴施設である豊楽院《ぶらくいん》が造られ、屋根には美しい緑釉瓦《りよくゆうがわら》が葺かれた。

桓武天皇は建設中の新京にしばしば赴き、遷都後も朝堂院の工事を見に行くなど、平安京・平安宮の造営にきわめて強い関心を示した。羅城門《らじようもん》の建築現場で、門の高さをあと五寸減ぜよ、と指示した話は後代まで語り継がれた。それは長岡京・長岡宮の失敗を取り返し、天智直系の「新王朝」にふさわしい宮都を建設する熱意の現われであった。

平安宮については、古絵図から平安中期以降の構造がわかり、発掘調査による知見も積み重ねられている（九三・九九頁図参照）。それによれば、平安宮で指向された「内裏と朝堂院の分離」「大極殿・朝堂院の儀礼化」を受けついでいた。大極殿と朝堂院の間にあった門は撤去され、そこに龍尾壇《りゆうびだん》という、平城宮中央区大極殿院のような壇が設けられた。朝堂院は十二朝堂形式をとり、南側には朝集殿院が復活、さらにその正門（大伴門、のちの応天門《おうてんもん》）に栖鳳楼《せいほうろう》・翔鸞楼《しょうらん》という楼閣が設置された。大極殿―朝堂院の北には「中院」が置かれたが、これは歴代王宮で初めて常設された神祇祭祀《じんぎさいし》施設である。伊勢神宮を重視したこととあわせ、桓武天皇の神祇への姿勢がうかがわれる。中院の東側が内裏、西側は「宴の松原」と呼ばれる空閑地である。これらに豊楽院を加えた中枢施設を、たくさんの曹司《そうし》が取り囲んでいたが、その配置は時期によってかなり変化したらしい。

平安京に目をやれば、推定復原された長岡京と同じく、南北九条半・東西八坊の長方形都城である。平城京と大きく違うのは、外京をもたないことだけでなく、条坊の最小単位である「町」の形状が異なっていた。平城京では大路に面した町（坪）は狭く、小路に面した町は広い。道路によって食われてしまうからである。一方、平安京は道路と関係なく、すべての町が四〇丈（一一九メートル）四方に揃えられた。これは長岡京で萌芽し、平安京で徹底された方式で、都市的発達を示すものとされている。もっとも、平城京の状況は「長安城の二分の一スケール」という全体規格を優先し、そこに条坊道路を割り付けて設計したため、生じたものである。平安京の設計者はこうした事情を知らなかったか、無視したのであろう。

東寺と西寺

平安京が長岡京から変わった点として、東寺《とうじ》・西寺《さいじ》という官大寺《かんだいじ》を羅城門の左右に創建したことが挙げられる。長岡京には「京下七寺」があり、それなりの役割を担っていたが、平城京のような官大寺は建てられなかった。それを改めたのである。

東寺と西寺は左京・右京の九条一坊に、伽藍《がらん》配置も含めて左右対称に建てられた。王都鎮護のため、延暦十五年（七九六）に創建されたとされ、造東寺司・造西寺司が造営を担った。延暦十九年には用材の確保が命じられており、建設工事の進んでいたことが知られる。弘仁《こうにん》三年（八一二）に官家功徳分封戸《ふこ》（天皇家仏事の財源）二〇〇〇戸が、東大寺から造東寺司・造西寺司に移管され、翌弘仁四年には諸大寺に準じた夏安居《げあんご》が始められたから、このころ伽藍の主要部分はできあがり、寺院としての機能を果たし始めたものであろう。その後、弘仁十四年には東寺が空海に下賜されて真言宗の拠点となり、顕教《けんきょう》は西寺、密教は東寺というふうに役割分担が図られたらしい。西寺は東寺よりどことなく影が薄いが、僧綱《そうごう》所や御霊堂が置かれるなど、とても重要な役割を担っていたのである。いまも東寺は五重塔で知られ、創建期のたたずまいを伝えるが、西寺は早くに衰退し、立派な講堂基壇を遺すのみである。

平安京ではこの後、官大寺は一切創建・移建されなかった。禁令が出たわけでもないが、京内での私寺建立も遠慮され、寺院は京外に建てることが慣例となった。特に諸大寺が移建されなかった点をとらえ、桓武天皇は平城京の寺院勢力を排除・抑圧したと考えるのが、古典的学説である。しかしこの時代に、院政期のような、強力かつ反抗的な寺院勢力なるものが本当に存在したのだろうか。

むしろ新京の仏教秩序について、桓武天皇は次のように構想したのではないかと思う。国家的法会は朱雀《すざく》大路の南北両端、つまり平安宮と東寺・西寺で行なう。王宮仏事の頂点は大《だい》極殿御斎会《ごくでんごさいえ》であり、東寺・西寺の主要仏事は国忌《こき》（歴代天皇・皇后の忌日法要）とする。これらの法会には学業に優れた僧侶を招き、仏教興隆に役立てるが、彼らが受戒し、止住し、修学・修行に励むのは、平城京を中心とする諸大寺である。——つまり東寺・西寺は僧侶集団の維持・再生産よりも、法会《ほうえ》開催を目的とする寺院であったと考えるのである。東寺・西寺の住僧の多くが、平城京諸大寺を「本寺」（所属寺院）としたのは、このような理由に基づくのであろう。ここで忘れてはならないのは、大寺は平城京だけではなく、飛鳥・難波・近江の古京にも存在したことである。平安京の王権は国家的法会によってこれらを統合し、東寺・西寺は統合の一翼を担うべく創建されたのである。

官大寺を中心とする寺院が建ち並び、国家的な法会が行なわれ、多数の僧尼が暮らす王都を「仏都」と呼ぶなら、長岡京・平安京は仏都ではなかった。仏都の機能の一部だけが抽出され、国家・王権を護持したのである。もはや四字年号時代の高揚はなくなっていたが、その達成は確かに引き継がれ、教学・教団の秩序正しい発展がめざされていた。

平城京は王都でなくなっても、「純然たる仏都」として存続した。そのためか、桓武天皇は平安遷都後、平城京の寺院・僧尼の統制に力を入れた。延暦十四年に「七大寺」の僧尼のチェックがなされ、「七大寺稲」という財源が規制された。十七年には「平城旧都」の乱行の僧尼が取り締まられ、さらに二十三年、僧綱《そうごう》を監督するための使者が派遣された。こうした統制とともに、「七大寺」という仏都の枠組みが固まっていったのである。九世紀中葉以降は、東大寺・興福寺・元興寺《がんごうじ》・大安寺《だいあんじ》・薬師寺・西大寺・法隆寺であるが、早い時期の「平城七大寺」には尼もいたから、あるいは法隆寺の代わりに法華寺《ほっけじ》が入っていたのかもしれない。

東北蝦夷戦争

延暦十三年（七九四）十月、平安遷都の詔が出されたまさにその日、征夷《せいい》大将軍大伴弟麻《おとま》呂《ろ》が東北蝦夷《えみし》の制圧を上奏した。蝦夷戦争の勝利については、六月に副将軍坂上田村麻呂《さかのうえのたむらまろ》が報じていたから、弟麻呂の上奏はセレモニーとしての性格が強く、造都と征夷がそろって成功したことを宣伝するためのものと思われる。

造都と征夷は桓武天皇の二大プロジェクトであった。延暦十三年九月、両方が成就するよう諸国名神に祈っており、この時期までに一対のものとして捉えられるようになったらしい。国家の中枢を整えつつ版図を拡大し、天智直系「新王朝」の権威向上を図るとともに、列島社会の支配を強化しようとしたのであろう。

光仁《こうにん》・桓武朝の東北蝦夷戦争は、「三十八年戦争」と呼ばれる長い戦いであった。それが「陸奥産金のインパクト」の一環であろうことはすでに述べた。桓武が即位したのは宝亀《ほうき》十一年（七八〇）の伊治呰麻呂《これはるのあざまろ》の乱から間もないころであり、その征討軍は戦果をあげずに帰還した。延暦八年、紀古佐美《きのこさみ》が征東大将軍として蝦夷を攻めたが、首魁《しゅかい》アテルイの計略にはまって大敗した。そこで、延暦十年ころから作戦を練り直し、機動的な蝦夷軍に対抗するべく、軍事力の主軸を歩兵から騎兵に改めたものと考えられる。朝鮮半島を軍事的正面とする歩兵部隊から、東北侵攻を目的とする騎兵部隊への転換である。その基盤となったのは、弓馬にたけた地方豪族を活用する「健児《こんでい》」制であった。そして延暦十三年、大伴弟麻呂・坂上田村麻呂らが派遣され、ついに勝利を収めたのである。

さらに延暦二十年、坂上田村麻呂は征夷大将軍としてふたたび軍兵を率い、蝦夷勢力の根拠地・胆沢《いさわ》を完全に制圧した。翌年から田村麻呂は胆沢城（現岩手県奥州市）の造営にあたり、さらに延暦二十二年には志波《しわ》城（現岩手県盛岡市）の建設に移った。志波城は最大・最北の古代城柵であり、さらなる侵略の拠点となることが意図されていた。

このように桓武朝の東北蝦夷戦争は、延暦十年ころから転換し、平安京造営と歩調を合わせるように進められていった。このとき騎兵がクローズアップされたのだが、平安京建設でも駄馬が輸送力として重視されたし、ほぼ同時に駅馬・伝馬の情報伝達システムも改革されている。造都と征夷を陰で支えたのは、実は馬たちであった。

地方行政の整備

桓武天皇が積極政策を実現できたのは、もちろん馬よりも、公民から搾り取った物資と労働力のおかげであった。天平の疫病被害はすでに過去のものとなり、七八〇年代には日本総人口は約六〇〇万人まで増え、調庸《ちょうよう》と兵役を負担する成人男性（正丁《せいてい》）も約一一〇万人に達していた。この正丁数は律令体制下におけるピークと考えてよく、諸国の財政もこのころが最も豊かな時期だったらしい。四字年号時代から向上してきた財力と兵力が、専制君主の思いを現実化させていたのである。

それにしても、公民の負担は重かった。たとえば延暦十三年の軍事行動には、正丁の約一割にあたる一〇万の兵が動員された。そのほとんどは坂東《ばんどう》諸国の公民であり、規模の大小はあれ、こうしたことが何度も繰り返されたのである。造都も同じで、長岡宮造営にあたって三一万四〇〇〇人が雇役された例があり、平安京造営では周辺諸国だけでは足りなかったか、遠江《とおとうみ》・駿河《するが》・信濃《しなの》・出雲《いずも》から二万人の雇夫が連れて来られた。

予想される疲弊や抵抗に対して、桓武天皇は周到に手を打っていた。公出挙《くすいこ》の利息を五割から三割に引き下げ、雑徭《ぞうよう》の日数を半減して三〇日とし、問民苦使《もんみんくし》を派遣するなど、公民への配慮を示すとともに、地方行政の整備・統制を怠らなかった。調庸や正税《しょうぜい》（諸国財源）を確保するために国司《こくし》・郡司《ぐんじ》の罰則を強化したり、延暦十六年（七九七）に勘解由使《かげゆし》を設置し、交替時をとらえて国司を厳しく監察するなど、その施策は多方面にわたった。延暦二十二年に施行された『延暦交替式』は、桓武朝における地方行政整備の集大成と言ってよい。こうした政策により、律令体制と列島社会はしばらく安定を保った。

ここで議政官の顔ぶれを見てみると、藤原種継《たねつぐ》暗殺事件の後は大きな政変もなく、大臣・大納言は藤原是公《これきみ》・藤原継縄《つぐただ》・藤原小黒麻呂《おぐろまろ》・神王《みわおう》・壱志濃王《いちしのおう》など、ほぼ桓武の寵臣や近親で占められた。ただし、中納言以下まで視野を広げると、石川氏・紀氏・佐伯氏・大中臣氏といった伝統豪族も幅広く登用されていた。

延暦二十四年十二月、桓武天皇は参議の藤原緒嗣《おつぐ》・菅野真道《すがののまみち》を殿上に召し、天下の徳政《とくせい》について議論させた（徳政相論）。緒嗣は、人々を苦しめているのは「軍事と造作」であり、この両事をやめて安らかな生活を送らせるべきである、と主張した。真道はこれに異議を唱えたが、桓武は緒嗣の意見のほうを採り、長年推し進めてきた造都と征夷を中止したのである。実はこの前年から桓武は体調を崩し、皇太子や議政官に後事を託したり、かわいがっていた鷹や犬を手放したりしていた。自分はもう長くないと悟り、二大プロジェクトを終えようと考えて、緒嗣にそうした意見を述べるよう仕向けたのであろう。天智直系の「新王朝」という理念も、そろそろ終焉を迎えようとしていた。

桓武天皇の死

桓武天皇が体調を崩した最大の原因は、早良《さわら》親王と井上《いのえ》内親王の御霊《ごりょう》であった。平安京に遷都しても祟りはやまず、延暦十六年（七九七）には内裏で怪異があり、僧二人が早良親王の墓に派遣され、読経・悔過《けか》を行なった。延暦十八年にも慰霊使が派遣されているが、春宮亮《とうぐうのすけ》が赴いたところを見ると、このときも早良は皇太子安殿《あて》親王に祟ったらしい。さらに延暦十九年、早良親王を「崇道《すどう》天皇」と追尊し、廃后井上内親王にも皇后号を贈り、両者の墓を「山陵」と称することにした。井上内親王の祟りが安殿に向かうとは思えず、彼女の希望を奪った山部《やまべ》親王、つまり桓武その人が恐怖したのである。

延暦二十三年末に桓武が病床に伏したのは、石上《いそのかみ》神宮の宝器を平安京近傍に移したことの崇りとされたが、その後も快復しなかったため、御霊への陳謝はいよいよ度を超えた。崇道天皇のために寺を造り、一切経《いっさいきょう》を写し、大和国添上郡《そうのかみ》八島の地に改葬するなど、あらゆる手だてが尽くされた。崇道のため諸国に、井上（もしくは崇道）のため霊安寺に、小倉を建てて出挙稲《すいことう》を収めるという、あたかも天皇に擬すような施策も行なわれた。

しかし延暦二十五年三月、桓武天皇はついに平安宮内裏で死去した。最後の最後まで、藤原種継事件の関係者を復権したり、崇道天皇への陳謝を行なったのは、いかに桓武の罪悪感が深かったかを物語っている。このように晩年こそ怨霊におびえ続けたが、しかし四半世紀におよんだ桓武の治世は、古代日本王朝において確かに傑出したものであった。辛辣な『日《に》本後紀《ほんこうき》』さえ彼を絶賛し、次のように記している。——桓武天皇は文華を好まず、政治に心血を注いだ。内には新都造営を推進し、外には東北蝦夷を征服した。これらは大きな負担になったが、後世の基礎となる事業であった、と。

第七章　平安京の王権

1　平城天皇の功罪

剋己励精

延暦《えんりやく》二十五年（八〇六）三月、桓武《かんむ》天皇の死去を受け、王権のシンボルである剣璽《けんじ》が皇太子安殿《あて》親王に奉呈された。その日、東宮《とうぐう》の寝殿に血が降りそそいだというのは、安殿の生命力の証しであったのか、あるいは治世への凶兆であったか。桓武は「日本根《やまとね》子《こ》皇統《あまつひつぎ》弥《いや》照尊《てらすみこと》」という象徴的な諡《おくりな》を奉られ、柏原《かしわばら》山陵（京都市伏見区）に葬られた。安殿はしばらく皇太子のまま国政を執り、五月、大極殿《だいごくでん》に即位して平城《へいぜい》天皇となった。このとき三三歳。元号は大同《だいどう》と改められ、同母弟の賀美能《かみの》親王が皇太弟となった。

平城天皇は身体が弱く、疑り深く、感情の揺れやすい人物であったが、即位とともに国政改革に打ち込み、精力的に働いた。「剋己《こっき》励精《れいせい》」（私欲を抑えて努力を重ねた）と称賛されたように、平城はほんとうに「勤勉なる君主」だったのである。

まず、即位の六日後に六道観察使《かんさつし》を置いた。有能な参議《さんぎ》・准参議を観察使に任じて、諸国の国司《こくし》を監督させるとともに、民政に関する建議を行なわせたものである。当初のメンバーは、藤原葛野麻呂《かどのまろ》（東海道）・秋篠安人《あきしのやすひと》（北陸道）・藤原緒嗣《おつぐ》（山陰道）・藤原園人《そのひと》（山陽道）・吉備泉《きびのいずみ》（南海道）・藤原縄主《ただぬし》（西海道）という錚々《そうそう》たる顔ぶれで、のちに畿内使・東山道使が置かれ、安倍兄雄《あべのあにお》と菅野真道《すがののまみち》が加わった。翌大同二年（八〇七）には参議号が廃され、「〇〇道観察使」が下位議政官の称号となった。観察使設置とともに勘解由使《かげゆし》が廃止されたが、これは名称と方式を変えながら、桓武天皇の国司監察政策が受けつがれたことを示している。また、観察使の意見を取り入れた地方政策は、公民に配慮したきめ細かなものが多く、この点でも桓武朝の継承・発展がはかられていた。

中央の行政機構にも手が入れられた。名前ばかりで実質をもたない官司・官職をことごとく廃止・統合し、その一方で仕事の多い官司には史生《ししょう》（書記官）を増員した。桓武朝にも大がかりな令外官《りょうげのかん》の廃止があったが、平城は律令官制そのものの見直しを行ない、奈良・平安時代において最大規模の官制改革をなしとげたのである。それとともに、特定官司だけに与えられてきた要劇料《ようげきりょう》・馬料《めりょう》・時服料《じふくりょう》・月料《げつりょう》といった生活給を、諸官司にあまねく行きわたるようにし、中下級官人の待遇を大きく改善させた。このような徹底的な施策によって、中央官制はスリムで効率的なものになり、実務の機能向上がもたらされた。

国政改革は儀礼面にも及んだ。年中行事のうち、正月七日の白馬節会《あおうまのせちえ》、十六日の踏歌《とうか》節会、三月三日の曲水《きょくすい》の宴が停止された。また、正月十七日の射礼《じゃらい》は九月九日に移され、重陽《ちょうよう》の宴が復活された。また、闈司奏《いしそう》をやめて内舎人《うどねり》奏を用いたり、采女《うねめ》の貢上を廃止したのも、宮廷儀礼に関わる施策と言える。喪明けの後に王宮を改作しなかったのも異例であり、総じて平城天皇は華美なもの、贅沢なもの、実質のないものを好まなかった。服装についても、帯・大刀・鞍《くら》や毛皮の使用について厳しい禁制を出している。

伊予親王事件

平城天皇の国政改革は、桓武の路線を受け継ぎつつ、さらに徹底しようとするものであった。中央・地方の行政機構を機能的なものにし、財政を健全化し、地域社会を安定させることをめざし、かなりの部分を実現した。それが律令体制の維持・再建に一定の役割を果たしたことは疑いない。

しかし、そのなかで削ぎ落とされた「華やかさ」「楽しさ」「ゆとり」は、一面で王朝文化を育むものでもあった。平城は桓武とは異なり、神泉苑《しんせんえん》行幸を除けば、遊宴や遊猟をほとんど催さなかった。節会を含め、饗宴や娯楽が貴族・官人社会の潤滑油となり、その共同性・一体性をもたらすことを「勤勉なる君主」は軽視していた。いくつもの別荘をもち、遊興にふけるような王族・貴族とはそりが合わず、その代表格が伊予《いよ》親王と藤原乙叡《たかとし》であった。

伊予親王は桓武天皇の皇子で、母は夫人藤原吉子《よしこ》である。延暦《えんりゃく》十一年（七九二）に加冠《かかん》（元服）したが、吉子の兄弟藤原雄友《おとも》などが提供したのか、栗前野《くりくまの》の江亭、愛宕《おたぎ》荘・大井荘といった別荘を持ち、しばしば桓武天皇を迎えて興を尽くした。桓武は伊予親王を寵愛《ちょうあい》し、京内の邸宅に行幸することもあった。やがて、そうした桓武朝が過ぎ去った。

大同二年（八〇七）十月、伊予親王に謀反を勧めている人物がいる、と聞いた藤原雄友はこれを藤原内麻呂《うちまろ》に告げた。オジとして善処を相談したのであろうか。そこで伊予親王は、自分は勧誘されただけである、と上奏した。即座に藤原宗成なる人物が逮捕され、訊問されたところ、反逆の首謀者は親王その人である、と言った。平城天皇は手がつけられないほど激怒し、関係者をさらに厳しく取り調べ、伊予親王の邸宅を包囲させた。確たる証拠が見つかったわけでもなさそうだが、藤原仲成《なかなり》（後述）が平城をたきつけたのだという。伊予親王と母藤原吉子は川原寺（長岡京の川原寺か）に幽閉され、飲食を絶たれた。伊予は親王を廃され、資財や荘園・別荘などをすべて没収された。親王の三人の子、藤原雄友を始めとする外戚の人々、家人などの関係者はみな処罰された。そして十一月十二日、伊予と吉子は「服毒自殺」によって死去した。『日本後紀《にほんこうき》』は一貫して伊予親王は無罪だと述べ、平城が「淫刑《いんけい》」で母子を殺したと書いている。

このとき、いかなる名目かわからないが、藤原乙叡も連座した。乙叡は藤原継縄《つぐただ》と百済王明信《くだらのこにきしみょうしん》の子で、父母と同じく桓武の寵を受け、別荘での遊興を好んだ。かつて皇太子時代の平城に酒の勢いで不敬をなし、平城はずっと根に持っていたという。別荘と遊宴と寵愛――伊予と乙叡はとてもよく似ていた。彼らの性向は平城天皇と全く相容れず、冷厳な政治の犠牲者となったと言うほかないであろう。また、雄友・乙叡はそれぞれ桓武寵臣である是公《これきみ》・継縄の子であり、この事件で藤原南家《なんけ》は一挙に没落してしまったのである。

二所朝庭

遊宴・遊猟だけでなく、平城天皇は造営や戦争を好まなかった。仏教についても、桓武が統制とともに保護・興隆をはかったのに対し、平城はきわめて冷淡であった。真面目であるが幅がなく、父のように帝王然としていなかった。

しかし、あまりの精勤がこたえたか、大同四年（八〇九）春、平城は体調を崩した。病気になっても次々に法令を出していたが、四月、ついに皇太弟賀美能《かみの》親王に位を譲った。光仁《こうにん》天皇と同じ「風病《ふうびょう》」に苦しみ、まともに国政が執れないので、退位して療養したいと平城は述べ、内裏《だいり》を出て東宮に移った。政治権力の放棄である。そこで賀美能が即位して嵯峨《さが》天皇となり、新しい皇太子には平城の皇子・高丘《たかおか》（高岳）親王が立てられた。

平城太上天皇《だいじょうてんのう》の病はなかなか癒えず、右兵衛府《ひょうえふ》や東院を転々とした。十一月、藤原真夏《まなつ》らが摂津国豊島野《てしまの》・為奈野《いなの》や平城旧都に赴き、どの地が太上天皇宮にふさわしいか、検分した。為奈野はかつて行基《ぎょうき》が開発した地で、淀川河口部の大改修により、いよいよ水陸交通の要衝となっていた。豊島野も同様で、ともに摂津国府の移転候補地にもなった。しかし、選ばれたのは平城であった。藤原仲成・田口息継《おきつぐ》らが派遣され、平城宮の造営が始められた。十二月、まだ宮殿が完成していないのに、太上天皇はせわしなく平城に移った。

このときの太上天皇宮は「平城西宮《にしみや》」であった。かつて第一次大極殿がそびえ、のちに称《しょう》徳《とく》天皇の御在所となったところである。畿内諸国から工匠・人夫が徴発され、平安宮内裏よりややコンパクトな御在所が建設されていった。平城宮には若干の議政官が詰めたほか、平

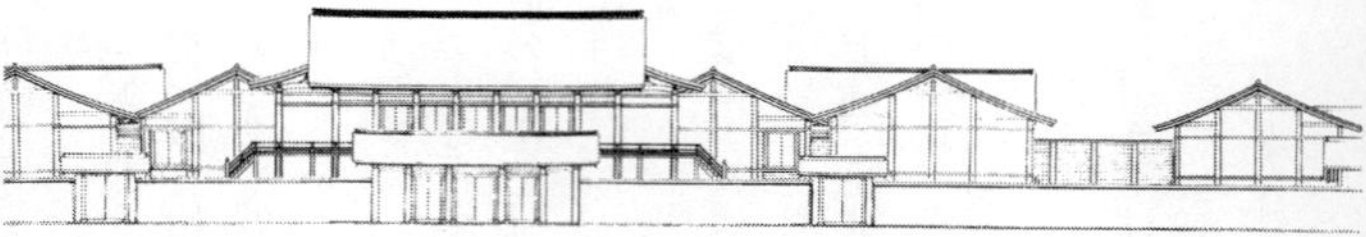

平城西宮の復原　南方より見る。奈良国立文化財研究所『平城宮発掘調査報告XI』より

城太上天皇の衣食住に奉仕するため、内廷官司の一部官人が派遣されてきた。これまで太上天皇は王宮内に住むのが普通で（出家した聖《しょう》武《む》・孝謙《こうけん》は例外である）、内廷官司は天皇・太上天皇双方に奉仕したが、太上天皇宮がかくも離れてしまえば「分局」せざるを得なかったのである。ちなみに、史料には「二所朝庭」という言葉が見え、平安宮・平城宮という二つの朝廷が並び立ったことの表現、とされることがある。しかしこれは「フタトコロノミカド」（二人の天皇）の意と考えられ、過大評価は禁物である。平城宮は、政治権力を持たない男性太上天皇の宮であり、それゆえ機能も限られていた。

薬子の変

平城太上天皇も平城宮も、本来そうあるべきであった。ところが大同五年（八一〇）七月、今度は嵯峨天皇が病気になった。嵯峨はこのとき本気で退位を考え、内裏から東宮へ遷った。藤原園人《そのひと》を派遣し、平城太上天皇にその希望を伝えたが、許されなかったという。神仏への祈願も御霊《ごりょう》の慰撫《いぶ》も功を奏さず、嵯峨は八月になっても快復しなかった。

一方、平城宮は四月頃にはおおむね完成したらしい。穏やかな平城の気候が良かったのか、太上天皇は健康を取り戻しつつあった。六月末には国政に介入する姿勢を取り始め、みずから創設した観察使を廃止した。そして九月六日、平城太上天皇は突如として平城遷都を命じたのである。これは平安京の王権を否定し、自分が国家権力の中枢を握るという宣言にほかならない。太上天皇のまま行なうか、天皇位に復するのか、平城がどう考えていたかはわからないが、嵯峨の天皇大権を侵害することだけは明らかであった。

　このころ平城の側近にいたのは、藤原仲成・薬子《くすこ》の兄妹である。仲成は種継《たねつぐ》の長子で、平城の信任を得て北陸道観察使に任じられ、平城宮の造作にも当たった。薬子は皇太子時代から平城に寵愛され、即位後は尚侍《ないしのかみ》として上奏《じょうそう》・宣下《せんげ》の権限を握り、平城の意向を左右した。それは譲位後も変わらず、仲成が重んじられたのも薬子のおかげであった。嵯峨天皇の言葉によれば、薬子が二所朝庭（二人の天皇）の仲をこじらせ、太上天皇に遷都を勧めたのだという。むろん勝った側の言い分だから、そのまま信じるわけにはいかないが。

　十日、嵯峨天皇側は反撃に出た。伊勢・近江・美濃の国府と故関（鈴鹿《すずか》関・逢坂《おうさか》関・不破《ふわ》関の跡地）を固めて戦乱に備える一方、宮中を厳戒状態におき、おそらく太上天皇勅使として平安宮に来ていた藤原仲成を拘禁した。その上で「首謀者」である薬子・仲成両人を糾弾し処罰する詔《みことのり》を発し、左遷を含む大規模な人事異動を行なうとともに、平城宮の官人たちに引き上げを命じた。十一日、平城太上天皇が挙兵のため東国に向かったとの情報が入ると、すぐさま歴戦の武人、坂上田村麻呂《さかのうえのたむらまろ》と文室綿麻呂《ふんやのわたまろ》に迎撃を命じ、宇治・山崎・与度《よど》（京都市伏見区淀）にも軍兵を配備した。ことは反乱に発展しており、藤原仲成は射殺された。十二日、太上天皇は平城旧京の東南隅、越田村《こしだ》まで行ったところで、鎮圧軍が待ち受けていることを知った。進退窮まった彼は、結局そのまま平城宮に戻り、髪を剃って出家した。ずっとそばを離れなかった藤原薬子も「服毒自殺」をとげた。

こうして「薬子の変」はあっけなく終わった。降伏した平城は、出家することによって世俗権力からの離脱を表明した。男性太上天皇のあるべき姿に戻っただけのことだが、女性太上天皇の「後見」もすでに過去のものとなっており、こうして「太上天皇は国政に関与しない」という原則が固まっていくのである。また、仲成・薬子が粛清されたことにより、藤原式家《しきけ》の没落が決定づけられた。光仁・桓武朝には良継《よしつぐ》・百川《ももかわ》・種継らが活躍し、桓武の皇后乙牟漏《おとむろ》・夫人旅子《たびこ》を出した式家も、今や期待できるのは参議緒嗣《おつぐ》のみである。南家に続いて式家が衰え、右大臣内麻呂のいる北家《ほつけ》の時代が訪れようとしていた。

万代の宮

平城太上天皇が平城遷都を命じたことは、この時期の王権にとっても、遷都が一つのオプションであった事実を示している。桓武天皇がいくら平安京を念入りに仕上げ、平城京を仏都として位置づけても、彼の理念が尊重されなくなれば、遷都は古代都城の属性として頭をもたげてくるのである。無惨な敗北によって平城太上天皇の計画は潰えたが、「遷都の時代」はまだ終わっていなかった。

一方、嵯峨天皇は藤原薬子を糾弾して、「桓武天皇が〈万代の宮〉とお定めになった平安京を、廃てられた平城古京に遷すようにお勧めして、天下を乱し人々を苦しめた」と述べた。平安京は「万代の宮」だから遷都してはならない、というのである。しかし、桓武がそのような決定・宣言をしたことを示す史料はない。かつて由義宮《ゆぎのみや》の歌垣《うたがき》で、

乙女らに　男立ち添い　踏みならす　西の都は　万代の宮

と歌われたのと同じように、平安京を「万代の宮」と言祝《ことほ》ぐことはあったかもしれない。しかし、桓武が「万代の宮」と定めたというのは、非常時に嵯峨天皇が発した政治的言説ではないだろうか。仮にこの推測が誤っていたとしても、政治状況によっては平安廃都は十分あり得たのである。しかし、嵯峨天皇が権力を確立し、その影響力が九世紀半ばまで続くうちに「万代の宮」は現実のものとなっていった。さらに九世紀後半以降になると、国家財政の逼迫《ひっぱく》によって、遷都を考える余裕などなくなってしまった。

弘仁《こうにん》九年（八一八）、賀茂神社に初めて斎院司《さいいんし》が置かれた。伊勢神宮と同じように未婚の皇親女性を派遣し、祭祀《さいし》を行なわせるための組織である。斎院が設置されたのは、「薬子の変」鎮圧を嵯峨天皇が祈願し、叶えられたためと伝えられる。翌弘仁十年、賀茂祭は「中祀《ちゅうし》」に位置づけられ、勅使が派遣される重要な祭となり、その後も賀茂神社は松尾神社とともに平安京鎮護の神として重きをなした。平安廃都の危機を救ったため、賀茂神社が本格的に尊崇されるようになったという伝承は、きわめて興味深いものがある。

西野山古墓出土金装大刀と金銀平脱双鳳文鏡（右）　京都大学総合博物館蔵

　また、平城太上天皇の東国入りを封じた坂上田村麻呂は、嵯峨朝確立・平安京存続に軍事面で貢献した功臣である。彼は弘仁二年、大納言《だいなごん》正三位兼右近衛《このえ》大将という高位高官を帯びたまま、粟田《あわた》別業で死去した。嵯峨天皇は丁重な葬礼を行なわせ、山城国宇治郡に墓地を与えて、甲冑・剣・弓矢などを副葬させた。田村麻呂の墓は、大正時代に発見された西野山《にしのやま》古墓《ぼ》（京都市山科区）がそれに当たると推定され、豪華な副葬品は正倉院宝物に匹敵する。田村麻呂は東向きに立ったまま葬られ、その墓は国家に異変があれば鳴動し、坂東《ばんどう》や陸奥《むつ》に向かう将軍がひそかに参詣したという。こうした伝承はさておき、西野山古墓は山科盆地に入った東海道・東山道・北陸道が、東山を越えて平安京羅城門《らじょうもん》に向かう、ちょうどその玄関口に位置している。蝦夷《えみし》を征討し、変乱を鎮圧した田村麻呂は、その死後も東方・北方の勢力から「万代の宮」を守護し続けたのであろうか。

2　嵯峨天皇

桓武朝の継承

嵯峨天皇の権力は「薬子の変」鎮圧によって確立された。平城太上天皇は平城宮に逼塞《ひっそく》することとなったが、前天皇としての体面を保てるだけの配慮はなされた。高丘（高岳）親王は皇太子を廃され、嵯峨の異母弟にあたる大伴《おおとも》親王が皇太弟に立てられた。さらに改元が行なわれ、この年は弘仁《こうにん》元年（八一〇）と呼ばれることになった。

嵯峨天皇の政治は、ここから本格的に始まった。その方向性を一言で言えば、平城天皇の国政改革の成果を活かしながら、その行きすぎた部分を改め、足りない部分を補うというものであった。平城天皇が改革・緊縮に絞り込むかたちで桓武天皇の路線を継承したのに対し、嵯峨天皇は桓武の政治姿勢全体を引き継いだと言ってもよい。合理性・積極性・開明性が、嵯峨朝の政治の基調をなした。

観察使は廃止されたものの、その経験をもつ議政官が残ったことは、地方政治を進める上で大きな力となった。さらに藤原冬嗣《ふゆつぐ》を始めとする有能な官人が次々に登用され、儒教的徳治主義をベースとしながら、合理的・現実的な地方政策を立案し、実行していった。その際、公出挙《くすいこ》の利率を五割から三割に戻し、調庸《ちょうよう》の負担軽減（減税）をやめ、国司の任期を六年から四年に戻すなど、平城朝の政策のいくつかが否定された。一方、中央官制については、平城朝の改革はよほど適切なものであったらしく、ほとんどが嵯峨朝以降に受け継がれた。ただし、近衛《このえ》・衛士《えじ》・兵衛《ひょうえ》の人数を旧制に復し、闈《い》司《し》奏《そう》を復活するなど、王宮の儀衛に関わる部分については見直しも少なくなかった。

年中行事については、正月七日・十六日、三月三日の節会《せちえ》が復活し、弘仁三年からはうららかな春の花宴《はなのえん》がこれに加わった。正月の内宴《ないえん》（内裏での詩宴）も恒例化した。また、嵯峨天皇は遊宴・遊猟をいたく好んだ。とりわけ神泉苑《しんせんえん》や嵯峨院での遊興が際立ち、こうした場で賦詩《ふし》が行なわれた。あたかも桓武天皇の時代に戻ったかのようであり、王宮内外の遊宴は王朝文化の重要な基盤となるものであった。天皇が宴を開き、臣下が奉献（財物献上）するという互酬《ごしゆう》儀礼も、嵯峨朝には特によく行なわれた。

桓武朝以来の政策として、東北蝦夷戦争についても触れておきたい。弘仁二年、嵯峨天皇は文室綿麻呂《ふんやのわたまろ》に命じ、志波《しわ》城の北方から東方にあたる閉伊《へい》・爾薩体《にさつたい》地方を掃討させた。これは坂上田村麻呂の軍事作戦の総仕上げと言うべきものである。一定の成果をあげた日本王朝は、この時点で武力侵攻を終結させた。志波城を廃して徳丹《とくたん》城（岩手県矢巾《やはば》町）で辺境を守り、胆沢《いさわ》城を拠点とする蝦夷支配の体制を確立した。こうして古代日本国の最大版図が実現し、北辺地域に束の間の安定がもたらされたのである。

唐風化

嵯峨天皇はまた、桓武天皇が志した法典編纂を受け継ぎ、これを完成した。古代の法典は律令《りつりよう》格式《きやくしき》と総称され、国政の根幹を定める律令は、近江令《おうみりよう》から養老《ようろう》律令まで何度も編纂されてきた。ところが桓武朝になっても、単行法令を集成した格《きやく》と、運用細則を定めた式《しき》はよく備わっていなかった。桓武は藤原内麻呂《うちまろ》・菅野真道《すがののまみち》に編纂を命じたが、その死によって中断してしまった。そこで、嵯峨は藤原冬嗣《ふゆつぐ》・藤原葛野麻呂《かどのまろ》らに命じて編纂作業を再開させたのである。格一〇巻・式四〇巻が完成したのは弘仁十一年（八二〇）のことで、これを『弘《こう》仁格式《にんきやくしき》』と呼ぶ。その後の『貞観格式《じようがん》』『延喜格式《えんぎ》』とともに「三代格式」と総称され、長く国政全般の規範となっていった。

ただ、朝廷儀礼のプログラムや作法については、式だけでは行き届かないことも多く、「儀式《ぎしき》」という法典が必要であった。嵯峨天皇はまず『内裏儀式《だいりぎしき》』を編纂させ、儀礼のよりどころとした。しかし弘仁九年、朝廷の儀礼作法を唐風のものに一新したため、新たに『内《だい》裏式《りしき》』を撰定させ、弘仁十二年に完成をみた。以後も『貞観儀式』や『延喜儀式』が作られ、王権が儀礼のあり方を指し示す「官撰儀式書の時代」が続いていく。

弘仁九年の「唐風化」というのは、日本古来の柏手礼をやめて唐の舞踏礼を用いる、といった作法にとどまるものではない。男官・女官の服制が改められ、位記《いき》(叙位証書)が唐の告身《こくしん》(任官証書)と同じ様式になったほか、王宮の殿舎や門の名前も唐風に変えられた。大伴門が応天門《おうてんもん》に、山門が陽明門《ようめい》に、といったふうにである。紫宸殿《ししいでん》・仁寿殿《じじゆう》・清涼殿《せいりよう》など、なじみ深い殿舎名もこのとき生まれた。さらに弘仁十一年には、天皇・皇后・皇太子の服制が定められた。天皇は神事では日本古来の帛衣《はくのきぬ》を着るが、朝賀《ちようが》では袞冕十二章《こんべんじゆうにしよう》、その他の儀礼では黄櫨染衣《こうろぜんのい》という、中国皇帝と同じような衣服を用いたのである。

平安宮では弘仁六年から朝堂院《ちようどういん》、翌七年から内裏の改作が行なわれた。朝堂院では、緑釉瓦《りよくゆうがわら》への葺き替えなどによって儀容の向上がはかられたらしく、豊楽院《ぶらくいん》もこのとき手が入れられたと見られる。内裏の改作は、橘嘉智子《たちばなのかちこ》の立后にともなうものだが、朝堂院と同じように儀礼空間として整備された可能性が大きい。こうした改修工事と儀式作法・殿舎名の刷新が相俟って、「王宮の唐風化」が急速に進んでいった。

唐文化の全面的採用——それは四字年号時代から続いてきた、儒・仏両面にわたる中国文明への没入がさらに深まったものである。嵯峨天皇の時代は、勅撰漢詩文集『凌雲集《りょううんしゅう》』『文《ぶん》華秀麗集《かしゅうれいしゅう》』が生まれ、天台宗《てんだい》・真言宗《しんごん》が勃興し、渡唐僧を中心として喫茶が流行するなど、さまざまな面で唐文化が盛んになった。嵯峨天皇の個性によるところも大きかったが、そもそもそういう世相だったのである。律令格式という中国的な法体系が完備したのも、こうした時代ならではのことであった。

藤原冬嗣

嵯峨天皇の治世を支えたのは、平城朝以来の議政官に加え、藤原冬嗣《ふゆつぐ》・巨勢野足《こせののたり》・秋篠安人《あきしののやすひと》・良岑安世《よしみねのやすよ》・藤原三守《みもり》・小野岑守《みねもり》といった新しい官人たちであった。注目すべきことに、彼らの多くは嵯峨天皇の近臣である。皇太子時代から東宮に奉仕し、即位後は側近官として腕をふるう。そうした官人を「藩邸の旧臣」と呼ぶが、嵯峨朝を中心とする時代には、特に彼らの活躍がめざましかったのである。

その代表格が藤原冬嗣である。父の右大臣内麻呂は平城天皇から信任された人物で、長男真夏《まなつ》を安殿《あて》親王（平城）、次男冬嗣を賀美能《かみの》親王（嵯峨）に仕えさせた。どう転んでも子孫が栄えるよう、二代の皇太子を両天秤にかけたのであろう。兄の真夏は薬子《くすこ》の変によって前途を絶たれたが、その後も平城太上天皇に忠誠を尽くした。一方、冬嗣は嵯峨天皇から深く信頼され、大同《だいどう》五年（八一〇）三月、天皇近侍機構である蔵人所《くろうどどころ》が置かれると、巨勢野足とともに初代蔵人頭《くろうどのとう》（長官）となった。まさに近臣中の近臣なのである。薬子の変で嵯峨が勝利すると、冬嗣の未来も大きく開けた。翌弘仁《こうにん》二年（八一一）に参議に任ぜられ、以後も順調に昇進して、嵯峨朝末年には右大臣に至った。この間の政策には冬嗣の意見が少なからず反映されたであろうし、『弘仁格式』『内裏式』の編纂にも中心的役割を果たした。彼は漢詩文に長じ、嵯峨天皇を自邸に招いて詩宴を開くこともあった。勧学院《かんがくいん》を設置して藤原氏の大学生を支援したのも、学問重視の姿勢ゆえであろう。

冬嗣は、嵯峨天皇の皇子正良《まさら》親王（のちの仁明《にんみょう》天皇）に娘の順子《じゅんし》をいれ、嵯峨の愛娘・源潔姫《みなもとのきよひめ》を息男良房《よしふさ》に配してもらった。婚姻によって子女を交換した格好である。やがて正良・順子からは文徳《もんとく》天皇が誕生し、また良房・潔姫の間に生まれた明子《あきらけいこ》は、その文徳天皇の女御《にょうご》として清和《せいわ》天皇を産むことになる。嵯峨直系の皇統と、それに密着して摂関《せっかん》政治を開いた藤原北家嫡流は、嵯峨・冬嗣の緊密な君臣関係から生まれたと言ってよい。

近臣は藤原冬嗣ばかりではなかった。武官としてのキャリアに富んだ巨勢野足、桓武皇子で冬嗣と母（百済永継《くだらのながつぐ》）を同じくする良岑安世、嵯峨の乳母子と推測されている藤原三守——多彩な人材が嵯峨を取り巻き、政治・文化を領導していた。このように天皇の個人的信任を得た近臣が活躍したのは、まさしく王権の専制化が進んだことの現われである。天皇の近侍者として殿上人《てんじょうびと》と蔵人《くろうど》が定められ、蔵人所という組織ができたのも、そうした動向の一環であった。殿上人・蔵人は、天皇の暮らす殿舎に日常的に参上し、さまざまな用務を果たしたのである。五位以上、次侍従《じじじゅう》、そして殿上人・蔵人。時代が下るとともに天皇近侍者の数が絞られていき、侍候空間はいよいよ天皇に近づいていった。

冷然院と嵯峨院

嵯峨天皇は左京二条二坊に冷然院《れいぜいいん》という、すぐれた離宮をもっていた。平安宮の東南に接し、四町という広大な敷地には築山《つきやま》と池水《ちすい》が配され、幽邃《ゆうすい》な趣きがあった。十世紀には火災に遭い、「然」字は「灬」（火）を含むというので「冷泉院」に改められたが、もともと世俗を超越したさまを表わす「泠然」から命名されたらしい。

嵯峨天皇はこの離宮を好み、弘仁七年（八一六）以来、ときおり行幸して賦詩などを催した。平城宮と違って平安宮大内裏には苑池がないため、桓武天皇の時代から、しばしば京内の神泉苑に赴いて遊宴や納涼が行なわれてきた。平城天皇でさえ神泉苑には一〇回も行幸したのである。嵯峨もまた同様であったが、冷然院はいっそうプライベートな施設として、彼にゆとり・くつろぎを与えてくれたのであろう。

また、平安京の西郊には嵯峨院（嵯峨別館）という離宮があった。弘仁五年、北野遊猟の帰りに行幸したのが初見で、その後も正史にしばしば現われる。今も「嵯峨」という地名が残っているが、それは「神仙の居所」を意味する嵯峨院に由来し、この離宮を中核として「嵯峨荘」が形成されたことによって定着したものであろう。嵯峨野は六世紀に秦氏《はた》が開発した田園地帯で、九世紀になっても豊かな自然を残し、大宮人にとっては幽閑の地であった。嵯峨天皇はこの離宮において、ひとときの無為閑寂を楽しんだのである。冷然院も嵯峨院も、中国的な老荘思想への指向をうかがわせる離宮であった。

弘仁十四年四月、嵯峨天皇は冷然院に移り、藤原冬嗣に譲位の意志を伝えた。冬嗣は、二人も太上天皇がいては財政的負担が大きいと諫言し、翻意を促したが、嵯峨の意志は固かった。数日後、嵯峨は皇太弟大伴《おおとも》親王をともない、冷然院前殿でこう宣言した。

朕はもともと皇子の一人にすぎなかったのに、太上天皇（平城）は皇位をお譲り下さった。即位後すぐに大病をわずらった時も、退位を許していただけなかった。このとき太上天皇と朕の関係をこじらせる愚か者がいたが、真心をもって駆逐してさしあげた。以来一四年、朕は天皇位にあった。皇太弟は朕と同年齢で、賢明にして慈愛に満ちた人物である。ずっと譲位しようと考えてきたので、その思いを今日果たしたい。

大伴親王は固辞したが許されず、践祚《せんそ》して淳和《じゅんな》天皇となった。淳和は内裏に移り、嵯峨の皇子・正良《まさら》親王を皇太子に立てた。嵯峨には太上天皇の尊号を奉ったが、世俗を離れるために譲位したのだから尊号など要らない、との返答であった。平城宮からも藤原真夏が上京し、太上天皇号を除き、平城宮の諸司を廃止するように、という先太上天皇（平城）の意向を伝えた。しかし、淳和天皇はともに謝絶し、二人の太上天皇を並立させた。

太上天皇の権力

嵯峨太上天皇の「帰閑《きかん》の志」は偽りではなかった。彼は皇太后 橘 嘉智子《たちばなのかちこ》とともに冷然院で静かに暮らし、決して国政に容喙《ようかい》しなかった。もっとも、天長《てんちょう》元年（八二四）に薬子の変の処罰者を赦したり、次の仁明朝には近臣の処遇について要請したりしたが、それらはきわめて稀な例外であって、嵯峨太上天皇が天皇大権を行使しようとしなかったことは確実である。平城太上天皇の蹉跌《さてつ》を知り、老荘思想に惹かれる嵯峨にとって、太上天皇の国政介入など論外と言うべきものであった。

こうした嵯峨の姿勢によって、「男性太上天皇は国政に関与しない」というルールが確固たるものとなり、後期摂関政治の時代までずっと尊重されることになった。太上天皇の権能は、女性太上天皇の「後見」の終焉、平城太上天皇の敗北、嵯峨太上天皇の隠棲という長いプロセスを経て、ようやく確立したのである。これ以降、天皇が譲位するのは珍しいことではなくなり、太上天皇として死去することが多くなっていった。「桓武」「仁明《にんみょう》」「文徳《もんとく》」といった漢風諡号《しごう》よりも、「嵯峨」「淳和」「清和」といった院号で呼ばれる天皇が多くなるのは、このような理由に基づくのである。

嵯峨太上天皇は承和《じょうわ》元年（八三四）、嵯峨院に移り、いよいよ閑雅な生活を送ることにした。こうして国政的権限は放棄されたが、先帝にして淳和天皇の兄、のちには仁明天皇の父ということで、嵯峨の私的・社会的な影響力は絶大であった。貴族社会においては、王族や上級貴族たちに対して、隠然たる「家父長的権威」を保っていた。また「冷然院」「嵯峨院」は太上天皇その人を指すとともに、その家政機関の呼称でもあったが（のちの「淳和院」なども同じ）、こうした「院」はひとつの社会権力として、京畿内やその周辺の地域社会に支配の手を伸ばした。嵯峨本人が指令したわけではないが、土地を大がかりに集積する、土豪を編成して国司に対抗する、裁判権や租税徴収権を自由に行使する、といった活動である。上級貴族の家政機関を「院宮王臣家《いんぐうおうしんけ》」と呼び、その活動は九世紀中葉から顕著になったが、太上天皇の「院」はそのトップランナーであった。

嵯峨太上天皇は公的権力と私的権力を分離し、後者だけを保持したと言ってよかろう。淳和太上天皇も同じであった。また、在位中の天皇についても「私的領域の肥大」を認めることができる。嵯峨太上天皇の冷然院は、彼が嵯峨院に移るとともに仁明天皇に譲られ、「後《ご》院《いん》」と呼ばれる私的家政機関として、仁明在位中から大きな経済機能を担った。後に述べるように、天皇の私経済は八世紀から存在したが、九世紀になって格段に成長したのである。「藩邸の旧臣」が活躍したのも、天皇個人の祈願による「御願寺《ごがんじ》」が増えたのも、天皇の私的領域が肥大したことの現われであった。それは王権の専制化によって浮上したものだが、知らず知らずのうちに律令体制を掘り崩す力にもなっていった。

3　爛熟と転換

淳和から仁明へ

淳和《じゅんな》天皇が大極殿《だいごくでん》に即位したのは、弘仁《こうにん》十四年（八二三）四月二十七日のことである。淳和は平城《へいぜい》・嵯峨《さが》につぐ桓武《かんむ》の第三皇子で、母は夫人藤原旅子《たびこ》であった。嵯峨天皇と皇后橘嘉智子《かちこ》の間には、正良《まさら》親王・正子《まさこ》内親王という双子の皇子女がいたが、このうち正良が淳和の皇太子となり、正子が皇后となったのである。なお、淳和即位とともにその本名「大伴」を避けて、かつての雄族大伴氏は伴《とも》氏に改称されてしまった。

淳和天皇の政権構成は、嵯峨朝とよく似ていた。有能な議政官を受け継ぎつつ、清原夏野《きよはらのなつの》・南淵弘貞《みなぶちのひろさだ》・藤原愛発《ちかなり》・藤原吉野《よしの》といった自分の近臣（藩邸の旧臣）を登用し、儒教的教養に基づく実際的・合理的な政策を施していった。法制・文化面でも、『弘仁格式《こうにんきゃくしき》』の改訂や漢詩文集『経国集《けいこくしゅう》』の編纂などが行なわれ、唐文化尊重が続いていた。このように淳和朝は嵯峨朝との連続性がきわめて強く、時代相はほとんど変わらなかった。

淳和朝に死去した人物を二人挙げておこう。天長《てんちょう》元年（八二四）、平城太上天皇がみまかった。五一歳。薬子《くすこ》の変から一四年、平城旧都の日々はどのようなものだったのか。当主を失った平城宮と彼の皇子女たちについては、次章で述べることにしよう。天長六年には酒人《さかひと》内親王が死去した。七六歳。彼女は光仁《こうにん》天皇と井上《いのえ》内親王の娘で、他戸《おさべ》親王の姉に当たる。井上・他戸の死後、伊勢斎宮《さいぐう》の任を解かれて山部《やまべ》親王（桓武）妃となり、朝原《あさはら》内親王を産んだ。朝原も斎宮を経験した後、平城天皇妃となったが、子を授からないまま弘仁八年（八一七）に亡くなった。つまり、光仁・桓武・平城の三代に井上・酒人・朝原がキサキとなり、聖武天皇の血統をかぼそく伝えていたのだが、むろんただの傍流にすぎず、酒人死去をもって断絶したのである。聖武が世を去ってから、すでに七三年が経過していた。

淳和天皇は嵯峨天皇の冷然院と同じように、平安京右京四条二坊に西院《さいいん》（南池院）と呼ばれる離宮をもち、しばしば訪れて賦詩などを楽しんだ。天長十年二月、淳和はこの西院に移り、皇太子正良親王に譲位した。この時点から、離宮も淳和その人も「淳和院」と呼ばれるようになった。淳和にも太上天皇の尊号が奉られ、ふたたび一天皇・二太上天皇の時代が訪れた。正良は即位して仁明《にんみょう》天皇となったが、その皇太子には淳和と正子の子である恒貞《つねさだ》親王が立てられた。これは〈嵯峨―仁明〉の皇統と〈淳和―恒貞〉の皇統が順番に皇位につくこと、つまり「両統迭立《りょうとうてつりつ》」の合意がなされたことを物語っている。

翌承和《じょうわ》元年（八三四）正月は特別な年頭であった。二日、仁明天皇が淳和院に行幸し、後太上天皇を拝礼した。このように太上天皇や皇太后を拝するために天皇が行幸することを「朝覲《ちょうきん》行幸」と呼ぶ。三日、淳和太上天皇が年賀のため嵯峨太上天皇のもとを訪れた。四日、仁明天皇は冷然院に行幸し、嵯峨太上天皇と皇太后嘉智子を拝した。しかる後、嵯峨太上天皇が淳和太上天皇のもとに年賀に赴いたのである。丁重きわまりないやりとりによって、嵯峨・淳和・仁明の協調が図られた様子がよくわかる。もっとも、さすがに翌年からは嵯峨院への朝覲行幸が行なわれるばかりになった。

承和の聖代

仁明天皇の時代は天長十年（八三三）から嘉祥《かしょう》三年（八五〇）に至るが、その間に承和

（八三四〜八四八）の一五年があり、承和は仁明朝の代名詞であった。そして仁明朝は、後世の人々から文華栄えた聖代と言われ、先例故実の典拠とされることが少なくなかった。十世紀の醍醐《だいご》・村上《むらかみ》朝――それは律令体制最後の光彩を放った時代である――を尊ぶ「延喜天《えんぎてん》暦《りやく》聖代観」は著名だが、それに先立つ承和も聖代視されていたのである。「爛熟《らんじゆく》と転換」、すなわち嵯峨・淳和朝から続く唐風の政治・文化が爛熟期を迎え、その底流において後代に継承される要素が形作られたのが、仁明朝の時代相であった。

文化について見てみると、漢詩文の全盛は依然として続いており、貴族・官人社会に必須の教養とされていた。ただこの時期、一つの転換があった。それは『白氏文集《はくしもんじゆう》』がもたらされ、表現や素材において強い影響を与え始めたことである。「我朝の詞人才子、白氏文集を以て規模（模範）となす。故に承和以来、詩を言う者、みな体裁を失わず」と言われたように、白居易《はくきよい》を規範とする新しい詩風は承和に始まったのである。その一方で、和歌が復興した。和歌は唐風全盛の風潮によって衰えたが、嘉祥二年、仁明天皇に興福寺《こうふくじ》僧が長歌を献じ、和歌の伝統性・優位性を讃えたころから、ようやく息を吹きかえした。六歌仙《ろつかせん》の時代が開幕し、『白氏文集』の影響を受けた比喩表現が用いられ、『古今和歌集《こきんわかしゆう》』へと続いていった。さらに、楽舞が隆盛したのも承和を中心とする時期である。藤原貞敏《さだとし》・大戸清上《おおべのきよかみ》などの名手が現われ、楽舞の改修、新曲の製作が行なわれた。宮廷の楽制もこのころ改革され、左右両部制が成立したと言われる。外来の楽舞を受容・享受するなかから、日本王朝独自の楽曲と奏楽システムが生み出されたのであろう。これを含めて、仁明朝の宮廷行事はたいへん華やかで、それも後世から憧憬される一因となった。

承和元年、三〇年ぶりに遣唐使が任命された。このたびも苦難の連続で、大使藤原常嗣《つねつぐ》が大明宮《だいめいきゅう》で文宗《ぶんそう》に謁見したのは、五年後の承和六年のことであった。この遣唐使には楽の名手が何人も加わり、さらに諸道の学生のほか、円行《えんぎょう》・円仁《えんにん》・常暁《じょうぎょう》といった僧侶が随行し、最新の学問・芸能・宗教を将来したのである。しかし、日本王朝が遣唐使を送るのはこれが最後となった。唐王朝が衰えて政治的意味が薄れる一方、海商《かいしょう》の往来が盛んになってきたからである。その後、寛平《かんぴょう》六年（八九四）に遣唐使が任命されたが、そのまま立ち消えになった。正式に「遣唐使の廃止」が決まったわけではない。そのような些細な一件よりも、承和度で遣唐使の派遣が終わったことのほうが歴史的にはずっと重要である。「最後の遣唐使」は仁明朝の「爛熟と転換」の象徴と言うべきものであった。

勅旨田

淳和朝から仁明朝にかけて、正史には勅旨田《ちょくしでん》の設置記事がたくさん見える。「勅旨」とは天皇・太上天皇の「御料《ごりょう》」をさす言葉である。少ないときで一〇町、多い場合は七〇〇町にも及ぶ荒廃田・空閑地が、天皇や太上天皇の私的財産である勅旨田のために占定されたのである。この時期の史料に見えるだけで、嵯峨太上天皇の勅旨田は約一八〇〇町、淳和天皇の勅旨田は約二二〇〇町、仁明天皇の勅旨田は約一一〇〇町にのぼったと推算され、王権の私的領域の拡大と富裕化をみごとに物語っている。

しかし、勅旨田の設定が淳和朝に始まったかと言えば、決してそうではなかった。正倉院文書によれば、四字年号時代の初期、天平勝宝《てんぴょうしょうほう》年間に勅旨田があったことが確実なのである。天皇家の家産を預かる藤原仲麻呂《なかまろ》が、美濃国などの諸国司に指令して勅旨田の開発・経営に当たらせていた。また近江国司には、天皇勅願の東大寺に施入するための田地開発が命じられたが、これも勅旨田のバリエーションと言ってよい。つまり、墾田永年私財法《こんでんえいねんしざいほう》によって全国で墾田開発が始まるなか、天皇家もその活動に加わり、国司の組織・財政を活用するという特権的な方法で勅旨田を獲得していったのである。

こうしたことは九世紀になっても続き、桓武天皇・平城天皇が勅旨田をもっていたことも確認できる。そして淳和朝以降の正史記事につながるわけであるが、興味深いことに、淳和朝の勅旨田設定に関わった国司の多くは、淳和天皇か嵯峨太上天皇の近臣であった。つまり天皇・太上天皇と近臣国司の個人的関係が、大量の勅旨田の設定、さらに開発・経営をもたらしたと考えることができる。それは嵯峨朝～仁明朝を通じての特徴と見てよく、おそらく四字年号時代に萌芽し、王権の専制化とともに発達してきた事象であろう。

専制化に比例するように、天皇のもとに勅旨田がプールされていった。また必要とあらば、息のかかった国司に献上させればよい。このような土地が天皇から皇親・キサキ・近臣に与えられるとき、それらは「賜田《しでん》」と呼ばれた。正史においては、賜田は桓武朝からしばしば行なわれてきたが、それが最高潮に達したのは仁明朝である。天皇を中心とする政治関係を維持する上で、賜田は重要な役割を果したと考えられる。

しかし、仁明朝を過ぎると賜田は激減してしまい、勅旨田も全く目立たなくなる。これは天皇をめぐる政治編成に変化があったことを示すものであろう。四字年号時代から続いてきた王権のあり方は、仁明朝まで続いたあと急速に変質し、その専制性が失われ、拡大したはずの私的領域が見えなくなったのである。天皇権力が摂関によって代行される「前期摂関政治」の成立と、おそらくそれは根を同じくする現象であった。

奢侈と窮乏

平安中期の文人官僚・三善清行《みよしきよゆき》が延喜《えんぎ》十四年（九一四）に奏上した「意見十二箇条」は、国家財政が逼迫していったプロセスを次のように記している。第一段階は聖武《しょうむ》朝。東大寺・国分寺《こくぶんじ》の建立によって財政の五割が滅失した。第二段階は桓武朝。長岡・平安遷都によって三割が費消された。そして第三段階が仁明朝。古今に例をみない宮廷の奢侈により、一割が損なわれた。残りは盛時の一割しかなく、それも王宮の火事で半減したという。恐るべき窮乏化である。四字年号時代に入るころから財政は急降下し、仁明朝には破綻寸前になっていた、ということになる。しかし、それは事実なのであろうか。

清行の主張を検証してみよう。律令体制下では、租庸調《そようちょう》と呼ばれる租税のうち、調庸を中央財源、租を地方財源とするのが原則であった。調庸を負担するのは「課丁《かてい》」と呼ばれる成年男性だから、その人数は中央財政のバロメーターになる。そこで、比較的わかりやすい近江国（現在の滋賀県）の課丁数を、各種史料からおおざっぱに推算してみた。

八世紀前半　　　　　約一万八〇〇〇＊
延暦八年（七八九）頃　約二万九〇〇〇
弘仁十四年（八二三）頃　約二万＊
承和五年（八三八）　　約一万四〇〇〇
貞観八年（八六六）　　約　九〇〇〇

このうち＊印は全国平均から機械的に算出した数字だが、だいたいの傾向はわかる。八世紀前半から人口が増えていったが、天平の疫病大流行で四分の一から三分の一が死亡。そこから盛り返して延暦年間に至り、このころがピークと思われる。しかし弘仁末年までに三分の一が減り、承和年間までにほぼ半減した、ということである。ただし、承和になっても八世紀前半の四分の三ほどはあり、本当に苦しくなるのはそれからであった。

　延暦から弘仁までの減少は、二度にわたる疫病の影響もあるだろう。しかしそこから後は、院宮王臣家《いんぐうおうしんけ》の活動が主たる原因であった。平安京から近い近江国では、「富豪層《ふごうそう》」と呼ばれる有力土豪が院宮王臣家と結び付き、国司の支配から逃げ出していたのである。こうしたことは畿内周辺・瀬戸内海沿岸の国々で一般的に見られ、また院宮王臣家の影響の及びにくい地方でも、国司支配から逃れようとする土豪は多かった。

　地方財政についても興味深いデータがある。公民から徴収された租は必要経費を除いて諸国の正倉《しょうそう》に収められるが、越中国（現在の富山県）の帳簿によれば、天平年間と延暦年間に停滞があったほかは、九世紀末まで租は毎年着実に蓄積されていた。天平年間は疫病流行、延暦年間は造都・征夷のため落ち込んだのであろうか。しかし九世紀になると、中央政府のための支出が急速に増え、古い租穀から順番に倉出しされていったため、九世紀末には備蓄ゼロになる国も現われた。したがって、ピークは八世紀末の延暦年間ころと考えられ、九世紀を通じて加速度的に地方財政が悪化していった、ということになるであろう。

「意見十二箇条」の主張はいささか大げさであった。八世紀後半〜九世紀前半は「律令体制の最盛期」と見るべきであり、承和年間はまだ危険水域に入っていなかった。とは言え、仁明朝に財政が悪化した、と三善清行が強調したことは無視できない。調庸関係の法令を見ていても、承和年間を過ぎるころから政策意欲が失われていくようであり、この頃を境として、中央・地方の財政状況は急速に悪化したのではなかろうか。華やかな宮廷行事の陰では、財政危機への道がはっきりと見え始めていた。ゆるやかな下り尾根から急斜面に移り変わる、そのような転換点に仁明朝は位置していたのである。

時代の終わり

承和《じょうわ》七年（八四〇）五月、淳和《じゅんな》太上天皇が死去した。遺言によって、淳和は長岡旧京北郊の物集《もずめ》村で火葬されたのち、大原野《おおはらの》西山の頂に散骨された。山陵を築くと鬼物が取りつき、祟りをなすのを嫌ったのだという。

そして承和九年七月、今度は嵯峨《さが》太上天皇が世を去った。彼も徹底した薄葬《はくそう》を行なうよう命じ、太上天皇としての葬礼を行なわないことを希望した。「無位無号」で大自然の中を逍遥することをずっと願っていたのだ、と嵯峨は最後に語った。

しかし、死後の配慮は別の方面でこそ必要だったはずである。というのも、嵯峨と淳和が合意した両統迭立《りょうとうてつりつ》構想は、二人がいなくなれば先行き不透明になる。しかも嵯峨の近臣は仁《にん》明《みょう》に、淳和の近臣は恒貞《つねさだ》に受け継がれ、貴族・官人社会は両統に分裂しつつあった。一見安定していた仁明朝の宮廷は、内部に深い対立の芽を秘めていたのである。こうしたときに嵯峨の家父長的権威が消滅すれば、待ち受けるのは露骨な権力闘争であった。

嵯峨の死の二日後、伴健岑《とものこわみね》と橘逸勢《たちばなのはやなり》の謀反が発覚した。皇子（阿保《あぼ》親王。通説では皇太子恒貞親王）を擁し、仁明朝を倒壊させる計画を練ったというのである。仁明天皇の近臣・藤原良房《よしふさ》は右大将として武力を掌握していたが、太皇太后橘嘉智子《かちこ》から詳しい情報を得ると、すぐさま上奏して対抗勢力を一気に押しつぶした。責任者として皇太子恒貞親王が廃されるとともに、近臣議政官の藤原愛発《ちかなり》・藤原吉野《よしの》・文室秋津《ふんやのあきつ》が失脚し、健岑・逸勢はもとより、春宮坊《とうぐうぼう》関係者六十数人が流罪に処された。新しい皇太子には仁明皇子の道康《みちやす》親王が立てられ、その外舅《がいきゅう》にあたる良房は大納言《だいなごん》に昇り、いよいよ専権に近づいた。

これが「承和の変」の顚末である。薬子の変以来、三〇年に及んだ宮廷の安定は一挙に破られ、両統迭立構想は嵯峨直系の皇位継承に変じ、藤原良房・基経《もとつね》による前期摂関《せっかん》政治への道が開かれた。仁明天皇はここから八年を生き、いよいよ宮廷文化の爛熟を謳歌するのだが、政治・社会の転換はもはや決定的である。それは王権を中心とする「三〇年の政治的安定」の閉幕であり、四字年号時代から続く「律令体制の最盛期」の終焉でもあった。

第八章　仏都の命脈

1　廃都後の平城京

奈良の京、春日の里

むかし、ある男が初冠《ういこうぶり》（元服）をし、「奈良の京、春日の里」に所領があったので、狩りに出かけた。その里にはとても優美な姉妹が住んでいて、男はそれを垣間見てしまった。思いがけないこと、旧都には全く似つかわしくない美しさだったので、男は心が揺れ動き、着ていた狩衣《かりぎぬ》の裾を切って、歌を書いて遣わした。

春日野の　若むらさきの　摺り衣　しのぶの乱れ　限り知られず

よく知られた『伊勢物語』冒頭の物語である。この「いちはやき雅《みやび》」（情熱にあふれた風雅なふるまい）をみせた男には、若き日の在原業平《ありわらのなりひら》のイメージが投影されている。仮に業平元服の頃とすれば、仁明《にんみよう》朝の初期のこととなろうか。むろん虚構を多分に含む歌物語であるから、あまり厳密に考証しても始まらないとは思うが、平安初期の「奈良の京」に関わりをもった人々の面影を、なにがしか伝えているのであろう。

在原業平は天長《てんちょう》二年（八二五）、阿保《あぼ》親王の子として生まれた。親王は平城《へいぜい》天皇第一皇子で、薬子《くすこ》の変とともに大宰《だざいのごんのそち》権帥に左遷され、平城が没した天長初年になってようやく帰京を許された。業平が誕生したのはちょうどその頃で、天長三年に在原姓を賜った。落ち着いた日々を送っていた阿保は、承和《じょうわ》九年（八四二）、伴健岑《とものこわみね》の反乱計画で自分が擁立されようとしているのを知り、これを密告した。ところが事態が思いのほか進展し、皇太子恒貞《つねさだ》親王が廃されてしまったため、自責と憂悶の果てに死去したのである。業平はこのとき一八歳。陰謀と計略の世界から身を遠ざけ、雅に没入していったのも故なしとしない。

平城太上天皇の孫王であること、それが在原業平にまとわりつく運命であった。本当に「春日の里」に所領をもっていたとすれば、それも平城宮に住んだ太上天皇と何らかの関わりがあったのかもしれない。廃都後の平城京地域には「平城七大寺」の地、すなわち天皇のいない「純然たる仏都」という性格と、平城太上天皇をはじめとする王族・貴族の活動拠点（または所領）という性格がともにうかがわれる。この二面性は時に重なり合うこともあったが、ここではまず後者のほうから見ていくことにしよう。

平城太上天皇の宮

大同《だいどう》五年（八一〇）、薬子の変で敗北した平城太上天皇は、平城宮において政治権力と無縁の生活を送ることになった。彼の衣食住を支える諸司はそのまま残り、西宮《にしみや》（第一次大極《だいごく》殿院跡地《でんいんあと》）の周辺で仕事を続けたものと見られる。六衛府《ろくえふ》による警衛も行なわれていた。弘《こう》仁《にん》十四年（八二三）、嵯峨《さが》天皇の譲位にあたり、平城太上天皇はこれら諸司の停止を求めたのだが、むろん受け入れられなかった。

平城太上天皇には、現在知られる限りで七人の皇子女があった。皇子は右に述べた阿保親王、廃太子された高丘《たかおか》（高岳）親王、そして巨勢《こせ》親王の三人、皇女は上毛野《かみつけの》・石上《いそのかみ》・大原《おおはら》・叡努《えぬ》という四人の内親王である。このうち阿保親王は大宰権帥に左遷されたが、高丘親王・巨勢親王は罪を問われず、平穏な生活を送った。ただし、二人がどこに暮らしたかはよくわからない。一方、四人の皇女はすべて未婚だったらしく、とすれば平城宮において父太上天皇と同居していた可能性が高い。また、皇子女五人の母である伊勢継子《いせのつぐこ》も同様ではなかったかと思われる。つまり、平城宮には少なくとも太上天皇とそのキサキ・皇女たちが集住したと考えられ、彼ら・彼女らに対して諸司の人々が奉仕し、諸国から物資が進上されてくるなど、平城京地域における一つの社会的中心となっていたのである。

弘仁《こうにん》十三年四月、平城太上天皇は空海《くうかい》から灌頂《かんじょう》（密教の結縁儀礼《けちえん》）を受けた。天皇・太上天皇の灌頂は史上初めてのことである。東大寺に新設された灌頂道場において、平城は宮を挙げてこの儀に臨んだ。平城宮に暮らす太上天皇のキサキや親族がこぞって参加したのであろう。嵯峨天皇もこれを支援し、勅使を派遣して正倉院の鏡・香・五色糸などを出蔵させた。このとき高丘親王は灌頂を受けるとともに、出家入道を果たした。彼はその正月、初めて四品の位を授かっていたが、阿保親王の例でもわかるように、かえって陰謀の渦に巻き込まれる危険をはらむものであった。そこで俗権と訣別すべく、正式に出家の道を選んだのであろう。高丘は真忠《しんちゅう》（のち真如《しんにょ》）と号して東大寺に入った。彼には三人の子女があり、長子在原善淵《よしぶち》は当時七歳。このころから平城太上天皇の寵愛《ちょうあい》を受けたと言うから、子供たちは平城宮に引き取られたと推測される。

天長元年（八二四）七月、平城太上天皇は五一年の生涯を終えた。五日後、彼は楊梅《ようばい》山陵に埋葬された。この山陵は平城宮内裏跡の北方の山丘に治定されているが、実はそれは市庭《いちにわ》古墳という前方後円墳の後円部であって、平城天皇陵としてはやや疑問がある。むしろ平城宮東院地区に鎮座する「楊梅天神」の辺りと考えるのが自然であろう。翌天長二年十一月、「平城西宮」は平城太上天皇の親王たちが自由に用いるように、との宣旨が出された。ちょうど阿保が大宰府から戻ったころであり、これ以後、平城宮は故太上天皇の皇子女たちに受け継がれることになる。しかし、かつてのような経済力はなく、諸司の人々も平安宮に帰ってしまっており、宮は徐々に退転していかざるを得なかった。

超昇寺と不退寺

出家した高丘親王（以下「真如」と記す）は、空海の高弟として仏道修行に励んでいた。承和二年（八三五）と言えば、その三月に空海が高野《こうや》山《さん》で入定《にゅうじょう》（死去）した年で、真如も葬送に付き従ったと伝えられるが、それに先立つ正月、彼は「平城の旧き宮処の水陸地四十余町」を下賜された。天長二年（八二五）に「平城西宮」の処分権が平城皇子女に委ねられたと言っても、七六坪（町）におよぶ平城宮全域が彼らに与えられたわけではなかったのである。このとき真如がもらった面積は宮域の約半分にあたる。「水陸地」という表現から見て、西宮から佐紀池《さきいけ》（西池）周辺を含み込んだ平城旧宮の西半分、あるいは北半分が充てられたと推定されている。

　真如はこれをうけ、佐紀池のほとりに超昇寺《ちょうしょうじ》という真言寺院を創建した。父平城太上天皇の追善のためであったことは言うまでもなかろう。池のそばにあったので「池辺院」とも呼ばれたが、真如はここに止住し、弟子たちに密教を伝授したのである。その後も真言僧の入寺は続き、超昇寺は中世末期まで絶えることなく存続した。近年まで佐紀神社（奈良市佐紀町）周辺に礎石が遺存し、古代〜中世の古瓦が散布していたが、地名や文献史料によれば、本堂・塔・護摩堂などを備える立派な寺院であったらしい。

　さらに貞観《じょうがん》二年（八六〇）十月、平城京内の水田五五町余りが不退寺《ふたいじ》・超昇寺に施入された。これにも真如が関わっていた。彼の上表文《じょうひょうぶん》によれば、この水田は大同《だいどう》四年（八〇九）に上毛野・叡努・石上内親王が賜わったものであり、彼女らは功徳のために寺院に寄進したいと願っていたが、みな収公されてしまった。そこで改めて両寺に施入してほしいと申請し、勅許されたのである。三人の内親王は平城天皇の皇女である。平城は退位にあたって娘たちに多額の賜田を与え、生活の資とさせたのであろう。しかし、女性賜田には一身田と言って、死後召し上げられて内蔵寮田《くらりょうでん》（勅旨田《ちょくしでん》）になる場合があった。上毛野ら三皇女はすでに死去し、子女もいなかったから、水田は内蔵寮田にされていたと考えられる。

平城京の水田化や、平城の皇女の経済基盤を知る上でまことに興味深い事例であるが、さらに注意すべきは、真如が超昇寺だけでなく、不退寺への施入を願い出たことである。不退寺は平城左京一条四坊の地（現奈良市法蓮町）に法灯を伝える寺院で、平安時代に創建されたと考えられている。寺伝では、平城太上天皇の「萱《かや》の御所」を阿保《あぼ》親王、ついで在原業平が受けつぎ、承和《じょうわ》十四年（八四七）に寺に改めたという。確かに真如が「不退・超昇両寺」と表現していることから推せば、超昇寺よりも格が高かったようであり、寺伝のように、兄の阿保親王に関わる寺院であったことは十分考えられる。

一方、真如の長子で平城太上天皇にかわいがられた在原善淵は、かねてより楊梅山陵の傍らに寺院を建て、太上天皇の菩提を弔いたいと願っていたが、老齢になっても実現できないままでいた。そこで貞観四年、禅師親王（真如）がかつて営んだ寺院が荒廃しているので、そこに堂舎を建てたいと上申し、勅許された。真如はすでに入唐し、再び日本の土を踏むことはなかった。彼によって創建され荒廃したという寺は、真言道場として存立していた超昇寺のこととは考えにくく、山陵近辺にあった別の小寺院であろう。在原善淵はその「陵寺」を復興したのである。

このように、平城京北部には平城太上天皇ゆかりの人々がいくつも寺院を建て、平城西宮跡や楊梅山陵とともに、上皇を偲ぶよすがとなっていた。これらの寺院はまた、平城京地域における彼らの活動拠点としても用いられたことであろう。

水田化する平城京

貞観六年（八六四）十二月、大和国司《こくし》が次のように申し出た。

平城旧京は、延暦《えんりゃく》七年（七八八）の長岡遷都から七七年が経ち、都城の道路は変じて水田となっている。すでに内蔵寮田が一六〇町あるが、ほかにも秘かに開墾する者が跡を絶たない。そうした田は収公し、大和国に租を納めさせていただきたい。

なぜ延暦七年を遷都の年とするのか、議論のあるところだが、それはさておき、大和国司は廃都から七七年が過ぎた平城京が水田化しつつあることを述べ、それらを大和国が取り上げて輸租田《ゆそでん》にしたい、と求めているのである。この申請は認められた。

平城京の宅地・道路を開墾する動きは、おそらく平城廃都とともに始まったと思われるが、いつどのように進んでいったかは判然としない。先に見た上毛野《かみつけの》・叡努《えぬ》・石上《いそのかみ》内親王の賜田五五町は、大同四年（八〇九）におそらく「空閑地」が与えられ、その後開発が進み、彼女らが死去した承和年間（八三四〜八四八）には水田化を終えていた。これは特権的な土地だから早く開墾されたとも考えられ、どこも同じようだったとは限らない。現に大和国司は、九世紀中葉にも開発が盛んであったことを証言しており、平城京の水田化は全体としてはゆっくりしたペースで進んできたと思われる。

問題は一六〇町の「内蔵寮田《くらりょうでん》」である。これは内蔵寮官人の勤勉のたまものであった。彼らは平城京内の宅地・道路をつねにチェックし、開発を見つけたら摘発し、召し上げて勅旨《ちょくし》田《でん》としていたのである。勅旨田も内蔵寮田も同じことで、要するに「天皇の御料田」である。おそらく京（ミサト）を「天皇の所有地」、宅地を「天皇から支給された土地」とする観念があり、それは廃都後も変わらなかったのではなかろうか。平城京に条里制地割が施行されることはなく、その土地は口分田《くぶんでん》として支給されなかったから、いつまでも京は京、宅地は宅地であった。こうした宅地や道路を水田化して私有するのは不法行為であり、だからこそ天皇財産を預かる内蔵寮が没収したのである。内蔵寮は没収した水田を管理・経営したが、それが貞観六年の時点で一六〇町にのぼっていた。

「京内の宅地・道路を開墾してはならない」「水田にしたなら天皇に返還せよ」というルールは、九世紀中葉まで平城京に適用されていた。しかし大和国司は、開発された水田は自分たちで管理すると言い出し、ルール変更を求めたのである。国司が権限を強めたのか、内蔵寮の手が回らないほど開発が進んできたのか。いずれにせよ平城京内の水田は、京外の口分田・墾田と同じような扱いを受けることになった。平城京を「天皇の所有地」として特別視する観念も薄まり、以後いっそう水田化が進んだと考えられる。

内蔵寮領梨原荘

内蔵寮は天皇私財をつかさどる官司であるから、その曹司《そうし》は王宮内に置かれた。したがって、長岡・平安遷都後に平城京の土地管理を行なおうとすれば、どうしても「現地事務所」

が必要になる。そうした観点で見ていくと、平安時代の平城京に内蔵寮の「梨原荘《なしはらのしょう》」という組織があったことがわかり、しかも「京内水田守梨原荘」と記した史料もあって、まさしく水田管理を行なっていたことが推測される。

　梨原荘の初見は延暦《えんりやく》二十三年（八〇四）で、平城京内の宅地売買をチェックし、水田開発に関わるような土地ではないとして所有権移転を認めた。当時は天皇私財を預かる「勅旨所《ちょくししょ》」の下部組織だったようだが、やがて内蔵寮に吸収されたらしい。平城京内の水田開発はこれほど早くから規制され、梨原荘がその業務にあたっていたのである。

　ついで九世紀中葉には、東大寺西南院への水田施入に関わった。西南院は奈良時代に創建された院家《いんげ》（子院）であるが、仁明天皇女御《にょうご》の藤原貞子《さだこ》、および二人の間に生まれた親子内親王が「新堂」を建て、丈六《じょうろく》釈迦《しゃか》如来《にょらい》像などを安置した。そこで藤原貞子と親子内親王をことのほか愛した仁明《にんみょう》天皇は、梨原荘が管理する一〇町足らずの水田を「仏聖灯油《ぶつしょうとうゆ》料」とするために与えたのである。つまり、平城京内にあった仁明の勅旨田が「賜田《しでん》」となり、それが東大寺に施入されるという格好であった。『東大寺要録』にはその立地・面積が事細かに書かれているが、京内各所で開発された多数の小水田がかき集められたこと、宅地とともに道路も水田化していたことなどが知られ、とてもリアルで面白い。

　仁明天皇の時代、梨原荘はほかにも多数の京内水田を管理していたはずである。承和《じょうわ》三年（八三六）には二三〇町もの「平城京内空閑地」が太皇太后朱雀院《すざくいん》（橘嘉智子《たちばなのかちこ》）に充てられたが、やはり仁明天皇の意によるものと思われ、梨原荘も関与したかもしれない。仁明が平城京内の土地を賜田に用いたことは思いのほか重要で、平城京と言えば平城太上天皇関係者、という固定観念を打ち破ってくれるものである。

その後、大和国司の権限が強まったためであろうか、梨原荘の「水田守」としての職務は見られなくなり、もっぱら春日祭使の宿泊・供給施設として使われるようになった。今も近鉄奈良駅の北に「内侍原町《なしはらちょう》」という地名が残り、梨原荘の故地を伝えている。

さて、梨原荘の活動を見てもわかるように、九世紀初頭の平城京には貴族邸宅がまだ残っていた。九世紀を通じて売買されたり、解体されたりするうちに水田化が進んでいったのである。しかし、大和国の所領支配や寺社参詣の便宜を考えるならば、すべての貴族邸宅が消滅してしまったとも思えない。いくばくかの王族・貴族の活動拠点として、平城京はいましばらく生命を保ち続けたのではないだろうか。「奈良の京、春日の里」に狩りに出かけた若者も、そうした貴族の一人だったのかもしれない。もちろん在原業平であるならば、祖父平城太上天皇の所縁もさまざまに考えられるのではあるが。

2　七大寺の法灯

純然たる仏都

長岡京から平安京への遷都、そして東寺《とうじ》・西寺《さいじ》という新しい官大寺《かんだいじ》の創建により、平城京の諸大寺を移転させない方針は確かなものとなった。すでに述べたように、それは「仏教勢力」なるものを排除・抑圧するための政策とは考えにくい。むしろ諸大寺が集まる平城京を「純然たる仏都」として残し、そこで育成された僧侶集団を「王都」平安京の法会《ほうえ》に登用し、王権護持と仏教興隆に貢献せしめようという方策――言わば「王都・仏都分離策」こそが実相だったと思われる。諸大寺移転にともなう費用と混乱を考えれば、南北両京の役割分担というのはきわめて現実的な選択であった（「東大寺の移転」を想像してみればよい）。王都に諸大寺が林立しなくなっても、その効能だけはしっかり確保されていたのである。

このように平城京が「王都」としては廃され、「純然たる仏都」として存続したと考えるとき、いくつか確かめておくべきことがある。まず、この考え方の前提には、奈良時代と平安時代の仏教を連続的にとらえようとする理解があるが、それは正しいのか。ふつう「堕落した奈良仏教」と「清新な平安仏教」が対比されるから、最澄《さいちょう》や空海《くうかい》の「新仏教」をどう見るか、ということとあわせて検討課題となろう。さらに「純然たる仏都」の実像を、その景観を含めてクリアにとらえることが必要である。こうして書き並べると大仰であるが、要するに奈良時代から平安時代にかけて、平城京の寺院・僧尼・仏教がどのように移り変わっていったかを、平安京の新仏教を視野に入れながら眺め渡してみようということである。では、七大寺の法灯はどのように受け継がれたのであろうか。

教学の発達

古代の僧尼に求められる二つの要件として、「智」と「行」があった。智は智恵を磨くこと、行は修行に励むことである。経論を深く学んでその教義を会得し、禅定《ぜんじょう》・誦経《ずきょう》などの修行により特殊能力を身につけることが、ともに期待されたのである。僧尼一人一人はどちらかに偏る場合も多かったが、智・行の双方が悟りに至る道であり、王権・社会の護持にも寄与するということは、古代にはごく一般的な考え方であった。そこで智・行それぞれの側面から、奈良仏教の展開を見てみることにしたい。

まず、智についてであるが、経論への理解を深めようとする指向は古くからあった。しかし、教学振興が国家的政策として本格的に進められたのは、四字年号時代以降のことである。天平感宝《てんぴょうかんぽう》元年（七四九）閏五月の詔《みことのり》——聖武《しょうむ》天皇が「太上天皇沙弥勝満《だいじょうてんのうしゃみしょうまん》」と自称した詔である——によって、大安寺《だいあんじ》・薬師寺・元興寺《がんごうじ》・興福寺・東大寺以下の十二大寺に資財・墾田が施入され、華厳経《けごんきょう》を根本としながら、すべての経典を転読・講説するよう命じられた。これをうけて十二大寺には「大修多羅《だいしゅたら》衆」という組織が設けられ、経典理解に優れた僧尼を育成するとともに、華厳会《けごんえ》・読一切経会《いっさいきょうえ》といった寺内法会を開催し、彼らの研鑽の場とするようになった。諸寺ではこのころまでに「法相宗《ほっそうしゅう》」「三論《さんろん》宗」といった研究グループが生まれていたが、大修多羅衆はこれら寺内諸宗を統合する役割を果たし、その際には聖武が施入した資財・墾田が有効に活用されたのである。

僧尼の増加、経典の充実、唐・新羅《しらぎ》仏教の受容といった好条件に加え、こうした政策的支援がなされたため、奈良時代後期には教学研究が大いに発達した。法相宗の善珠《ぜんじゅ》、三論宗の智光《ちこう》を始めとする学僧が輩出し、高度な著作を生み出すようになった。存在論・仏性論などをめぐる議論が行なわれ、どの経論を重んじるべきかが考究されるなかで、諸大寺を横断する教学集団としての「宗」が形成されていった。「六宗」の語はもう少し早くから見えるが、それが実質化するのは奈良末期〜平安初期のことと考えられる。

桓武《かんむ》朝の仏教政策の基調は、このような教学の発達をふまえて、「智による王権・社会の護持」を確保することにあった。宗については、衰微しつつあった三論宗をもり立て、法相宗・華厳《けごん》宗・律《りつ》宗・成実《じょうじつ》宗（三論宗の付宗）・倶舎《くしゃ》宗（法相宗の付宗）とともに仏教全体を興隆させようとした。のちに天台《てんだい》宗・真言《しんごん》宗がこれに加わるが、奈良時代後期に確立した宗単位の教学体制を重視し、その振興を図ったのである。平城京の七大寺では法相宗の行賀《ぎょうが》・修円《しゅえん》・護命《ごみょう》、三論宗の勤操《ごんぞう》・玄叡《げんえい》、律宗の豊安《ぶあん》といった碩学が次々に現われ、各宗の教義研究は最高潮に達し、淳和《じゅんな》朝の「天長六本宗書《てんちょうろくほんしゅうしょ》」に集大成されることになった。

このころ正式の僧尼となるためには、得度《とくど》・受戒《じゅかい》という手続きを経る必要があったが、延暦十七年（七九八）から経論解釈の試験が行なわれるようになり、智が僧尼の必須条件となった。また延暦二十五年には、各宗の得度者の数を定めるとともに、受戒後も教義・戒律を学ばせ、やはり試験によって竪義《りゅうぎ》・複講《ふくこう》・諸国講師《こうじ》に任ずることとした。こうして智は僧尼の身分・昇進にも深く関わるようになったのである。彼らの指導に当たるのは大修多羅衆を中心とする諸大寺の僧尼集団であり、やがて延暦寺や真言諸寺も加わるが、こうした意味においても、平城七大寺は智の根幹部分を担っていたと言わねばならない。

御斎会と維摩会

王都と仏都は法会《ほうえ》によって結びついていた。四字年号時代末期に始まった大極殿御斎会《だいごくでんごさいえ》は、金光明最勝王経《こんこうみょうさいしょうおうきょう》の教義を説いて国土安寧を祈るという、まさしく智に直結する仏事であった。それは決して「道鏡《どうきょう》の仏教政治」の徒花《あだばな》などではなく、光仁《こうにん》朝・桓武《かんむ》朝を経て平安宮に受けつがれた最重要の国家的法会であった。

平安宮において大極殿御斎会はさらに発展した。延暦二十一年（八〇二）、大極殿御斎会と興福寺維摩会《ゆいまえ》には、三論宗・法相宗ばかりでなく六宗の僧侶を招き、学業を広めるよう命ぜられた。そのほとんどが平城七大寺の僧であったことは言うまでもない。弘仁四年（八一三）には御斎会の後、内裏《だいり》で教義を議論する「内論義《うちろんぎ》」が始まった。ついで承和二年（八三五）からは御斎会と同じ日程で「後七日御修法《ごしちにちのみしほ》」を行なうようになり、以後平安宮は正月の一週間、顕教《けんきょう》・密教双方の法会空間と化したのである。

大極殿御斎会で教義を説く僧侶を「講師《こうじ》」と呼び、智の深奥をきわめた僧侶がこれを勤めた。承和六年から、興福寺維摩会の講師を経験した僧侶が大極殿御斎会の講師に指名されるようになり、九世紀後葉には〈興福寺維摩会→大極殿御斎会→薬師寺最勝会《さいしょうえ》〉というコースが定まって、これらの講師を経た学僧が僧綱《そうごう》に任ぜられる慣例が生まれた。王宮法会と七大寺法会のつながりを、ここにはっきりと見ることができる。

興福寺維摩会とは、藤原氏の始祖鎌足《かまたり》の忌日法会である。毎年十月十日から十六日（忌日）まで興福寺講堂で行なわれ、維摩経を講説して功徳を期待した。鎌足の時代に起源をも

興福寺維摩会　「春日権現験記絵」より。宮内庁三の丸尚蔵館蔵

つとされ、不比等《ふひと》がこれを継承したが、大きく発展させたのは光明《こうみょう》皇后である。天平宝字《てんぴょうほうじ》元年（七五七）には鎌足の功田一〇〇町が維摩会のために施入され、興福寺で最も大切な法会となっていった。その講師が重んじられたことは先に見たとおりであるが、もう一つ重要なのは、竪義《りゅうぎ》と言って、修学僧の口頭試問が行なわれたことである。維摩会竪義は遅くとも九世紀前葉には実施され、優れた僧侶を育成するための行事となっていた。

平城京の諸大寺では、九世紀に入るころから竪義が盛んになった。また、天長七年（八三〇）には薬師寺最勝会、天長九年に大安寺《だいあんじ》法華会《ほっけえ》が創始され、興福寺維摩会と同じように講説・竪義が行なわれた。講説と竪義は形式もレベルも全く異なるが、智の行事であったことに変わりはない。そして、ひとり平安宮で行なわれた大極殿御斎会は、こうした平城七大寺の法会とつながり、それらの頂点に立って智を総括した。四字年号時代に始まった教学振興の流れは、平安初期にこのようなシステムを生み出したのである。

山林修行の系譜

智と一対になる「行」についても、奈良時代と平安時代の連続性を認めることができる。奈良時代の行としては、山林における禅行がよく知られている。行基《ぎょうき》が山林修行僧であったこと、東大寺や新薬師寺が山林寺院を起源とすることなどはすでに述べた。山林修行によって呪術的な力が身につくと考えられ、とりわけ治病能力をもつ「禅師《ぜんじ》」は帰依《きえ》を集めたのである。

道鏡《どうきょう》もそうした僧侶であったが、彼の没落後も禅師たちへの尊崇は失われなかった。宝亀《ほうき》三年（七七二）、光仁《こうにん》天皇は秀南《しゅうなん》・広達《こうたつ》など一〇人の禅師を選び、供御《くご》（天皇の食料）となる畿内官田の収穫稲を彼らに贈ることにした。御料農場でとれた良い米を食べ、修行に邁進してほしい、というわけである。この一〇人はみな山林修行僧だったらしく、うち四人は行基の弟子であった。これが「十禅師《じゅうぜんじ》」の制の始まりである。のちに内供《ないぐ》奉十禅師として天皇の身体護持を任務とするようになるが、奈良時代の禅師への帰依が制度化され、平安時代の内供奉十禅師に発展したものと言ってよかろう。

しかし、山林修行は治病能力を得るためだけに行なわれたのではない。そもそも戒律を保ち、清浄な地で正しい禅定《ぜんじょう》を行なうことは、悟りへの道だったのである。また「虚《こ》空蔵《くうぞう》求聞《ぐもん》持法《じほう》」という密教的な行も山林で行なわれたが、それには記憶力増進という効能があり、智を支援する意味をもっていた。

こうしたさまざまな目的をもって、諸大寺の僧尼は山林に赴いた。飛鳥《あすか》・藤原京の時代には吉野・葛城《かずらき》などの南大和、平城京の時代には東郊・西郊の山林に多数の寺院が建てられたが、そうした伝統は平安時代になっても続いた。法相宗の学僧を見ると、興福寺の賢璟《けんきょう》・修《しゅ》円《えん》は室生寺《むろうじ》を、元興寺の勝虞《しょうぐ》・護命《ごみょう》は吉野比蘇寺《ひそでら》を山林修行の場とし、特に比蘇寺は虚空蔵求聞持法の伝統で知られていた。護命は承和元年（八三四）に死去するが、その伝記によれば月の半分は深山で修行し、残り半分は本寺で勉学したとされる。智と行をバランスよく続けた学僧の生活がよくわかるが、それが奈良時代のあり方を受けついだものであることは、ほとんど疑いを容れない。奈良・平安時代における「行の連続性」を知っておくことは、平安仏教の性格を考える上でも不可欠だろうと思われる。

最澄と七大寺教団

平安初期に新しい宗を開いた最澄《さいちょう》・空海《くうかい》も、四字年号時代から続く「智と行」の高揚のただなかで自己形成した。ともに延暦《えんりゃく》二十三年（八〇四）に渡唐し、新しい教学を日本にもたらして、それぞれの流儀で仏都と関わることになった。

最澄は宝亀十一年（七八〇）に得度《とくど》し、近江国分寺の僧となった。行表《ぎょうひょう》を師として唯識《ゆいしき》の学を修めたが、延暦四年（七八五）に東大寺戒壇院《かいだんいん》で受戒するや、突如として比叡山《ひえいざん》に登り、山林修行の生活に入った。それから籠山《ろうざん》一二年、大乗経《だいじょうきょう》の読誦《どくじゅ》が山上における行の中心であったが、それとともに最澄は修学に打ち込み、華厳、さらに天台への理解を深めていった。『摩訶止観《まかしかん》』『法華玄義《ほっけげんぎ》』『法華文句《もんぐ》』といった天台の基本典籍は、当時すでに日本にあった。最澄はかつて唐僧鑑真《がんじん》が将来し、東大寺唐禅院に所蔵されていた天台典籍を書写し、みずからの智の根本にすえた。源泉は仏都にあったのである。

延暦十六年、山林修行の名声が聞こえたか、最澄は十禅師に任ぜられた。翌年からは、比叡山に七大寺の学匠を招いて法華経の講説を行ない、天台教学を宣揚した。六宗の僧侶たちも天台に高い関心を示し、そうした動きが延暦二十一年の高雄《たかお》天台会につながった。平城京諸大寺の大徳《だいとく》が神護寺《じんごじ》に集まり、大規模かつ綿密な天台講義を行なったのである。最澄も講師として招かれ、その深い学識は衆目の一致するところとなった。それが桓武《かんむ》天皇の耳に入り、最澄は遣唐還学生《げんがくしょう》（遣唐使とともに帰還する短期留学生）に選ばれることになる。天台教学の本格的導入は、仏教界の総意をふまえた王権の意志であった。

天台山で正統天台学を学んだ最澄は、大部の経論を書写し、さらに密教の伝授を得た。延暦二十四年六月に彼が帰国すると、桓武天皇はさっそく天台典籍を書写して七大寺に置かせるとともに、高雄で伝法灌頂《かんじょう》を行なわせ、密教修法《しゅほう》に期待を寄せた。こうした桓武の深い帰依により、天台宗は年分度者（毎年の得度者）を与えられ、六宗に相並ぶことになった。つまり天台宗は、王権と七大寺教団の理解のもとに成立したのである。

しかし、そうした関係は長く続かなかった。天台宗と法相宗の対論は弘仁四年（八一三）には始まっていたが、同八年から最澄は東国伝法の旅に出て、それを契機に会津にいた法相の学匠・徳一《とくいつ》と激しい論争を繰りひろげ、天台の優位性に自信を深めた。そして比叡山に戻った最澄は、天台教団の自立性を獲得するべく、山上に大乗戒壇《だいじょうかいだん》を設立することを宣言したのである。それは東大寺戒壇院《かいだんいん》での受戒を基本とする七大寺教団との全面対決を意味した。度重なる最澄の申請に対し、僧綱《そうごう》・七大寺側はこれを黙殺したが、主張が先鋭化するにいたって猛然たる反撃に出た。「四条式」や『顕戒論』の主張を容れ、嵯峨《さが》天皇が大乗戒壇独立を勅許したのは、最澄の死去から七日後、弘仁十三年六月十一日のことであった。

空海と東大寺真言院

空海は延暦十年（七九一）、一八歳にして大学に入ったが、やがて仏教に傾倒し、在俗のまま智と行の世界に身を投じた。ある僧侶から虚空蔵求聞持法《こくうぞうぐもんじほう》を伝授され、四国の山岳・海辺で修行するうちに神秘体験を重ねたという。空海はいよいよ学業と修行に没入し、のちに『秘密曼荼羅十住心論《ひみつまんだらじゆうじゆうしんろん》』に結実する六宗教学への幅広い理解を得ていった。修学の場は平城京の大寺と考えるほかなく、そこで密教経典『大日経《だいにちきよう》』にも出会ったのであろう。やがて延暦二十三年に得度・受戒を果たし、その夏には無名の遺唐留学生として日本を離れたのである。

空海は二〇年の滞在と研鑽《けんさん》を義務づけられた。仏都長安に着くと、まずインド僧般若三蔵《はんにやさんぞう》らのもとでサンスクリットを習得した。そののち青龍寺《せいりゆうじ》の恵果《けいか》に入門し、わずか三ヵ月で、この長安随一の名匠からインド正統密教をことごとく受法した。恵果はさらに経典・曼荼《まんだ》羅《ら》・法具を整え、真言密教のすべてを空海に与えた。ほどなく恵果は入滅した。唐元和《げんな》元年（八〇六、日本延暦二十五年）、空海は恩師の遺訓に従い、日本伝法を行なうため長安城を後にした。最澄に遅れること一年、留学年限を破っての帰国であった。

空海が持ち帰ったものは、経論も修法もすべてが新しかった。しかし、新しいものを新しいと知り、それを理解するための基礎能力は、みな日本の仏都で育まれたものである。帰国後の空海は高雄山寺《たかおさんじ》に止住し、真言密教の伝授と流布に努めた。嵯峨天皇や七大寺教団とも良好な関係を保ち、弘仁七年（八一六）に高野山《こうやさん》開創を許され、同十三年に東大寺に灌頂《かんじょう》道場を建立し、翌年には東寺《とうじ》を下賜されるなど、各地に「真言宗」の活動拠点を築いていった。最晩年の空海はいよいよ王権との関係を深め、宮中真言院の建設を実現し、後七日御修法《ごしちにちのみしほ》を始修したのち、承和二年（八三五）三月、高野山で入定した。

仏都平城京における空海の本拠は東大寺真言院であった。王都平安京に真言道場を創建する前に、まずは仏都に真言宗の拠点を置き、七大寺教団との融和・共存を図ったのであろう。東大寺戒壇院を否定した最澄とはまるで対照的であり、真言宗を至上としつつ、諸宗の意義を認めた空海の思想的立場をよく反映している。東大寺真言院は弘仁十三年、平城太上天皇や高丘親王が灌頂を受けた道場を起源とし、息災増益法《そくさいぞうやく》を修することとされた。承和三年には二一人の住僧が認められたが、彼らは密教修行に専念するため、一般の東大寺僧のように僧房に住んだり、食堂《じきどう》に参集する必要がなかった。言わば「寺院内寺院」であるが、さしたる軋轢《あつれき》もなかったらしく、その後も東大寺には真言密教の影響が強く及んだ。今も大仏殿南方の地に、真言院は閑静なたたずまいで存続している。

振り返れば、最澄も空海も仏都平城京の「智と行」の達成を受けつぎ、教学的課題を入唐《にっとう》求法《ぐほう》によって解決し、新しい宗を開いた。それは四字年号時代からの高揚が絶頂に達した時期ならではのことであり、天台宗・真言宗は「宗」形成の最終ランナーだったと言ってもよい。王権も七大寺教団も新しい教学には理解があり、晩年の最澄の対決姿勢だけがいささか異例であった。やがて「天長六本宗書」によって、法相《ほっそう》宗・三論《さんろん》宗・華厳《けごん》宗・律《りつ》宗・天台宗・真言宗からなる智の秩序が定まり、これら諸宗の融和・共存が時代の趨勢《すうせい》となるが、平城七大寺はそうしたなかでも重要な役割を果たし続けたのである。

民間布教の伝統

七、八世紀の法相宗には道昭《どうしよう》や行基《ぎようき》のような民間布教僧がいた。また、平城京の諸大寺は都市民衆の信仰を集めていたし、僧尼たちは修行や布教のため、しばしば畿内・近国の各地に赴いた。つまり、仏都の諸大寺は民間布教と決して無縁ではなかったのであるが、そうした営みは平安時代にはどうなったのであろうか。

『日本霊異記《にほんりよういき》』は薬師寺僧景戒《きようかい》が著わした仏教説話集である。官大寺《かんだいじ》僧がこのような書物を作ったのは、民衆布教を念頭に置いていたためである。僧尼の都鄙《とひ》往還によって因果応報に関するさまざまな説話が収集され、それらがまた地方寺院などでの講話に用いられた。そうした積み重ねの上に、弘仁《こうにん》十三年（八二二）ころ『日本霊異記』は成立したのである。また、『日本感霊録《にほんかんれいろく》』も同じような仏教説話集であるが、元興寺《がんごうじ》僧義昭《ぎしょう》がこれを撰述したのは九世紀中葉、仁明《にんみょう》朝末年ころと見られる。さらに、東大寺の僧侶が九世紀前葉ころに著わした『東大寺諷誦文稿《とうだいじふじゅもんこう》』も、地方寺院などの法会で活用された文例集と考えられる。こうした説話集・文例集は、九世紀前半における平城七大寺僧の活動をよく示すものであり、民間布教の伝統は脈々と受けつがれていたのである。

　全国各地で布教を行なう僧もいた。最澄との論争で知られる徳一《とくいつ》は法相《ほっそう》の学僧で、会津地方で民間布教を展開し、人々から「菩薩」と仰がれた。猪苗代湖を望む美しい山林に建てられた慧日寺《えにちじ》（福島県磐梯町）は徳一が止住した寺院とされ、九世紀の石塔（徳一廟）が彼の遺徳を伝えている。また、道忠《どうちゅう》は鑑真の「持戒第一」の弟子で、もともと仏都の官僧であったと見られるが、彼も関東地方で民衆布教に努め「東国の化主《けしゅ》（高徳の布教者）」と称された。最澄の東国伝法も、道忠やその門弟によって支えられたのである。講師・読師となって諸国に赴いた僧侶も多く、七大寺僧の全国的活動はもっと評価されてよいであろう。

徳一廟　高さ2.95mの五重石塔
磐梯町教育委員会提供

　九世紀、平城旧京に暮らす人々は時

とともに少なくなり、七大寺に参詣する民衆も減っていったに違いない。その一方で、平安京の都市民衆は京周辺の寺院に祈りを捧げたと考えられるが、遷都から年月が経つにつれ、そのような寺院は少しずつ数を増していった。なかには天皇や貴族が建立した有力寺院もあり、「御願寺《ごがんじ》」と呼ばれて特別視されることもあった。平安京周辺の寺院には、平城七大寺や延暦寺・真言諸寺の僧侶が寄住するのが一般的で、とりわけ七大寺僧の比重が高かったと思われる。彼らは国家的法会《ほうえ》のために王都に赴くだけでなく、私的関係によっても王都・仏都をしばしば往還した。仏都平城京は九世紀になっても日本仏教の中心地であり続けたが、その求心性は少しずつ低下せざるを得ず、こうして南北両京を中心とする二元的な仏教ネットワークが形成されていった。

3　東大寺と興福寺

実忠二十九箇条

平安遷都によって平城京が「純然たる仏都」となったあとも、七大寺はそれぞれに異なった歩みを続け、総体として仏都の命脈を構成した。そこで最後に、東大寺と興福寺に焦点を合わせ、平安時代の七大寺の動向を見ておきたいと思う。

弘仁《こうにん》六年（八一五）、東大寺僧実忠《じっちゅう》は九〇年におよぶ生涯を振り返り、みずからの事績を書き記した。これが序章でも触れた「実忠二十九箇条」である。四字年号時代から嵯峨《さが》朝に至る東大寺の歴史を、彼の精力的な活動から垣間見ることができる。

実忠によれば、奈良時代の東大寺を領導したのは良弁《ろうべん》僧正、ついで親王禅師《ぜんじ》であった。親王禅師とは桓武天皇の皇太弟となり、藤原種継《たねつぐ》暗殺事件で失脚・死去した早良《さわら》親王のことである。聖武天皇没後も東大寺の建設はずっと続いていた。実忠は良弁や親王の信任を得て、東塔建立・大仏光背製作・大仏殿改修などの難工事に手腕をふるった。また、財務状況の改善に努め、造営料や僧供料の憂いをなくしたという。こうした努力によって、延暦《えんりゃく》元年（七八二）には僧房が落成し、大伽藍《だいがらん》はすべて完成をみた。

延暦八年、東大寺の建設を担ってきた造東大寺司が廃止された。長岡宮の後期造営にともなう措置と見られるが、そもそも東大寺に大規模な造営組織がいらなくなっていたのも事実である。それまでの〈東大寺三綱《さんごう》（僧官）—造東大寺司（俗官）〉という組織が改められ、〈三綱所（僧官）—造寺所（僧官）〉が寺院経営を担うようになった。実忠は三綱所トップの上座や、造寺所の知事（あるいは造寺別当）として熱心に働き、延暦二十年前後には大仏の修理、大垣の保全、北大門の造営などを行なった。創建からすでに半世紀が経ち、伽藍のあちこちに修理が必要となってきていたのである。

ここで財源となる封戸《ふこ》・荘園について見ておくと、五〇〇〇戸の封戸は大きく目減りした。天皇仏事に用いる「官家功徳分《かんけくどくぶん》」二〇〇〇戸は平安遷都後、朝廷の管理が厳しくなり、弘仁三年に東大寺の手を離れた。残る三〇〇〇戸のうち、一〇〇〇戸が新薬師寺に移管され、のちに二〇〇戸が追加された結果、東大寺封戸は二七〇〇戸のみになる。ただしこの時期、荘園の経営はまだ悪化しておらず、実忠が言うほど財政が窮迫していたようには見えない。

実忠は東大寺の修理・経営にあたっただけでなく、四字年号時代から十一面悔過《けか》（修二《しゅに》会《え》）や涅槃会《ねはんえ》を続け、また長らく「華厳供《けごんく》大学頭《だいがくのとう》」の任にあった。これは天平感宝《てんぴょうかんぽう》元年に起源をもつ「大修多羅《だいしゅたら》衆」を束ねる役職であり、彼は華厳会《けごんえ》・方広会《ほごえ》を始めとする法会や教学についても大きな働きをなしたのである。東大寺ではこのほか、修正会《しゅじょうえ》・吉祥《きっしょう》悔過・法華会・仏生会・安居《あんご》・万花会・千花会・盂蘭盆会《うらぼんえ》・般若会・千灯会・万灯会といった多彩な法会が行なわれ、聖武天皇の国忌《こき》（大同二年〔八〇七〕廃止）は御斎会《ごさいえ》、藤原宮子《みやこ》の国忌（延暦十年廃止）は梵網会《ぼんもうえ》という寺内法会になり、後世まで存続した。なお、実忠には修二《しゅに》会《え》勤《ごん》修《しゅ》のさなか、二月堂須弥壇《しゅみだん》の下に消えたという伝承があり、今も三月五日初夜の勤行《ごんぎょう》に先立って、「実忠忌」という華厳経・法華経の論義法要が行なわれている。

東大寺では延暦年間に「別当《べっとう》」制が確立し、寺務を統括する役割を果たした。平安遷都ののち、七大寺にはしばしば統制が加えられ、大同元年にも観察使《かんさつし》吉備泉《いずみ》が東大寺の査察にやってきた。ときの別当修哲《しゅうてつ》はどうやら目を付けられたらしく、翌年に僧綱《そうごう》律師を罷免された（別当については不明）。彼は嵯峨朝になって復活したものの、平安京の王権と東大寺の関係が安定するには、いま少し時間が必要だったように思われる。

寺領荘園の再建

承和《じょうわ》八年（八四一）、東大寺は淳和院《じゅんないん》に対して申し入れをした。東大寺は越中国井《い》山荘《やまのしょう》という荘園をもっており、周辺にいる浪人（浮浪人《ふろうにん》）の手を借りて経営してきたが、近くに淳和院領の荘園が立てられると、国司《こくし》は浪人たちをそちらへ寄進してしまった。これによって井山荘は立ち行かなくなり、地子《じし》（荘園年貢）が欠乏してきたといって、東大寺は浪人を返すよう要請したのである。

井山荘は現在の富山県砺波《となみ》市頼成《らんじょう》付近にあった古代荘園で、天平神護《てんぴょうじんご》三年（七六七）、現地の豪族利波志留志《となみのしるし》が東大寺に墾田《こんでん》を寄進したことに始まる。九世紀前葉になって、淳和院という強力な対抗勢力が現われたことにより、東大寺領の経営が圧迫されたというのであるが、淳和院は文室長主《ふんやのながぬし》という富豪を「越中国諸荘別当」に起用し、さらに越中国司の協力をとりつけて順調な経営を行なっていたらしい。これを学術用語を使って表現するなら、淳和院という「院宮王臣家《いんぐうおうしんけ》」が国司・富豪層を手足として在地支配を進め、旧来の勢力である東大寺を押しのけていった、という図式になろう。

淳和院に対して東大寺が申し入れを行なったのは、この前年に淳和太上天皇《だいじょうてんのう》が死去し、皇太后正子《まさこ》内親王が院を伝領したにもかかわらず、その政治力が著しく低下したためである。東大寺は淳和院当主の死につけこんだのである。淳和院別当をつとめる藤原輔嗣《すけつぐ》は、浪人の代わりに用水施設を東大寺領井山荘に施入し、ことを収めた。しかし東大寺は味をしめ、その後も播磨《はりま》国・摂津《せっつ》国で淳和院領に関わる荘園相論《そうろん》を起こしている。

これにとどまらず、承和年間の東大寺は活発な「荘園回復運動」を繰り広げた。西日本各地に使者を派遣し、荘園の現状を調査し、経営の再建を図った。東大寺は荘園衰退の理由をしっかり把握していた。院宮王臣家や富豪層による侵食、これである。朝廷や国司の支援を請い、古い証文を持ち出して交渉を続け、寺田の確保、経営の安定、地子の増徴への努力が重ねられた。しかし、すでに奈良時代のような権威・権力は東大寺にはなく、荘園再建はそれほど進まなかった。平安京近辺の新しい御願寺《ごがんじ》が、天皇や院宮王臣家のバックアップによって多数の荘園を集積していったのと、まさしく対照的であった。

承和年間に荘園再建が始まったのには理由があった。一つには、東大寺領荘園を圧迫した院宮王臣家がこの時期から活性化し、地域社会への進出が激しくなったことがある。さらにもう一つ、荘園とともに東大寺の財政を支えた封戸《ふこ》制が、転機を迎えたことが考えられる。封戸制と租庸調制はひと続きのシステムであるが、調庸制は九世紀後半に解体していくから、承和年間には貢進額がかなり減少していたであろう。収入の二本柱が揺らぎはじめるなか、東大寺自身が取りうる手だては荘園再建しかなかった。

こうした状況は十世紀半ばまで続き、東大寺の財政はじり貧であった。財政の縮小と教学の停滞が同じ時期に起こったのは、果たして偶然であろうか。そして十世紀後葉、受領《ずりょう》の強力な支配が始まると、遠隔地の東大寺領荘園のほとんどが姿を消した。封戸収入についても、つねに受領との折衝が必要であった。こうして東大寺の確実な収入源は畿内・近国の荘園に絞られ、やがてそれらが中世荘園に転成していくのである。

興福寺講堂と南円堂

次に興福寺に目を移してみたい。

興福寺の伽藍は、天平時代までに中金堂・講堂・食堂・僧房・五重塔といった基幹堂塔のほか、藤原不比等《ふひと》追善のための北円堂、元正《げんしょう》太上天皇の病気平癒を祈る東金堂《とうこんどう》、県 犬養《あがたいぬかい》橘 三千代《たちばなのみちよ》を供養する西金堂などが次々に建てられ、平城京外京の勝地に甍《いらか》を並べた。その後は東院に堂舎・仏像が造られるばかりであったが、桓武朝に一つの転機が訪れた。

延暦《えんりやく》十年（七九一）三月、桓武天皇は皇后藤原乙牟漏《おとむろ》の周忌（一周忌）法会にあたり、阿弥陀三尊《あみださんぞん》像を造顕して興福寺講堂に安置した。それから康保《こうほ》元年（九六四）まで毎年、乙牟漏の忌日法会は興福寺において、朝廷主催の「国忌《こき》」として開催された。つまり、延暦十年の周忌法会は最初の乙牟漏国忌でもあった。興味深いのは、その直後に大がかりな国忌整理がなされ、光明《こうみよう》皇后の国忌も廃止されたことである。光明国忌がどこで行なわれたかは判然としないが、毎年の忌日には興福寺で梵網経《ぼんもうきよう》が講説されており、これが国忌であった可能性は高い（中世には講堂で行なわれた）。とすると、桓武の意志により、興福寺での国忌は光明から乙牟漏に入れ替えられたことになる。聖武《しようむ》の皇后から桓武の皇后へ――これもまた「聖武朝的なるもの」の否定ではなかったろうか。

それまで興福寺講堂には、天平十八年（七四六）に製作された不空羂索観音《ふくうけんじやくかんのん》像が本尊としてまつられていた。つまり桓武は本尊交替を命じたのであり、阿弥陀三尊像の造顕には彼の強い意志を読み取る必要があるだろう。問題は旧本尊のゆくえである。この不空羂索観音像は藤原北夫人《きたのぶにん》・藤原真楯《またて》の二人が、亡父藤原房前《ふささき》と亡母牟漏女王のために造像したものであった。つまり草創期の藤原北家《ほっけ》に深く関わる仏像だったのである。本尊交替の後、不空羂索観音像は講堂後戸《うしろど》（須弥壇の裏側）などに置かれたと思われるが、やがて真楯の子、すなわち北家嫡流の内麻呂《うちまろ》は、この霊像にふさわしい新堂宇《どうう》の建設を決意した。彼の願いは子の冬《ふゆ》嗣《つぐ》に受けつがれ、弘仁《こうにん》四年（八一三）、西金堂の南に南円堂が落成したのである。不空羂索観音像は本尊として迎えられ、堂前には真夏《まなつ》（冬嗣の兄）らの願文を記した金銅灯籠が据えられた。

このような由緒により、南円堂では藤原北家の忌日法会が営まれた。まず弘仁八年、藤原内麻呂のために法華会が始められた。願主は藤原冬嗣で、九月三十日から十月六日まで法華経の講説がなされた。ついで承和《じようわ》十三年（八四六）、藤原良房《よしふさ》は父冬嗣・母美都子の供養のため長講会《ちようこうえ》を始修した。七月二十四日から四〇日間にわたる講経会で、中世には講堂に移された。法華会・長講会には備前国鹿田荘の地子《じし》が用いられ、北家の皇后や公卿たちがもり立てた。かくして南円堂は藤原北家の精神的紐帯《ちゆうたい》として重んじられていったのである。

興福寺ではこのほか、中金堂の吉祥悔過《きつしようけか》・常楽会《じようらくえ》・仏生会・安居《あんご》、講堂の維摩会《ゆいまえ》・方広会、東・西金堂の修正会などが行なわれ、東大寺と同じように法会の体系が形作られていた。財政の実像はよくわからないが、藤原氏の大納言（のち氏長者《うじのちようじや》）が俗別当に就任し、さまざまに関与していたから、手厚い保護と支援があったと考えて誤りあるまい。

十世紀前葉に撰進された『延喜式《えんぎしき》』では、平城七大寺の序列を、東大寺　興福寺　元興寺《がんごうじ》　大安寺《だいあんじ》　薬師寺　西大寺　法隆寺とするのが基本であった。時によって変動しながらも、九世紀後半にはこのような序列が固まっていったようである。東大寺・興福寺・元興寺という外京から東郊にかけての寺院が上位に並び、それより西方の寺院は格が低い。これはおそらく実際の勢力を反映したものと思われ、中世都市奈良も東大寺と興福寺を中心として生まれるのである。そこで、この地域を「奈良エリア」と呼ぶことにし、大胆に想像をまじえながら、平安中期（十世紀後葉〜十一世紀中葉）の仏都平城京のすがたを素描してみることにしよう。

奈良エリアは仏都の中枢であった。三つの大伽藍《だいがらん》が近接し、その周辺には寺院に仕える人々を中心として、商工業者や運輸業者が住み着いていたであろう。巨大組織である寺院には大量の物資が集散し、その内外に数多くの僧侶・俗人が暮らして、都市の賑わいを生み出していたのである。人口と経済力は平安京につぐ規模だったと考えられるが、僧侶の比率がきわめて高いのは、さすが仏都であった。伽藍の内部を眺めると、東南院《とうなんいん》・尊勝院《そんしょういん》・一乗院《いちじょういん》といった院家がたくさん生まれており、諸大寺はこうした院家の集合体という様相を呈し始めていた。僧侶の房舎は寺辺にも広がり、旅行者の宿としても使われた。佐保殿《さほどの》・宿院《しゅくいん》・梨原《なしはらの》荘《しょう》もこのエリアにあって、興福寺とともに権威を高めてきた春日神社に参詣する貴顕が、宿泊のために用いていていた。

奈良エリアの高台から平城旧京を眺めると、時の流れとともに耕地化が著しく進展しており、かつての条坊制都城の面影はすっかり失われていた。平城《へいぜい》太上天皇が暮らした平城西宮のあたりもさびれてしまい、宮域と京域の違いを見出すのは困難であったろう。そうした田園風景のなかに大安寺・薬師寺・西大寺といった大寺が点在し、それぞれに寺辺集落を伴っていたと思われる。平城京域の北辺には、大后寺《たいこうじ》・不退寺《ふたいじ》・法華寺《ほっけじ》・超昇寺《ちょうしょうじ》・秋篠寺《あきしのでら》などの寺院が東西に並び、一つの軸を構成していた。右京域にも菅原寺《すがわらでら》・興福院《こんぶいん》・済恩寺《さいおんじ》・唐招《とうしょう》提寺《だいじ》などの寺院が続いており、西大寺と薬師寺をつなぐ様相であった。もちろん京内には、田畠経営を行なう土豪屋敷も散在していたはずである。

数多くの寺院を結びつけたのが、道幅の狭くなった条坊道路である。文献史料や発掘調査によれば、南北道路としては東三坊大路、東西道路としては三条大路が最もよく使われたらしい。東三坊大路は大安寺の西側を通る道であるが、北に向かえばウワナベ越えを経て山城・平安京に、南に向かえば中ツ道に入って大和南部に通じる。また、三条大路は奈良エリアの中心から平城京を横断する道で、西に行けば河内・難波に至る。さらに法華寺・不退寺と奈良エリアを結ぶ一条南大路、大安寺と薬師寺を結ぶ五条条間大路、東大寺と興福寺の間を通る東京極大路も健在であった。このように、平城宮を基準とするかつてのメインストリート、朱雀大路《すざくおおじ》と二条大路はすっかり廃れてしまい、奈良エリアと諸大寺を結ぶ道路が生き続け、仏都としてのまとまりを維持していたのである。

平安後期になると、東大寺・興福寺は中世権門《けんもん》寺院に転成していった。強大な荘園領主であるとともに、国政に影響力を及ぼす宗教的権門となり、奈良はその膝下《しっか》都市としての彩りを濃くしたのである。寺辺に暮らす人々は「郷《ごう》」と呼ばれるまとまりを形づくり、それが中世都市奈良の基本的な枠組みとなった。

平安後期にはまた、大和国司《こくし》が実権を喪失し、それに代わって興福寺が大和一国の支配権を握った。国内の土豪たちは興福寺に結集し、寺僧となって勢力を伸ばしていった。奈良盆地南部にあった国府は消滅し、奈良は大和国全体の政治的中心になった。興福寺内部では一乗院・大乗院《だいじょういん》という二つの院家が強い勢力をもち、それぞれ近衛《このえ》家・九条《くじょう》家と結びつくことにより、京都の貴族社会とのつながりもいっそう深まった。

東大寺も興福寺も権門寺院として、宗教的権威とともに、軍事的実力を身につけた。朝廷への強訴《ごうそ》、対抗勢力との闘争のために、武力はどうしても必要であった。寺社勢力の軍事力が高まるにつれ、院権力はそれを制御するために武家勢力を登用し、ついに十二世紀半ばには平氏の武家政権が成立した。そしてその果てに、治承《じしょう》四年（一一八〇）、平重衡《たいらのしげひら》による南都焼き討ちが決行され、東大寺・興福寺のほぼ全てが焼亡したのである。奈良に凝縮された古代以来の仏都は、建都から四七〇年にして地上からひとたび姿を消した。

しかし、復興の歩みは早かった。興福寺では摂関家と寺僧の力によって、古代伽藍がそのまま再現されていった。東大寺では重源《ちょうげん》が勧進上人《かんじんしょうにん》となり、全国の人々に「尺布寸鉄《しゃくふすんてつ》」「一《いち》木半銭《ぼくはんせん》」の喜捨《きしゃ》を求めた。大仏は溶解して頭が落ち、手がちぎれ、灰燼が山となり、黒煙がいつまでも立ち上っていたが、それに涙した重源は、優れた技術者を集めて再建に取りかかった。彼が理想としたのは行基《ぎょうき》の活動であった。安徳《あんとく》天皇の勅書にも、聖武《しょうむ》天皇の志を受けつぎ、「大善知識《だいぜんちしき》の勧進」を唱えて大仏を再建する、とあった。あらゆる模範を天平《てんぴょう》の昔に求めながら、仏都の中核と言うべき盧舎那《るしゃな》仏の再生が図られたのである。

文治《ぶんじ》元年（一一八五）八月二十八日、東大寺大仏の開眼供養が行なわれた。七大寺の僧侶一〇〇〇人が見守るなか、後白河《ごしらかわ》法皇は大仏殿の足場を登り、金色《こんじき》の仏面の前に渡された一枚の板に乗った。用意されたのは、かつて菩提僊那《ぼだいせんな》が使った古代の筆である。そして後白河法皇は、聖武天皇がそのようにしなかったことを知悉しながら、みずからの手で新しい大仏の眼に墨を加えていった。

学術文庫版のあとがき

聖武天皇と仏都平城京――このたび文庫化されることになっても、何やらごつごつした書名だなという印象がぬぐえない。

最初に執筆依頼があった時には、たしか「聖武天皇と平城京」だったと思う。すっきりした良いタイトルである。ところが、お引き受けして構想を組み立てていくうちに、どうしても「仏都平城京」と言いたくなってしまった。もちろん、それなりの理由はある。

本書で扱う時期は、七世紀後葉から九世紀中葉まで。飛鳥時代後期から平安時代初期に及び、律令体制の形成期・全盛期と重なっている。「天皇」と呼ばれた古代日本の国王は、このころ中国の皇帝システムをまねて、専制君主としての体裁を整えようとしていた。それは唐王朝を一つの核とするユーラシアの国際秩序のなかで、政治的地位と列島支配権を確保するための戦略にほかならない。そして、天皇をいただく古代日本王朝の政治センターが王都であり、奈良時代にはそれが平城京だったのである。

古代天皇を考えようとするとき、王宮・王都に注目するのは理にかなっている。王宮で執り行なわれる国家儀礼は、天皇を中心とする政治秩序を表現していたし、日々の政務もまた、天皇を最高権力者とする集権的システムに即して動いていた。そこには律令条文からは決してわからない、具体的な古代天皇の姿を見ることができる。また、王宮を抱くように建設された人工都市が王都であり、数多くの貴族や官人が集住していた。王宮・王都の機能と変遷は、文献史学と考古学が手をたずさえて解明してきたところであり、これらの研究成果を抜きにして古代天皇を語ることは、もはや不可能と言ってよい。

それでは、なぜ「仏都平城京」なのか。理由はまことに簡単であって、日本古代社会に深々と根を下ろした仏教が、歴代天皇の熱心な帰依を得て、天皇・朝廷との緊密なつながりを維持していたからである。王宮は法会空間としても用いられ、寺院が林立する王都は、まさしく仏都としての役割を果たしていた。そうしたあり方が最も顕著だったのが平城京であり、その主人公と言うべき人物が聖武天皇だったのである。平城京跡を見学すればすぐに感じ取れることなのだが、しかし「仏都」という理解は決して一般的ではない。もしかするとそれは、政治制度の側面ばかりから宮都を考えてきた、また神祇祭祀や儒教思想と天皇の関係を重く見すぎてきた、日本古代史学界の傾向によるものかもしれない。

昭和が終わるころから、日本古代史研究では「王権論」が盛んになった。とりわけ女性天皇や太上天皇に関する論文がたくさん書かれ、天皇位をめぐる性差の問題、退位した天皇の権力の問題がそれぞれ別個に深められていった。その際にも律令などの制度研究が中心となり、現実の古代政治の流れは二次的な問題とされがちであった――少なくとも私にはそう見えた。しかし、本書で扱った時代の政治過程を虚心に眺めるなら、天皇は男性、しかも終身在位が原則であり、また女性天皇と太上天皇はふつう連続していて、特定の皇位継承を実現するための方策となっていた。このことは今後、古代天皇論の前提とされるべき事実ではないかと思う。むろんそれがただちに、昨今の女性（女系）天皇や天皇退位をめぐる議論に結びつくわけではないとしても。

制度や理念にとらわれすぎると現実が見えなくなる。「天皇の歴史」についてもそれは同じである。さまざまな史料や遺物から柔軟に考えること、遺跡・史跡の現地を歩いて発想すること、政治過程と人間関係をていねいに見きわめること。これらは重要なだけでなく、たいへん知的興趣に満ちた作業でもある。コンパクトになった本書を手に、平城京や東大寺、あるいは大野寺土塔や慧日《えにち》寺徳一廟を訪れ、古代の天皇や仏教について思いをめぐらせていただければ、筆者にとってこれほど幸せなことはない。

二〇一七年九月二六日

米国王子町にて　吉川真司

参考文献（複数回参照した文献は、最初のところで掲げた）

全体にわたる概説書・史料注釈など

青木和夫『日本の歴史3　奈良の都』（中央公論社、一九六五年）
北山茂夫『日本の歴史4　平安京』（中央公論社、一九六五年）
吉田　孝『大系日本の歴史3　古代国家の歩み』（小学館、一九八八年）
栄原永遠男『日本の歴史4　天平の時代』（集英社、一九九一年）
瀧浪貞子『日本の歴史5　平安建都』（集英社、一九九一年）
渡辺晃宏『日本の歴史04　平城京と木簡の世紀』（講談社、二〇〇一年）
坂上康俊『日本の歴史05　律令国家の転換と「日本」』（講談社、二〇〇一年）
佐藤信編『日本の時代史4　律令国家と天平文化』（吉川弘文館、二〇〇二年）
吉川真司編『日本の時代史5　平安京』（吉川弘文館、二〇〇二年）
坂本太郎ほか校注『日本書紀』下（日本古典文学大系、岩波書店、一九六五年）
青木和夫ほか校注『続日本紀』一～五（新日本古典文学大系、岩波書店、一九八九―一九九八年）
黒板伸夫・森田悌編『日本後紀』（訳注日本史料、集英社、二〇〇三年）
小島憲之ほか校注・訳『万葉集』一～四（新編日本古典文学全集、小学館、一九九四―一九九六年）
佐竹昭広ほか校注『万葉集』一～四（新日本古典文学大系、岩波書店、一九九九―二〇〇三年）
中田祝夫校注・訳『日本霊異記』（新編日本古典文学全集、小学館、一九九五年）
井上　薫編『行基事典』（国書刊行会、一九九七年）

著者の関係著書・総説論文

吉川真司『律令官僚制の研究』（塙書房、一九九八年）
同「平安京」『日本の時代史5　平安京』（吉川弘文館、二〇〇二年）
同「律令体制の形成」『日本史講座1　東アジアにおける国家の形成』（東京大学出版会、二〇〇四年）
同「律令体制の展開と列島社会」『列島の古代史8　古代史の流れ』（岩波書店、二〇〇六年）

序　章

堀池春峰ほか編『東大寺お水取り　二月堂修二会の記録と研究』（小学館、一九八五年）
妹尾達彦『長安の都市計画』（講談社選書メチエ、二〇〇一年）
山岸常人『中世寺院社会と仏堂』（塙書房、一九九〇年）
寺崎保広『長屋王』（吉川弘文館、一九九九年）
薗田香融『日本古代仏教の伝来と受容』（塙書房、二〇一六年）
吉川真司「難波長柄豊碕宮の歴史的位置」『日本国家の史的特質　古代・中世』（思文閣出版、一九九七年）

第一章

青木和夫『日本律令国家論攷』（岩波書店、一九九二年）
小澤　毅『日本古代宮都構造の研究』（青木書店、二〇〇三年）
林部　均『古代宮都形成過程の研究』（青木書店、二〇〇一年）
同　　『飛鳥の宮と藤原京』（吉川弘文館、二〇〇八年）
直木孝次郎『持統天皇』（吉川弘文館、一九六〇年）
大津　透編『日唐律令比較研究の新段階』（山川出版社、二〇〇八年）
市　大樹『飛鳥藤原木簡の研究』（塙書房、二〇一〇年）
河内祥輔『古代政治史における天皇制の論理』（吉川弘文館、一九八六年）

井上光貞『日本古代思想史の研究』(岩波書店、一九八二年)
麻木脩平「野中寺弥勒菩薩半跏像の制作時期と台座銘文」『仏教芸術』二五六、二〇〇一年
鎌田元一『律令国家史の研究』(塙書房、二〇〇八年)
大脇　潔「新益京の建設」『新版古代の日本6　近畿2』(角川書店、一九九一年)
岸　俊男『日本古代宮都の研究』(岩波書店、一九八八年)
同　『古代宮都の探究』(塙書房、一九八四年)
若井敏明「七・八世紀における宮廷と寺院」『ヒストリア』一三七、一九九二年
鎌田元一『律令公民制の研究』(塙書房、二〇〇一年)
吉川真司「七世紀宮都史研究の課題」『日本史研究』五〇七、二〇〇四年

第二章

山本　崇「平城京の建設」『季刊考古学』一一二、二〇一〇年
今泉隆雄『古代宮都の研究』(吉川弘文館、一九九三年)
井上和人『古代都城制条里制の実証的研究』(学生社、二〇〇四年)
同　『日本古代都城制の研究』(吉川弘文館、二〇〇八年)
寺崎保広『古代日本の都城と木簡』(吉川弘文館、二〇〇六年)
渡辺晃宏『平城京一三〇〇年「全検証」』(柏書房、二〇一〇年)
橋本義則『平安宮成立史の研究』(塙書房、一九九五年)
吉田　歓『日中宮城の比較研究』(吉川弘文館、二〇〇二年)
吉江　崇「律令天皇制儀礼の基礎的構造」『史学雑誌』一一二―三、二〇〇三年
奈良文化財研究所『奈良文化財研究所紀要』二〇〇五、二〇〇五年
虎尾達哉『律令官人社会の研究』(塙書房、二〇〇六年)

馬場　基『平城京に暮らす』（吉川弘文館、二〇一〇年）
橋本義則「平安宮の中心」『平安京とその時代』（思文閣出版、二〇〇九年）
吉川真司「王宮と官人社会」『列島の古代史3　社会集団と政治組織』（岩波書店、二〇〇五年）

第三章

市　大樹「木簡と平城宮大極殿」『地図情報』一一四、二〇一〇年
水谷千秋『女帝と譲位の古代史』（文春新書、二〇〇三年）
佐藤長門『日本古代王権の構造と展開』（吉川弘文館、二〇〇九年）
荒木敏夫『可能性としての女帝』（青木書店、一九九九年）
義江明子『県犬養橘三千代』（吉川弘文館、二〇〇九年）
薗田香融『日本古代の貴族と地方豪族』（塙書房、一九九二年）
岸　俊男『日本古代政治史研究』（塙書房、一九六六年）
倉本一宏『日本古代国家成立期の政権構造』（吉川弘文館、一九九七年）
舘野和己「古代周防国大嶋郡における村落の復元」『日本古代村落・都市空間の形成と変遷の復元』（奈良女子大学、二〇〇四年）
Farris,W., 1985, *Population, disease, and land in early Japan, 645-900*, the Council on East Asian Studies, Harvard University, and the Harvard-Yenching Institute.
村上陽一郎『ペスト大流行』（岩波新書、一九八三年）
橋本義則「恭仁宮の二つの『内裏』」『山口大学文学会志』五一、二〇〇一年
足利健亮『日本古代地理研究』（大明堂、一九八五年）
橋本義則「紫香楽宮の宮号について」『平成五年度遺跡発掘事前総合調査事業にかかる紫香楽宮関連遺跡発掘調査報告』（信楽町教育委員会、一九九四年）

小笠原好彦『大仏造立の都　紫香楽宮』（新泉社、二〇〇五年）
吉川真司「東大寺の古層」『南都仏教』七八、二〇〇〇年

第四章

井上　薫『行基』（吉川弘文館、一九五九年）
吉田靖雄『行基と律令国家』（吉川弘文館、一九八七年）
千田　稔『天平の僧行基』（中公新書、一九九四年）
鈴木景二「都鄙間交通と在地秩序」『日本史研究』三七九、一九九四年
堺市立埋蔵文化財センター編『史跡土塔　文字瓦聚成』（堺市教育委員会、二〇〇四年）
堺市教育委員会文化財課編『史跡土塔　遺構編』（堺市教育委員会、二〇〇七年）
薗田香融「吹田地方における行基の活動」『吹田市史』一（吹田市役所、一九九〇年）
西本昌弘「行基設置の楊津院と河尻」『地域史研究』三七―一、二〇〇七年
市川秀之『歴史のなかの狭山池』（清文堂出版、二〇〇九年）
坂井秀弥『古代地域社会の考古学』（同成社、二〇〇八年）
東野治之「初期の太子信仰と上宮王院」『聖徳太子事典』（柏書房、一九九七年）
同『日本古代史料学』（岩波書店、二〇〇五年）
堀池春峰『南都仏教史の研究　上　東大寺篇』（法蔵館、一九八〇年）
吉川真司「行基寺院菩提院とその寺田」『日本古代社会の史的展開』（塙書房、一九九九年）
同「大養徳国金光明寺」『論集東大寺の歴史と教学』（東大寺、二〇〇三年）
同「生駒山麓の初期行基寺院」『ふるさと生駒』（生駒民俗会、二〇〇九年）
同「土塔と行基集団」『堺の誇り　土塔と行基』（堺市、二〇一〇年）
同「東大寺と国分寺」『国分寺の創建　思想・制度編』（吉川弘文館、二〇一一年）

第五章

伊東信雄『天平産金遺跡』（宮城県涌谷町、一九六〇年）
本郷真紹『律令国家仏教の研究』（法蔵館、二〇〇五年）
上川通夫『日本中世仏教形成史論』（校倉書房、二〇〇七年）
前田泰次ほか『東大寺大仏の研究』（岩波書店、一九九七年）
福山敏男『奈良朝の東大寺』（高桐書店、一九四七年）
鈴木拓也「天平九年以後における版図拡大の中断とその背景」『杜都古代史論叢』（今野印刷、二〇〇八年）
東野治之『遣唐使と正倉院』（岩波書店、一九九二年）
岸　俊男『藤原仲麻呂』（吉川弘文館、一九六九年）
山折哲雄「聖武天皇の「骨」」『学士会会報』七八二、一九八九年
橋本義彦『正倉院の歴史』（吉川弘文館、一九九七年）
杉本一樹『正倉院』（中公新書、二〇〇八年）
鷺森浩幸『日本古代の王家・寺院と所領』（塙書房、二〇〇一年）
高取正男『神道の成立』（平凡社、一九七九年）
吉田一彦『日本古代社会と仏教』（吉川弘文館、一九九五年）
山本　崇「御斎会とその舗設」『奈良文化財研究所紀要』二〇〇四、二〇〇四年
吉川真司「国際交易と古代日本」『京都と北京』（角川書店、二〇〇六年）
同　「大極殿儀式と時期区分論」『国立歴史民俗博物館研究報告』一三四、二〇〇七年

第六章

田島　公「日本の律令国家の「賓礼」」『史林』六八―三、一九八五年

森　公章『古代日本の対外認識と通交』（吉川弘文館、一九九八年）
田中史生『日本古代国家の民族支配と渡来人』（校倉書房、一九九七年）
清水みき「外戚土師氏の地位」『平安京とその時代』（思文閣出版、二〇〇九年）
橋本義則「律令国家と喪葬」『律令国家史論集』（塙書房、二〇一〇年）
義江明子『日本古代の氏の構造』（吉川弘文館、一九八六年）
岡田荘司『平安時代の国家と祭祀』（続群書類従完成会、一九九四年）
堀　裕「七〜九世紀の天皇の祖先祭祀」『律令国家史論集』（塙書房、二〇一〇年）
西田敏秀「河内国交野郡素描」『網干善教先生古稀記念考古学論集』下（網干善教先生古稀記念会、一九九八年）
三宅俊隆「交野ヶ原の古代遺跡」『交野ヶ原　その歴史と文学』（枚方市教育委員会・枚方市文化財研究調査会、二〇〇八年）
林　陸朗『桓武朝論』（雄山閣出版、一九九四年）
同　「長岡・平安京と郊祀円丘」『古代文化』二六―三、一九七四年
山中　章『日本古代都城の研究』（柏書房、一九九七年）
同　『長岡京研究序説』（塙書房、二〇〇一年）
國下多美樹『長岡京の歴史考古学研究』（吉川弘文館、二〇一三年）
梅本康広「長岡京」『古代の都3　恒久の都平安京』（吉川弘文館、二〇一〇年）
山田邦和『京都都市史の研究』（吉川弘文館、二〇〇九年）
角田文衞監修『平安京提要』（角川書店、一九九四年）
佐藤泰弘「桓武朝の復古と革新」『年報都城』一二、二〇〇〇年
堀　裕「智の政治史的考察」『南都仏教』八〇、二〇〇一年
清田美季「奈良・平安時代の寺院政策と天皇」『南都仏教』九六、二〇一一年

鈴木拓也『戦争の日本史３　蝦夷と東北戦争』（吉川弘文館、二〇〇八年）
大津　透『古代の天皇制』（岩波書店、一九九九年）
吉川真司「後佐保山陵」『続日本紀研究』三三一、二〇〇一年
同　「長岡宮時代の朝廷儀礼」『年報都城』一〇、一九九九年
同　「馬からみた長岡京時代」『桓武と激動の長岡京時代』（山川出版社、二〇〇九年）

第七章

目崎徳衛『平安文化史論』（桜楓社、一九六八年）
大塚徳郎『平安初期政治史研究』（吉川弘文館、一九六九年）
春名宏昭『平城天皇』（吉川弘文館、二〇〇九年）
橋本義彦『平安貴族』（平凡社、一九八六年）
目崎徳衛『貴族社会と古典文化』（吉川弘文館、一九九五年）
西本昌弘『日本古代儀礼成立史の研究』（塙書房、一九九七年）
京都市埋蔵文化財研究所編『平安宮Ⅰ』（京都市埋蔵文化財研究所、一九九五年）
渡辺直彦『日本古代官位制度の基礎的研究　増訂版』（吉川弘文館、一九七八年）
渡里恒信『日本古代の伝承と歴史』（思文閣出版、二〇〇八年）
遠藤慶太「後院の名称」『日本歴史』六二五、二〇〇〇年
筧　敏生『古代王権と律令国家』（校倉書房、二〇〇二年）
笹山晴生『平安の朝廷　その光と影』（吉川弘文館、一九九三年）
福井俊彦「淳和朝の官人」『早稲田大学高等学院研究年誌』一一、一九六六年
宮本　救『律令田制と班田図』（吉川弘文館、一九九八年）
渡辺晃宏「平安時代の不動穀」『史学雑誌』九八―一二、一九八九年

吉川真司「近江京・平安京と山科」『皇太后の山寺』（柳原出版、二〇〇七年）
同「院宮王臣家」『日本の時代史5　平安京』（吉川弘文館、二〇〇二年）
同「九世紀の調庸制」『仁明朝史の研究』（思文閣出版、二〇一〇年）

第八章

西本昌弘「平城上皇の灌頂と空海」『古文書研究』六四、二〇〇七年
杉本直治郎『真如親王伝研究』（吉川弘文館、一九六五年）
佐伯有清『高丘親王入唐記』（吉川弘文館、二〇〇二年）
舘野和己「平城宮その後」『日本国家の史的特質　古代・中世』（思文閣出版、一九九七年）
溝辺文和『平城宮跡照映』（溝辺史晃、一九七三年）
吉川　聡「文献資料より見た東院地区と東院庭園」『平城宮発掘調査報告』XV（奈良文化財研究所、二〇〇三年）
舘野和己「平城旧京の変遷過程」『古代都城廃絶後の変遷過程』（科研報告書、二〇一〇年）
堀　裕「法会に刻まれた古代の記憶」『仏教史学研究』四六―一、二〇〇三年
上島　享「平安仏教」『日本の時代史5　平安京』（吉川弘文館、二〇〇二年）
薗田香融『平安仏教の研究』（法蔵館、一九八一年）
高木訷元『空海』（吉川弘文館、一九九七年）
竹内信夫『空海入門』（筑摩書房、一九九七年）
永村　真『中世東大寺の組織と経営』（塙書房、一九八九年）
麻木脩平「興福寺南円堂の創建当初本尊像と鎌倉再興像」『仏教芸術』一六〇、一九八五年
泉谷康夫『興福寺』（吉川弘文館、一九九七年）
土居規美「南都諸寺を結ぶ道」『シリーズ歩く大和Ⅰ　古代中世史の探究』（法蔵館、二〇〇七年）

永島福太郎『奈良』（吉川弘文館、一九六三年）
吉川真司「平城京の水田守」『シリーズ歩く大和Ⅰ　古代中世史の探究』（法蔵館、二〇〇七年）

年表

〇印の数字は閏月を示す

西暦	年号	天皇	国内事項	アジア東部
六六三	天智二	天智	8白村江の戦い。倭、唐・新羅に大敗する。	
六六四	三		2甲子の宣。二十六階冠位、氏上・民部・家部を定める。	玄奘死去。
六六七	六		3近江大津宮に移る。	
六六八	七		1中大兄皇子即位（天智）。この年、行基誕生。	高句麗が滅亡する。
六七〇	九		2庚午年籍を作成する。	唐、安西四鎮を廃止。
六七一	十		1大友皇子を太政大臣とする。近江令を施行する。12天智天皇死去。	
六七二	天武元	天武	6〜8壬申の乱。大海人皇子が勝利。この冬、飛鳥浄御原宮に移る。	
六七三	二		2大海人皇子即位（天武）。	
六七六	五		この年、新城に都を造営しようとする。	新羅が朝鮮半島を統一。
六八一	十		2浄御原令の編纂を命じる。草壁皇子立太子。3史書編纂を命じる。	
六八二	十一		8礼儀・言語の制。9朝廷で立礼を用いる。	突厥が唐から独立を図る。
六八四	十三		10八色の姓制定。	
六八六	朱鳥元		7朱鳥改元。9天武天皇死去。10大津皇子謀反事件。	
六八九	持統三	持統	4草壁皇子死去。6浄御原令を諸司に班賜する。	
六九〇	四		1皇后鸕野皇女即位（持統）。9庚寅年籍を作成する。	唐（周）、武則天即位。
六九四	八		12藤原遷都。	
六九七	文武元	文武	2軽皇子立太子。8持統天皇譲位、軽皇子即位（文武）。	
六九八	二		8藤原朝臣姓を不比等に継承させる。	大祚栄、震国（のちの渤海国）を建てる。
七〇一	大宝元		1遣唐使を任ずる。3大宝改元。6大宝令全国施行。8大宝律完成。この年、聖武天皇・光明皇后誕生。	
七〇二	二		12天智・天武忌日を国忌とする。持統太上天皇死去。	

七〇三	三		1刑部親王を知太政官事に任ずる。	
七〇四	慶雲元		5慶雲改元。	
七〇七	四	元明	6文武天皇死去。7阿閉内親王即位（元明）。	
七〇八	和銅元		1和銅改元。2平城遷都の詔。8和同開珎を発行する。	
七一〇	三		3平城遷都。	
七一二	五		1『古事記』撰進。	唐、玄宗即位。
七一四	七		6首皇子立太子、元服。	
七一五	霊亀元	元正	9元明天皇譲位、氷高内親王即位（元正）。霊亀改元。	
七一六	二		5大安寺を平城京に移す。この年、藤原安宿媛、東宮妃となる。	
七一七	養老元		4行基集団を弾圧する。11養老改元。	
七一八	二		9法興寺（飛鳥寺）を平城京に移す。この年、阿倍内親王誕生。	
七二〇	四		5『日本書紀』撰進。8藤原不比等死去。	
七二一	五		10藤原房前を内臣とする。12元明太上天皇死去。	新羅、長城を築く。
七二二	六		④百万町歩開墾計画。7京内の僧尼を統制する（行基集団弾圧）。	新羅、毛伐郡城を築く。
七二三	七		4三世一身法。	
七二四	神亀元	聖武	2元正天皇譲位、首親王即位（聖武）。神亀改元。藤原宮子を大夫人（のち皇太夫人）とする。	
七二六	三		10藤原宇合を知造難波宮事に任じ、後期難波宮の造営を始める。	
七二七	四		2行基、大野寺を創建する。⑨某王誕生。11某王立太子。	
七二八	五		9皇太子某王死去。11供養のため山房を創建する。	
七二九	天平元		2長屋王の変。8天平改元。光明立后。9皇后宮職を置く。	
七三〇	二		4皇后宮職に施薬院を置く。	
七三一	三		2行基、狭山池院を創建する。3行基、崐陽池院を創建する。8行基集団を公認する。	
七三二	四		8節度使を任命する。	渤海、唐と交戦する。

西暦	年号	天皇	国内事項	アジア東部
七三三	五		1県犬養橘三千代死去。	
七三五	七		この年、天然痘が流行する。光明皇后、法隆寺東院を創建する。	
七三六	八		8天竺僧菩提僊那・唐僧道璿ら来日する。	
七三七	九		春~秋、天然痘が大流行する。3国ごとに造仏・写経を行なう。4藤原房前死去。7藤原麻呂・藤原武智麻呂死去。8藤原宇合死去。9行基、菩提院を創建する。10大極殿で金光明最勝王経を講説する。12聖武天皇、藤原宮子と初めて面会する。この年、桓武天皇誕生。	新羅が国号を王城国に改める。唐、開元二十五年律令を施行。
七三八	十		1阿倍内親王立太子。このころ、光明皇后、福寿寺を創建する。	
七四〇	十二		2聖武天皇、知識寺大仏を拝す。6全国に写経・造塔を命じる。9藤原広嗣の乱。10聖武天皇、東国へ行幸する。12恭仁宮に入る。	
七四一	十三		2国分寺建立の詔。10恭仁京の架橋に協力した人々の出家を許す。	
七四二	十四		7金鍾寺・福寿寺を併せ金光明寺とする。8紫香楽に行幸する。	
七四三	十五		5墾田永年私財法。10大仏建立の詔。紫香楽に寺地を開く。行基、弟子を率いて大仏建立に協力する。12恭仁宮の造営を中止する。	
七四四	十六		①難波に行幸する。安積親王死去。2紫香楽に行幸する。難波を皇都と定める。11甲賀寺で大仏の心柱を立てる。	突厥滅亡。ウイグル興る。
七四五	十七		1行基を大僧正に任ずる。4~5山火事・地震が続く。5平城還都。8平城で大仏建立を始める。11玄昉を筑紫観世音寺に左遷する。	
七四六	十八		10聖武天皇らが金鐘寺に行幸し、大仏塑像を燃灯供養する。	
七四七	十九		3光明皇后、新薬師寺を創建する。9東大寺大仏の鋳造を始める。	
七四八	二十		4元正太上天皇死去。	
七四九	天平感宝元 天平勝宝元	孝謙	2行基死去。陸奥産金。4聖武天皇、産金を大仏に報じる。天平感宝改元。⑤聖武天皇、出家する。7聖武天皇譲位、阿倍内親王即位（孝謙）。天平勝宝改元。8紫微中台を置く。12宇佐八幡神、平城京に入る。	

七五二	四		2実忠、十一面悔過を始める。4大仏開眼供養。	
七五四	六		1鑑真来日。東大寺で聖武太上天皇に授戒する。7藤原宮子死去。	
七五五	七		1天平勝宝七年を七歳と改める（以後九歳まで）。	唐、安史の乱（〜七六三）。
七五六	八		5聖武太上天皇死去。道祖王立太子。6聖武遺愛の宝物を大仏に献納する。国分寺造営を督促する。	玄宗、四川へ脱出。
七五七	天平宝字元		3道祖王廃太子。4大炊王立太子。5藤原仲麻呂を紫微内相に任ずる。養老律令を施行する。7橘奈良麻呂の変。8天平宝字改元。	新羅、郡県名を唐風に改める。
七五八	二	淳仁	1問民苦使を派遣する。8孝謙天皇譲位、大炊王即位（淳仁）。藤原仲麻呂に恵美押勝の氏名を賜う。官名を唐風に改める。	
七五九	三		6新羅侵攻計画。8唐招提寺を創建する。11保良宮を造営する。	
七六〇	四		1仲麻呂を大師（太政大臣）に任ずる。6光明皇太后死去。8小治田宮に行幸する。12宮子・光明子の墓を山陵、忌日を国忌とする。	唐、史思明、洛陽に入る。
七六一	五		10保良宮に行幸する。	
七六二	六		5孝謙・淳仁が不和となる。6孝謙太上天皇、天皇大権を掌握する。	李白死去。
七六三	七		5鑑真死去。9道鏡を少僧都とする。	吐蕃、長安を占領。
七六四	八	称徳	9藤原仲麻呂の乱。道鏡を大臣禅師に任ずる。10淳仁天皇を淡路へ配流する。孝謙太上天皇重祚（称徳）。	
七六五	天平神護元		1天平神護改元。8和気王謀反事件。10淡路公（廃帝淳仁）死去。⑩道鏡を太政大臣禅師に任ずる。	
七六六	二		10道鏡を法王とする。法臣・法参議を任ずる。	
七六七	神護景雲元		1大極殿で金光明最勝王経を講説する（御斎会の創始）。3法王宮職を置く。8神護景雲改元。	
七六九	三		9宇佐八幡神託事件。和気清麻呂を追放する。10由義宮に行幸する。	
七七〇	宝亀元	光仁	4百万塔成る。8称徳天皇死去。道鏡を下野薬師寺へ左遷する。10白壁王即位（光仁）。宝亀改元。11井上内親王立后。	杜甫死去。

西暦	年号	天皇	国内事項	アジア東部
七七一	二		1他戸親王立太子。	
七七二	三		3井上内親王廃后。4道鏡死去。5他戸親王廃太子。	
七七三	四		1山部親王立太子。2楊梅宮完成。10井上・他戸を幽閉する。11行基寺院六寺に田地を施入する。⑪良弁死去。	
七七四	五		7蝦夷、陸奥国桃生城を攻略する（三十八年戦争の開始）。	
七七五	六		4井上・他戸死去。10吉備真備死去。	
七七九	十		5唐の使者を平城宮に迎える。	
七八〇	十一		3伊治呰麻呂の乱。	唐、両税法を施行。新羅、「下代」に入る。
七八一	天応元	桓武	1天応改元。4光仁天皇譲位、山部親王即位（桓武）。早良親王立太子。12光仁太上天皇死去。	
七八二	延暦元		①氷上川継謀反事件。4造宮・勅旨省などを廃止する。6藤原魚名左遷事件。8延暦改元。光仁天皇の改葬を決める。	
七八三	二		4藤原乙牟漏立后。6私寺建立禁止令。10交野に行幸する。	
七八四	三		5山背国乙訓郡長岡村を視察。6造長岡宮使を任ずる。11長岡遷都。	顔真卿死去。
七八五	四		5僧尼統制令。9藤原種継暗殺事件。早良親王廃太子、ついで死去。11交野で天神を祀る。安殿親王立太子。	
七八六	五		1梵釈寺を創建する。7太政官院が完成する。10光仁天皇改葬。	
七八八	七		5夫人藤原旅子死去。このころ、長岡宮後期造営が始まる。	
七八九	八		3造東大寺司を廃止する。7三関を廃止する。12皇太后高野新笠死去。	吐蕃、ウイグルと交戦。
七九〇	九		③皇后藤原乙牟漏死去。この年、天然痘大流行。	
七九一	十		3国忌整理令。9平城宮諸門を長岡宮に移築する。	
七九二	十一		6早良親王の祟りが発覚する。軍団を廃止し、健児を置く。	
七九三	十二		1山背国葛野郡宇太村を視察させる。3葛野に行幸し新京を巡覧する。	

七九四	十三		9新京に宅地を班給する。10平安遷都の詔。11新京を平安京と号し、山背国を山城国に改める。	
七九五	十四		4僧尼統制令。7七大寺僧を検校する。	
七九六	十五		この年、東寺・西寺を創建する。	
七九七	十六		2『続日本紀』撰進。この年、勘解由使を置く。	
七九八	十七		7平城旧都の寺院を検察させる。	
八〇〇	十九		7早良親王を崇道天皇と追尊し、井上内親王を皇后に復す。	
八〇一	二十		この年、坂上田村麻呂、蝦夷を制圧する。	唐、『通典』成る。
八〇二	二十一		1坂上田村麻呂、陸奥国胆沢城を築く。御斎会・興福寺維摩会に六宗の僧を招請する。4蝦夷の首魁アテルイら投降する。	
八〇三	二十二		3坂上田村麻呂、陸奥国志波城造営に赴く。2『延暦交替式』施行。	
八〇四	二十三		7遣唐使、日本を離れる。最澄・空海も入唐する。	
八〇五	二十四		7最澄、帰朝復命する。12徳政相論。	
八〇六	大同元	平城	3桓武天皇死去。5安殿親王即位（平城）。大同改元。賀美能親王立太弟。観察使を置く。この秋、空海が帰国する。	唐、白居易が「長恨歌」を作る。
八〇七	二		5聖武天皇の国忌を廃止する。10伊予親王事件。11伊予親王死去。	
八〇九	四	嵯峨	4平城天皇譲位。賀美能親王即位（嵯峨）。高丘親王立太子。12平城太上天皇、平城旧京に移る。	
八一〇	弘仁元		3蔵人所設置。6観察使廃止、参議号を復す。9平城太上天皇が平城還都を命ずる。薬子の変。嵯峨天皇が勝利する。高丘親王廃太子、大伴親王立太弟。弘仁改元。	
八一一	二		5坂上田村麻呂死去。この年、文室綿麻呂、閉伊・爾薩体を掃討。	
八一三	四		1御斎会内論義始まる。この年、東寺・西寺夏安居が始まる。	
八一四	五		6『新撰姓氏録』撰進。この年、『凌雲集』成る。	
八一五	六		7橘嘉智子立后。このころ、検非違使を置く。	

西暦	年号	天皇	国内事項	アジア東部
八一六	七		6空海に高野山開創を許す。	
八一八	九		3儀礼を唐風に改める。4平安宮の殿舎・門名を唐風に改める。	渤海、最盛期を迎える。
八一九	十		3最澄、大乗戒壇の設立を請う。	
八二〇	十一		2最澄、『顕戒論』を進上。4『弘仁格式』撰進。	
八二一	十二		1『内裏式』撰進。この年、藤原冬嗣が勧学院を創設する。	唐、吐蕃と会盟する。
八二二	十三		2空海、東大寺真言院を建立する。6最澄死去。大乗戒壇勅許。	新羅、金憲昌の反乱。
八二三	十四	淳和	1空海に東寺を下賜する。2大宰府管内に公営田を設置する。4嵯峨天皇譲位、大伴親王即位（淳和）。正良親王立太子。	
八二四	天長元		1天長改元。7平城太上天皇死去。	
八二六	三		7藤原冬嗣死去。	
八二七	四		5『経国集』成る。秋～冬、地震頻発。8東大寺大仏を修理する。	
八三〇	七		9薬師寺最勝会を始修する。	
八三三	十	仁明	2『令義解』撰進。淳和天皇譲位、正良親王即位（仁明）。恒貞親王立太子。	
八三四	承和元		1承和改元。遣唐使を任ずる。	
八三五	二		2後七日御修法を始修する。3空海死去。	
八四〇	七		5淳和太上天皇死去。12『日本後紀』撰進。	ウイグル滅亡。
八四一	八			新羅、張宝高の乱。吐蕃王権が分裂。
八四二	九		7嵯峨太上天皇死去。承和の変。恒貞親王廃太子。8道康親王立太子。	
八四三	十		7藤原緒嗣死去。12文室宮田麻呂謀反事件。	
八四五	十二		この年、菅原道真生まれる。	唐、会昌の廃仏。
八四八	嘉祥元		6嘉祥改元。	
八五〇	三	文徳	3仁明天皇死去、道康親王即位（文徳）。	

代数	諡号・追号	名	父	母	在位期間
108	後水尾（ごみずのお）	政仁	後陽成	藤原前子	慶長16(1611) 3.27～寛永6(1629) 11.8
109	明正＊（めいしょう）	興子	後水尾	源和子	寛永6(1629) 11.8～寛永20(1643) 10.3
110	後光明（ごこうみょう）	紹仁	後水尾	藤原光子	寛永20(1643) 10.3～承応3(1654) 9.20
111	後西（ごさい）	良仁	後水尾	藤原隆子	承応3(1654) 11.28～寛文3(1663) 1.26
112	霊元（れいげん）	識仁	後水尾	藤原国子	寛文3(1663) 1.26～貞享4(1687) 3.21
113	東山（ひがしやま）	朝仁	霊元	藤原宗子	貞享4(1687) 3.21～宝永6(1709) 6.21
114	中御門（なかみかど）	慶仁	東山	藤原賀子	宝永6(1709) 6.21～享保20(1735) 3.21
115	桜町（さくらまち）	昭仁	中御門	藤原尚子	享保20(1735) 3.21～延享4(1747) 5.2
116	桃園（ももぞの）	遐仁	桜町	藤原定子	延享4(1747) 5.2～宝暦12(1762) 7.12
117	後桜町＊（ごさくらまち）	智子	桜町	藤原舎子	宝暦12(1762) 7.27～明和7(1770) 11.24
118	後桃園（ごももぞの）	英仁	桃園	藤原富子	明和7(1770) 11.24～安永8(1779) 10.29
119	光格（こうかく）	師仁・兼仁	典仁親王	大江磐代	安永8(1779) 11.25～文化14(1817) 3.22
120	仁孝（にんこう）	恵仁	光格	藤原婧子	文化14(1817) 3.22～弘化3(1846) 1.26
121	孝明（こうめい）	統仁	仁孝	藤原雅子	弘化3(1846) 2.13～慶応2(1866) 12.25
122	明治（めいじ）	睦仁	孝明	中山慶子	慶応3(1867) 1.9～明治45(1912) 7.30
123	大正（たいしょう）	嘉仁	明治	柳原愛子	明治45(1912) 7.30～大正15(1926) 12.25
124	昭和（しょうわ）	裕仁	大正	九条節子	大正15(1926) 12.25～昭和64(1989) 1.7
125	(上皇)	明仁	昭和	良子女王	昭和64(1989) 1.7～平成31(2019) 4.30
126	(今上)	徳仁	明仁	正田美智子	令和1(2019) 5.1～

代数	諡号・追号	名	父	母	在位期間
85	仲恭(ちゅうきょう)	懐成	順徳	藤原立子	承久3(1221) 4.20～承久3(1221) 7.9
86	後堀河(ごほりかわ)	茂仁	守貞親王	藤原陳子	承久3(1221) 7.9～貞永1(1232) 10.4
87	四条(しじょう)	秀仁	後堀河	藤原竴子	貞永1(1232) 10.4～仁治3(1242) 1.9
88	後嵯峨(ごさが)	邦仁	土御門	源通子	仁治3(1242) 1.20～寛元4(1246) 1.29
89	後深草(ごふかくさ)	久仁	後嵯峨	藤原姞子	寛元4(1246) 1.29～正元1(1259) 11.26
90	亀山(かめやま)	恒仁	後嵯峨	藤原姞子	正元1(1259) 11.26～文永11(1274) 1.26
91	後宇多(ごうだ)	世仁	亀山	藤原佶子	文永11(1274) 1.26～弘安10(1287) 10.21
92	伏見(ふしみ)	熙仁	後深草	藤原愔子	弘安10(1287) 10.21～永仁6(1298) 7.22
93	後伏見(ごふしみ)	胤仁	伏見	藤原経子	永仁6(1298) 7.22～正安3(1301) 1.21
94	後二条(ごにじょう)	邦治	後宇多	源基子	正安3(1301) 1.21～徳治3(1308) 8.25
95	花園(はなぞの)	富仁	伏見	藤原季子	徳治3(1308) 8.26～文保2(1318) 2.26
96	後醍醐(ごだいご)	尊治	後宇多	藤原忠子	文保2(1318) 2.26～延元4(1339) 8.15
97	後村上(ごむらかみ)	憲良・義良	後醍醐	藤原廉子	延元4(1339) 8.15～正平23(1368) 3.11
98	長慶(ちょうけい)	寛成	後村上	藤原氏	正平23(1368) 3～弘和3(1383) 10以後
99	後亀山(ごかめやま)	熙成	後村上	藤原氏	弘和3(1383) 10.27以後～元中9(1392) 閏10.5
北朝	光厳(こうごん)	量仁	後伏見	藤原寧子	元徳3(1331) 9.20～正慶2(1333) 5.25
	光明(こうみょう)	豊仁	後伏見	藤原寧子	建武3(1336) 8.15～貞和4(1348) 10.27
	崇光(すこう)	益仁・興仁	光厳	藤原秀子	貞和4(1348) 10.27～観応2(1351) 11.7
	後光厳(ごこうごん)	弥仁	光厳	藤原秀子	観応3(1352) 8.17～応安4(1371) 3.23
	後円融(ごえんゆう)	緒仁	後光厳	紀仲子	応安4(1371) 3.23～永徳2(1382) 4.11
100	後小松(ごこまつ)	幹仁	後円融	藤原厳子	永徳2(1382) 4.11～応永19(1412) 8.29
101	称光(しょうこう)	躬仁・実仁	後小松	藤原資子	応永19(1412) 8.29～正長1(1428) 7.20
102	後花園(ごはなぞの)	彦仁	貞成親王	源幸子	正長1(1428) 7.28～寛正5(1464) 7.19
103	後土御門(ごつちみかど)	成仁	後花園	藤原信子	寛正5(1464) 7.19～明応9(1500) 9.28
104	後柏原(ごかしわばら)	勝仁	後土御門	源朝子	明応9(1500) 10.25～大永6(1526) 4.7
105	後奈良(ごなら)	知仁	後柏原	藤原藤子	大永6(1526) 4.29～弘治3(1557) 9.5
106	正親町(おおぎまち)	方仁	後奈良	藤原栄子	弘治3(1557) 10.27～天正14(1586) 11.7
107	後陽成(ごようぜい)	和仁・周仁	誠仁親王	藤原晴子	天正14(1586) 11.7～慶長16(1611) 3.27

代数	諡号・追号	名	父	母	在位期間
57	陽成(ようぜい)	貞明	清和	藤原高子	貞観18(876) 11.29〜元慶8(884) 2.4
58	光孝(こうこう)	時康	仁明	藤原沢子	元慶8(884) 2.4〜仁和3(887) 8.26
59	宇多(うだ)	定省	光孝	班子女王	仁和3(887) 8.26〜寛平9(897) 7.3
60	醍醐(だいご)	維城・敦仁	宇多	藤原胤子	寛平9(897) 7.3〜延長8(930) 9.22
61	朱雀(すざく)	寛明	醍醐	藤原穏子	延長8(930) 9.22〜天慶9(946) 4.20
62	村上(むらかみ)	成明	醍醐	藤原穏子	天慶9(946) 4.20〜康保4(967) 5.25
63	冷泉(れいぜい)	憲平	村上	藤原安子	康保4(967) 5.25〜安和2(969) 8.13
64	円融(えんゆう)	守平	村上	藤原安子	安和2(969) 8.13〜永観2(984) 8.27
65	花山(かざん)	師貞	冷泉	藤原懐子	永観2(984) 8.27〜寛和2(986) 6.23
66	一条(いちじょう)	懐仁	円融	藤原詮子	寛和2(986) 6.23〜寛弘8(1011) 6.13
67	三条(さんじょう)	居貞	冷泉	藤原超子	寛弘8(1011) 6.13〜長和5(1016) 1.29
68	後一条(ごいちじょう)	敦成	一条	藤原彰子	長和5(1016) 1.29〜長元9(1036) 4.17
69	後朱雀(ごすざく)	敦良	一条	藤原彰子	長元9(1036) 4.17〜寛徳2(1045) 1.16
70	後冷泉(ごれいぜい)	親仁	後朱雀	藤原嬉子	寛徳2(1045) 1.16〜治暦4(1068) 4.19
71	後三条(ごさんじょう)	尊仁	後朱雀	禎子内親王	治暦4(1068) 4.19〜延久4(1072) 12.8
72	白河(しらかわ)	貞仁	後三条	藤原茂子	延久4(1072) 12.8〜応徳3(1086) 11.26
73	堀河(ほりかわ)	善仁	白河	藤原賢子	応徳3(1086) 11.26〜嘉承2(1107) 7.19
74	鳥羽(とば)	宗仁	堀河	藤原苡子	嘉承2(1107) 7.19〜保安4(1123) 1.28
75	崇徳(すとく)	顕仁	鳥羽	藤原璋子	保安4(1123) 1.28〜永治1(1141) 12.7
76	近衛(このえ)	体仁	鳥羽	藤原得子	永治1(1141) 12.7〜久寿2(1155) 7.23
77	後白河(ごしらかわ)	雅仁	鳥羽	藤原璋子	久寿2(1155) 7.24〜保元3(1158) 8.11
78	二条(にじょう)	守仁	後白河	藤原懿子	保元3(1158) 8.11〜永万1(1165) 6.25
79	六条(ろくじょう)	順仁	二条	伊岐氏	永万1(1165) 6.25〜仁安3(1168) 2.19
80	高倉(たかくら)	憲仁	後白河	平滋子	仁安3(1168) 2.19〜治承4(1180) 2.21
81	安徳(あんとく)	言仁	高倉	平徳子	治承4(1180) 2.21〜寿永4(1185) 3.24
82	後鳥羽(ごとば)	尊成	高倉	藤原殖子	寿永2(1183) 8.20〜建久9(1198) 1.11
83	土御門(つちみかど)	為仁	後鳥羽	源在子	建久9(1198) 1.11〜承元4(1210) 11.25
84	順徳(じゅんとく)	守成	後鳥羽	藤原重子	承元4(1210) 11.25〜承久3(1221) 4.20

歴代天皇表②　在位欄は文武、桓武〜昭和は践祚の年月日を起点とする　＊=女帝

代数	諡号・追号	名	父	母	在位期間
29	欽明(きんめい)	(天国排開広庭)	継体	手白香皇女	宣化4(539) 12.5〜欽明32(571) 4.15
30	敏達(びだつ)	(渟中倉太珠敷)	欽明	石姫皇女	敏達1(572) 4.3〜敏達14(585) 8.15
31	用明(ようめい)	(橘豊日)	欽明	蘇我堅塩媛	敏達14(585) 9.5〜用明2(587) 4.9
32	崇峻(すしゅん)	泊瀬部	欽明	蘇我小姉君	用明2(587) 8.2〜崇峻5(592) 11.3
33	推古＊(すいこ)	額田部	欽明	蘇我堅塩媛	崇峻5(592) 12.8〜推古36(628) 3.7
34	舒明(じょめい)	田村	押坂彦人大兄皇子	糠手姫皇女	舒明1(629) 1.4〜舒明13(641) 10.9
35	皇極＊(こうぎょく)	宝	茅渟王	吉備姫王	皇極1(642) 1.15〜皇極4(645) 6.14
36	孝徳(こうとく)	軽	茅渟王	吉備姫王	皇極4(645) 6.14〜白雉5(654) 10.10
37	斉明＊(さいめい)	(皇極重祚)			斉明1(655) 1.3〜斉明7(661) 7.24
38	天智(てんじ)	葛城・中大兄	舒明	宝皇女(皇極)	天智7(668) 1.3〜天智10(671) 12.3
39	弘文(こうぶん)	伊賀・大友	天智	伊賀采女宅子娘	天智10(671) 12.5〜天武1(672) 7.23
40	天武(てんむ)	大海人	舒明	宝皇女(皇極)	天武2(673) 2.27〜朱鳥1(686) 9.9
41	持統＊(じとう)	鸕野讚良	天智	蘇我遠智娘	持統4(690) 1.1〜持統11(697) 8.1
42	文武(もんむ)	珂瑠	草壁皇子	阿閇皇女(元明)	文武1(697) 8.1〜慶雲4(707) 6.15
43	元明＊(げんめい)	阿閇	天智	蘇我姪娘	慶雲4(707) 7.17〜和銅8(715) 9.2
44	元正＊(げんしょう)	氷高・新家	草壁皇子	阿閇皇女(元明)	霊亀1(715) 9.2〜養老8(724) 2.4
45	聖武(しょうむ)	首	文武	藤原宮子	神亀1(724) 2.4〜天平勝宝1(749) 7.2
46	孝謙＊(こうけん)	阿倍	聖武	藤原安宿媛	天平勝宝1(749) 7.2〜天平宝字2(758) 8.1
47	淳仁(じゅんにん)	大炊	舎人親王	当麻山背	天平宝字2(758) 8.1〜天平宝字8(764) 10.9
48	称徳＊(しょうとく)	(孝謙重祚)			天平宝字8(764) 10.9〜神護景雲4(770) 8.4
49	光仁(こうにん)	白壁	施基親王	紀橡姫	宝亀1(770) 10.1〜天応1(781) 4.3
50	桓武(かんむ)	山部	光仁	高野新笠	天応1(781) 4.3〜延暦25(806) 3.17
51	平城(へいぜい)	小殿・安殿	桓武	藤原乙牟漏	延暦25(806) 3.17〜大同4(809) 4.1
52	嵯峨(さが)	神野	桓武	藤原乙牟漏	大同4(809) 4.1〜弘仁14(823) 4.16
53	淳和(じゅんな)	大伴	桓武	藤原旅子	弘仁14(823) 4.16〜天長10(833) 2.28
54	仁明(にんみょう)	正良	嵯峨	橘嘉智子	天長10(833) 2.28〜嘉祥3(850) 3.21
55	文徳(もんとく)	道康	仁明	藤原順子	嘉祥3(850) 3.21〜天安2(858) 8.27
56	清和(せいわ)	惟仁	文徳	藤原明子	天安2(858) 8.27〜貞観18(876) 11.29

歴代天皇表①

代数	漢風諡号	日本書紀	古事記	父	母
1	神武（じんむ）	神日本磐余彦（カムヤマトイハレヒコ）	神倭伊波礼毗古	鸕鷀草葺不合尊	玉依姫命
2	綏靖（すいぜい）	神渟名川耳（カムヌナカハミミ）	神沼河耳	神武	媛蹈鞴五十鈴媛命
3	安寧（あんねい）	磯城津彦玉手看（シキツヒコタマテミ）	師木津日子玉手見	綏靖	五十鈴依媛命
4	懿徳（いとく）	大日本彦耜友（オホヤマトヒコスキトモ）	大倭日子鉏友	安寧	渟名底仲媛命
5	孝昭（こうしょう）	観松彦香殖稲（ミマツヒコカエシネ）	御真津日子訶恵志泥	懿徳	天豊津媛命
6	孝安（こうあん）	日本足彦国押人（ヤマトタラシヒコクニオシヒト）	大倭帯日子国押人	孝昭	世襲足媛
7	孝霊（こうれい）	大日本根子彦太瓊（オホヤマトネコヒコフトニ）	大倭根子日子賦斗邇	孝安	押媛
8	孝元（こうげん）	大日本根子彦国牽（オホヤマトネコヒコクニクル）	大倭根子日子国玖琉	孝霊	細媛命
9	開化（かいか）	稚日本根子彦大日日（ワカヤマトネコヒコオホヒヒ）	若倭根子日子大毗毗	孝元	欝色謎命
10	崇神（すじん）	御間城入彦五十瓊殖（ミマキイリヒコイニヱ）	御真木入日子印恵	開化	伊香色謎命
11	垂仁（すいにん）	活目入彦五十狭茅（イクメイリヒコイサチ）	伊久米伊理毗古伊佐知	崇神	御間城姫
12	景行（けいこう）	大足彦忍代別（オホタラシヒコオシロワケ）	大帯日子淤斯呂和気	垂仁	日葉洲媛命
13	成務（せいむ）	稚足彦（ワカタラシヒコ）	若帯日子	景行	八坂入姫命
14	仲哀（ちゅうあい）	足仲彦（タラシナカツヒコ）	帯中日子	日本武尊	両道入姫命
15	応神（おうじん）	誉田（ホムタ）	品陀和気	仲哀	気長足姫尊
16	仁徳（にんとく）	大鷦鷯（オホサザキ）	大雀	応神	仲姫命
17	履中（りちゅう）	去来穂別（イザホワケ）	伊耶本和気	仁徳	磐之媛命
18	反正（はんぜい）	瑞歯別（ミツハワケ）	水歯別	仁徳	磐之媛命
19	允恭（いんぎょう）	雄朝津間稚子宿禰（チアサヅマワクゴノスクネ）	男浅津間若子宿禰	仁徳	磐之媛命
20	安康（あんこう）	穴穂（アナホ）	穴穂	允恭	忍坂大中姫命
21	雄略（ゆうりゃく）	大泊瀬幼武（オホハツセノワカタケル）	大長谷若建	允恭	忍坂大中姫命
22	清寧（せいねい）	白髪武広国押稚日本根子（シラカノタケヒロクニオシワカヤマトネコ）	白髪大倭根子	雄略	葛城韓媛
23	顕宗（けんぞう）	弘計（チケ）	袁祁之石巣別	市辺押磐皇子	荑媛
24	仁賢（にんけん）	億計（オケ）	意祁	市辺押磐皇子	荑媛
25	武烈（ぶれつ）	小泊瀬稚鷦鷯（チハツセノワカサザキ）	小長谷若雀	仁賢	春日大娘皇女
26	継体（けいたい）	男大迹（チホド）	袁本杼	彦主人王	振媛
27	安閑（あんかん）	広国押武金日（ヒロクニオシタケカナヒ）	広国押建金日	継体	目子媛
28	宣化（せんか）	武小広国押盾（タケチヒロクニオシタテ）	建小広国押楯	継体	目子媛

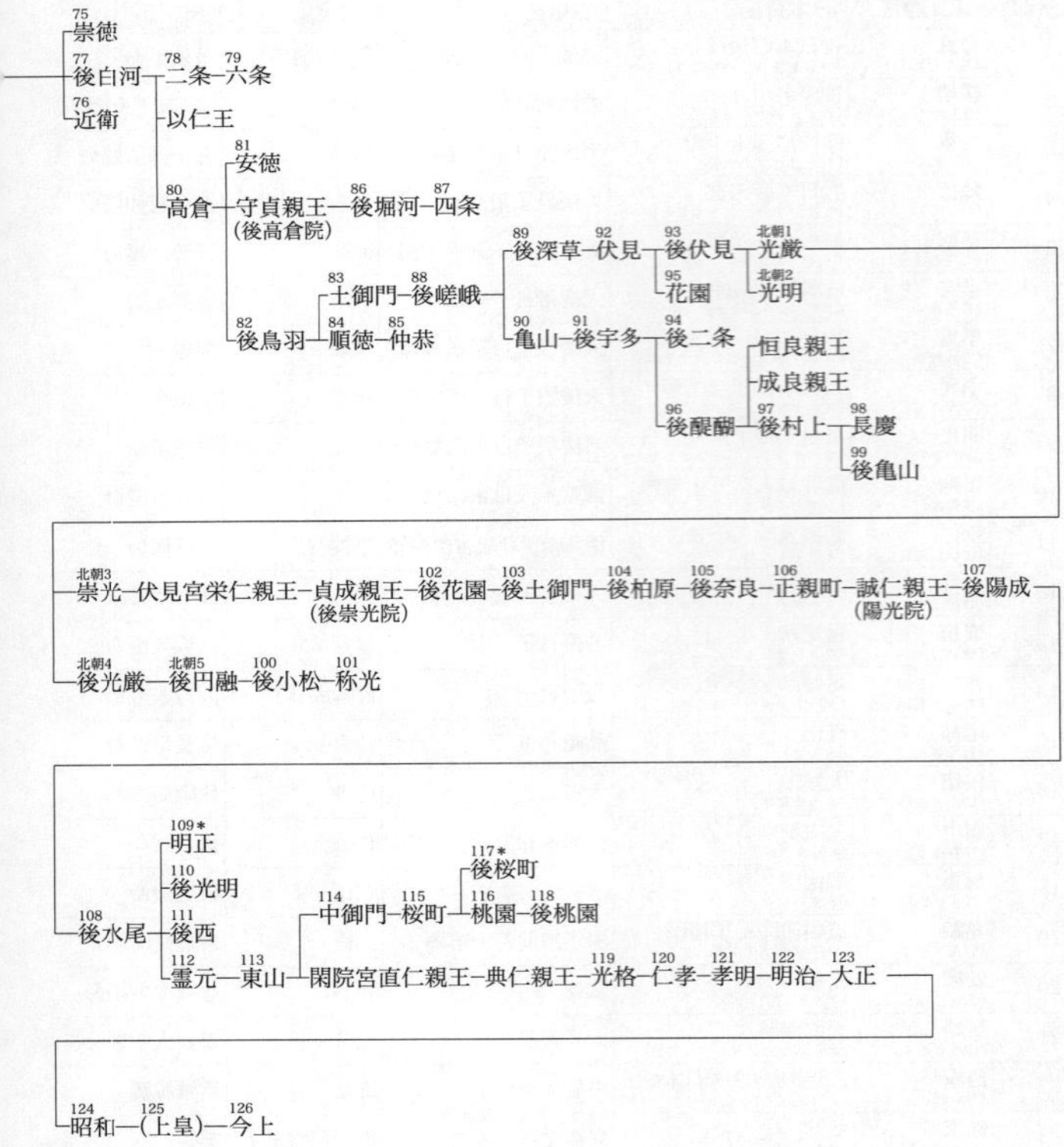

数字は『皇統譜』による代数。

＊は女帝を示す。なお、皇極・斉明、孝謙・称徳は重祚。

天皇系図

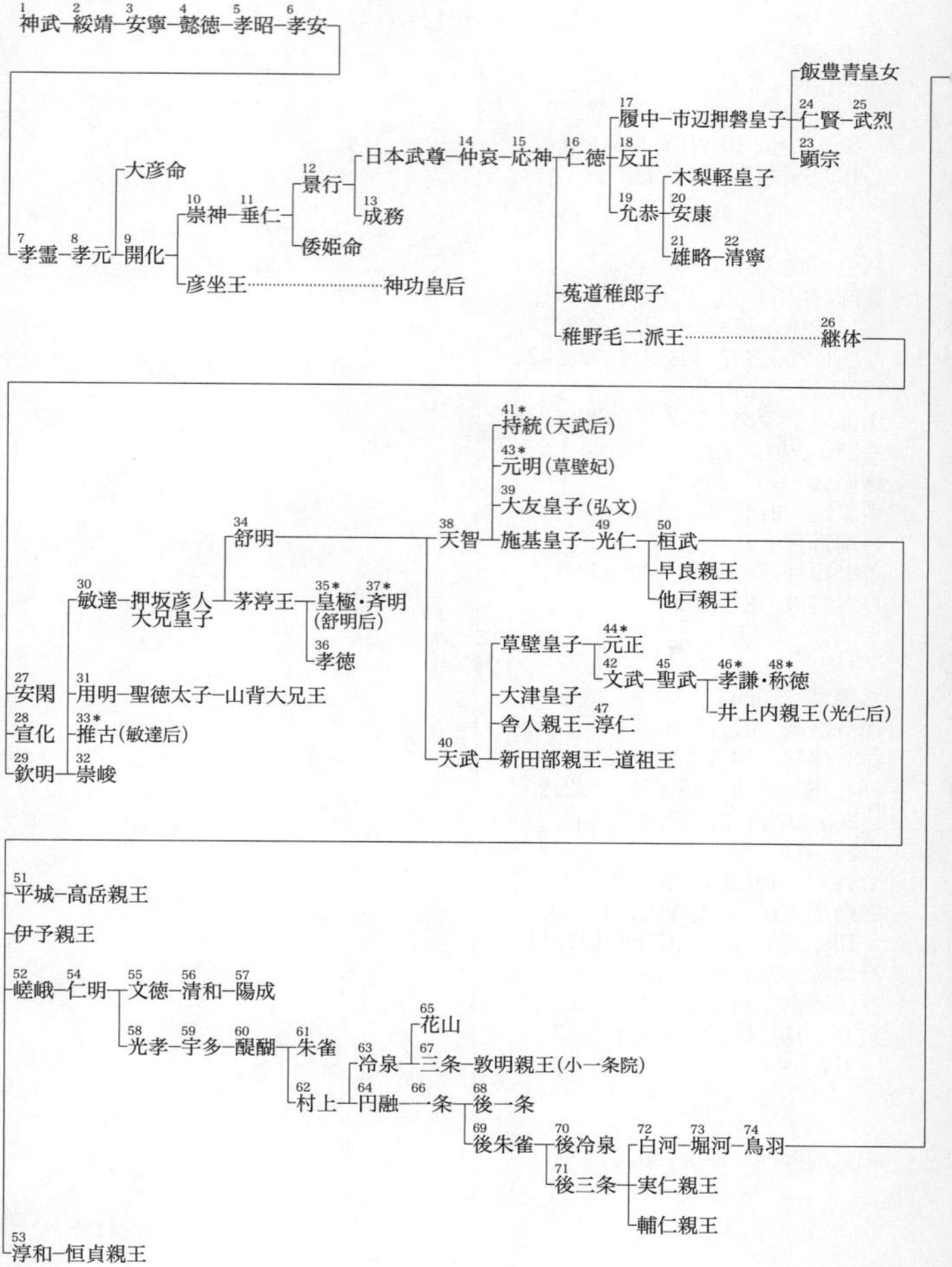

1 神武
2 綏靖
3 安寧
4 懿徳
5 孝昭
6 孝安
7 孝霊
8 孝元
9 開化
大彦命
10 崇神
11 垂仁
彦坐王
12 景行
倭姫命
日本武尊
13 成務
14 仲哀
15 応神
神功皇后
16 仁徳
17 履中
市辺押磐皇子
飯豊青皇女
24 仁賢
25 武烈
23 顕宗
18 反正
19 允恭
木梨軽皇子
20 安康
21 雄略
22 清寧
菟道稚郎子
稚野毛二派王
26 継体
27 安閑
28 宣化
29 欽明
30 敏達
押坂彦人大兄皇子
31 用明
聖徳太子
山背大兄王
33* 推古(敏達后)
32 崇峻
34 舒明
茅渟王
35* 皇極・37* 斉明 (舒明后)
36 孝徳
38 天智
41* 持統(天武后)
43* 元明(草壁妃)
39 大友皇子(弘文)
施基皇子
49 光仁
50 桓武
早良親王
他戸親王
40 天武
草壁皇子
44* 元正
42 文武
45 聖武
46* 孝謙・48* 称徳
井上内親王(光仁后)
大津皇子
舎人親王
47 淳仁
新田部親王
道祖王
51 平城
高岳親王
伊予親王
52 嵯峨
54 仁明
55 文徳
56 清和
57 陽成
58 光孝
59 宇多
60 醍醐
61 朱雀
62 村上
63 冷泉
65 花山
67 三条
敦明親王(小一条院)
64 円融
66 一条
68 後一条
69 後朱雀
70 後冷泉
71 後三条
72 白河
73 堀河
74 鳥羽
実仁親王
輔仁親王
53 淳和
恒貞親王

や行

ら行

わ行

ま行

な行

は行

た行

さ行

か行

索　引

あ行

KODANSHA

本書の原本は、二〇一一年一月、小社より刊行されました。

吉川真司（よしかわ　しんじ）

1960年生まれ。京都大学大学院博士後期課程修了。現在，京都大学名誉教授。専攻は日本古代史。主な著書に『律令官僚制の研究』『律令体制史研究』『飛鳥の都　シリーズ日本古代史３』，編著に『日本の時代史５　平安京』『列島の古代史（全８巻）』などがある。

講談社学術文庫

定価はカバーに表示してあります。

天皇の歴史２

聖武《しょうむ》天皇《てんのう》と仏都《ぶつと》平城京《へいじょうきょう》

吉川真司《よしかわしんじ》

2018年１月11日　第１刷発行
2024年８月２日　第４刷発行

発行者　森田浩章
発行所　株式会社講談社
東京都文京区音羽 2-12-21 〒112-8001
電話　編集（03）5395-3512
販売（03）5395-5817
業務（03）5395-3615

装　幀　蟹江征治
印　刷　株式会社新藤慶昌堂
製　本　株式会社国宝社

ISBN978-4-06-292482-5

「講談社学術文庫」の刊行に当たって

これは、学術をポケットに入れることをモットーとして生まれた文庫である。学術は少年の心を養い、成年の心を満たす。その学術がポケットにはいる形で、万人のものになることは、生涯教育をうたう現代の理想である。

こうした考え方は、学術を巨大な城のように見る世間の常識に反するかもしれない。また、一部の人たちからは、学術の権威をおとすものと非難されるかもしれない。しかし、それはいずれも学術の新しい在り方を解しないものといわざるをえない。

学術は、まず魔術への挑戦から始まった。やがて、いわゆる常識をつぎつぎに改めていった。学術の権威は、幾百年、幾千年にわたる、苦しい戦いの成果である。こうしてきずきあげられた城が、一見して近づきがたいものにうつるのは、そのためである。しかし、学術の権威を、その形の上だけで判断してはならない。その生成のあとをかえりみれば、その根は常に人々の生活の中にあった。学術が大きな力たりうるのはそのためであって、生活をはなれた学術は、どこにもない。

開かれた社会といわれる現代にとって、これはまったく自明である。生活と学術との間に、もし距離があるとすれば、何をおいてもこれを埋めねばならない。もしこの距離が形の上の迷信からきているとすれば、その迷信をうち破らねばならぬ。

学術文庫は、内外の迷信を打破し、学術のために新しい天地をひらく意図をもって生まれた。文庫という小さい形と、学術という壮大な城とが、完全に両立するためには、なおいくらかの時を必要とするであろう。しかし、学術をポケットにした社会が、人間の生活にとってより豊かな社会であることは、たしかである。そうした社会の実現のために、文庫の世界に新しいジャンルを加えることができれば幸いである。

一九七六年六月　　　　野間省一

福沢諭吉著（解説・小泉　仰）

明治十年 丁丑《ていちゅう》公論・瘠我慢《やせがまん》の説

西南戦争勃発後、逆賊扱いの西郷隆盛を弁護した「丁丑公論」、及び明治維新における勝海舟、榎本武揚の挙措と出処進退を批判した「瘠我慢の説」他を収録。諭吉の抵抗と自由独立の精神を知る上に不可欠の書。

675

金達寿《キムタルス》著

日本古代史と朝鮮

地名・古墳など日本各地に現存する朝鮮遺跡や、記紀に見られる高句麗・百済・新羅系渡来人の足跡等を通して、密接な関係にあった日本と朝鮮の実像を探る。豊富な資料を駆使して描いた古代日朝関係史。

702

金達寿著

古代朝鮮と日本文化　神々のふるさと

高麗神社、百済神社、新羅神社など、日本各地に散在する神々は古代朝鮮と密接な関係があった。神社・神宮に関する文献や地名などを手がかりにその由来をたどり、古代朝鮮と日本との関わりを探る古代史への旅。

754

朝河貫一《あさかわかんいち》著（解説・由良君美）

日本の禍機《かき》

世界に孤立して国運を誤るなかれ――日露戦争後の祖国日本の動きを憂え、遠く米国からエール大学教授の朝河貫一が訴えかける。日米の迫間で日本への批判と進言を続けた朝河の熱い思いが人の心に迫る名著。

784

石村貞吉著（解説・嵐　義人）

有職故実《ゆうそくこじつ》（上）（下）

国文学、日本史学、更に文化史・風俗史研究と深い関係にある有職故実の変遷を辿った本書には官職位階・平安京及び大内裏・儀式典礼・年中行事・服飾・飲食・殿舎・調度輿車・甲冑武具・武技・遊戯等を収録。

800・801

直木孝次郎著

日本神話と古代国家

記・紀編纂の過程で、日本の神話はどのような潤色を加えられたか……。天孫降臨や三種の神宝、ヤマトタケルなどの具体例をもとに、文献学的研究により日本の神話が古代国家の歴史と形成に果たした役割を究明。

928

日本の歴史・地理

ハインリッヒ・シュネー著／金森誠也訳
「満州国」見聞記　リットン調査団同行記
満州事変勃発後、国際連盟は実情把握のため、リットン卿を団長とする調査団を派遣した。日本、中国、満州、朝鮮……。調査団の一員が、そこで見た真実の姿とは。「満州国」建国の真相にせまる貴重な証言。

1567

藤本正行著（解説・峰岸純夫）
信長の戦争　『信長公記』に見る戦国軍事学
覇王・信長は〈軍事的天才〉だったのか？　明治に作られた「墨俣一夜城」の〝史実〟。根拠のない長篠の「鉄砲三千挺・三段撃ち」。『信長公記』の精読があかす信長神話の虚像と、それを作り上げた意外な事実。

1578

門脇禎二著
古代出雲
荒神谷遺跡発掘以後の古代出雲論を総括する。一九八四年、弥生中期の遺跡荒神谷から大量の青銅器が発掘された。出雲にはどんな勢力が存在したのか。新資料や多くの論考を検討し、新しい古代出雲像を提示する。

1580

窪《くぼ》田《た》蔵《くら》郎《お》著
鉄から読む日本の歴史
考古学・民俗学・技術史が描く異色の文化史。大和朝廷権力の背景にある鉄器、農業力を飛躍的に向上させた鉄製農耕具、鋳造鍛錬技術の精華としての美術工芸品や日本刀。〈鉄〉を通して活写する、日本の二千年。

1588

網野善彦著（解説・田島佳也）
海と列島の中世
海が人を結ぶ、列島中世を探照する網野史観。海は柔かい交通路である。海村のあり方から「倭寇世界人」まで文化を結ぶ海のダイナミズムを探り、東アジアに開かれた日本列島の新鮮な姿を示す網野史学の論集。

1592

山本博文著
江戸お留守居役の日記　寛永期の萩藩邸
根廻しに裏工作。現代日本社会の原像を読む。萩藩の江戸お留守居役、福間彦右衛門の日記『公儀所日乗』。由井正雪事件や支藩との対立等、迫り来る危機を前に、藩の命運を賭けて奮闘する外交官の姿を描く好著。

1620